教育部名师领航工程，上海市“双名工程”项目成果

对话与超越

公办初中治理现代化的机制探寻

李百艳 著

上海三联书店

序 言

在纷繁的世界里做一个优雅从容的人

本书作者李百艳校长以亲身工作20余年的上海市建平实验中学为案例，以上海市中小学学校领导管理变革为背景，以推进教育治理体系和治理能力的现代化为政策依据，直面公办初中的诸多发展性矛盾和困境，聚焦学校办学实践中从“管理”到“治理”的理念转变，探索学校对话机制建设的路径及相关策略，从实践层面回应学校治理现代化的大趋势。

百艳是校长，是浦东教育发展研究院的院长，也是我在华东师大指导的攻读教育博士学位的学生。《对话与超越》这本书，就脱胎于她的博士学位论文。单就“对话”这个主题来说，早已经是这个世界上做学问、干工作和过日子都绕不开的话题，也是一个常提常新的话题。无论是作为日常交往中不能离开的“技术性对话”，还是学术探讨中具有理论和思想深度的“真实性对话”，都是我们生存和发展所不可须臾离开的；而对话本身，也作为一种管理实践和一种学理探寻而定格为这本书的主题。

百艳还是一位大忙人，尤其在她就读于华师大期间，除了上课和参加学术活动，她还得照常处理学校里各种繁重的日常事务，安排和主持名师工作室各种培育中青年教师的活动，以及作为浦东初中教育指导中心的主任管理浦东初中学段的一百多所学校，出席各种会议，处理各种事务。然而，这些忙碌丝毫不动摇她一直葆有的学术初心，不影响她对这难得学习机会的无比珍惜和眷念，不耽误她对自己毕业论文的殚精竭虑和反复打磨，在论文成稿前的那些日日夜夜，甚至经常通宵达旦修改论文。平时不管多忙多紧迫，她都会以研究的态度，认真对待每一件事情，包括对每一次发言、每一篇文章的精心构思和字斟句酌。当然，她也时常会在重要日子或有感而发时，填词赋诗，展现出一位特级语文教师的文心雅兴和硬实力。这些年来，除了她的勤奋、努力、执着以及不断取得的进步和成就让人感动或钦佩，更让我欣慰的，是她提出了"用父母心办教育"的主张，是无论把多少时间用在学生身上她都觉得不够，是每一个毕业季她都会站在校门口一个一个拥抱即将离开学校的学生，是她对所有在学业上事业上帮助和支持过她的老师、同学、同事和领导，都常怀感恩之心，念兹在兹。

在这本书中，百艳校长通过深度参与式观察和行动研究，辅以问卷调查、访谈、自然观察等方法，在系统梳理已有的关于对话理论、对话管理、对话机制、学校治理的相关研究基础上，针对当下普遍存在的重视课堂对话较多而关注学校管理对话较少、传统管理视角较多而治理视角较少、重视对话实践较多而关注对话机制建设较少等问题，以建平实验中学的个案研究为载体，基于建平实验中学的经验和问题，从实践逻辑和学理逻辑出发，全方位透视了学校管理形态演变中的对话实践和对话机制建设问题。

这本书根据现代治理理论、交往行为理论和对话理论，以透视学校管理中的对话实践、探寻学校治理背景下的对话机制建设、提炼治理理念下的对话决策模式、课程开发与教学改革以及课堂模式的探寻、家校共育中的互动机制建设为主要研究内容，重点围绕公办初中管理变革中对话机制的建设有无可能、这些机制在学校变革实践中呈现为何种样态、学校治理理念在学校实践中如何应用等问题展开系统研究，探讨了学校治理过程中对话机制建设所涉及的前提、条件、思路、策略、辐射、拓展和延伸等诸多问题。

百艳校长通过梳理和总结建平实验中学20余年办学历程中初创期的“绩效导向”、发展期的“专业导向”和转型期的“治理导向”三个阶段发展的演变，对建校以来历任校长的领导决策风格进行了归纳与提炼，对三种不同的决策模式，即“领导裁决式决策模式”、“项目统领式决策模式”和“对话决策模式”进行了特征归纳和得失分析，探讨了治理视角下对话机制建设的理论与实践意义及其可行性，提出了对话机制实际应用的思路和方法，并进行了深入的学理分析。对建平实验中学在对话机制建设中的若干治理问题，诸如参与的程度、化解冲突的协商、在利益与权力之间的共识内涵、决策合法性的审议机制以及商谈伦理与专业道德内在唤醒等进行了案例式的呈现和理论剖析。

《对话与超越》这部书，呈现给读者的主要研究结论，一是指出对话机制是学校发展和实现治理的关键内生性力量，通过对话能够形成共识和共同愿景，促进师生、家长积极参与；二是对话机制的形成受组织发展阶段和学校领导个人风格影响，一般要经历从萌芽、培育到形成三个不同发展阶段；三是对话机制重构了学校的教育关系和师生成长路径；四是对话机制形成的生态氛围和治理效应有助于学校结构形态的系统优化和学校现代性品质的可持续发展。

如果要说本书有哪些主要特点的话，我想首先是从历史与逻辑相统一的角度，突出学校变革与发展进程中的不同阶段不同实践导向对对话管理性质及特征的影响，展示了对话机制建设的过程性和情境性；其次是从理论与实践相融通的角度，分析了学校管理的对话层面、决策类型及实践应用，拓展了治理理论和对话理论在教育实践中的辐射空间；最后是从历史与未来相贯通的角度，总结和提炼了绩效管理和项目管理的成果与问题，重建治理理念下的对话管理实践和对话机制理论，不仅超越而且包容了历史上科学管理和人本管理的合理之处，开辟了现代学校治理理论创新发展的新境界。

当这本书面世之时，百艳已经在浦东教育发展研究院院长的新岗位上忙碌了不少日子，但她还是那种执着与投入，还是那份优雅与从容，相信她还会不断地带给我们赞叹和惊喜！

辛丑秋识于苏州河畔康泰公寓

自　序

教育，给予人对话世界的力量

这本书脱胎于我的博士论文，而博士论文则源于我做教师、做校长的实践探索。作为一个教育人，我常常观察反思自己和他人“受教育”与“教育人”的经历，深深地认识到，在教育这种特殊的交往活动中，教育者与受教育者之间的对话质量的高低决定了教育效果的差异，也深刻地影响着人的生命质量。

记得多年前在我殚精竭虑备战公开课的一个夜晚，我的儿子过来劝我：“妈妈，其实你不必这么费力，在我们学生看来，老师们上课基本上都是一个套路，那就是‘明知故问’，拎得清的学生都会配合的。”他不经意的一句话，让我感到特别震惊。原来，我们的课堂是如此的平淡无奇却又故作姿态，一个个心明眼亮的孩子早已看破却不说破，他们在马丁·布伯所说的“装扮成对话的独白”中日复一日地配合着老师表演，虽然也能收获一定的知识与成长，但是探索真知的热情、追求真理的纯真，表达真我的自信、学做真人的美好，却日益被消磨，生命的主体性严重地被忽视和抑制。这让我不得不深思，我们的教育要怎样改变，才能让我们的老师不再“明知故问”，让我们的学生不再“明知故答”。

毋庸讳言，传统的教育教学范式，充斥了太多的“灌输”、“独白”、“预设”，教师的讲话、训话，学生的听话、答话代替了师生之间、生生之间真实、生动的对话。教师的境遇也常常如此，学校管理中的控制与命令难以使他们充分地释放自己的热情和潜能。这种教育现状以及问题的产生大多是由于对话的缺失、对话的低质、对话的断裂造成的。意识到这一点后，我开始有意识地探索对话教学和对话管理，每每看到师生活力的释放，倍感欣喜，也备受鼓舞，仿佛找到了一把打开教育活力之门的钥匙。

2014年我考取了华东师范大学教育博士，在导师杨小微教授的指导下，确立了博士论文研究课题《走向现代学校治理的对话机制建设研究》。五年的时间里，我一边在建平实验中学开展行动研究，一边去华师大读书同时参加各种学术研讨活动。作为一所"应浦东开发而生，借名校品牌而立，随时势迁移而变，因现代治理而兴"的公办初中，建平实验中学也曾经遭遇学校内生动力"失落"危机、课堂教学"失语"危机与学生青春期身心"失衡"危机，我带着一群志同道合的同事，在杨老师的悉心指导下，深入学习对话理论，通过聚焦"价值观念"转向、"课堂教学"转型、"校本教研"创新、"育人生态"共建，构建了"创设对话情境——促进深度理解——共享思维成果"的课堂对话结构，提炼出"问题与倾听、合作与分享、创造与生成"对话教学核心要素，建立了提升主体精神的对话参与机制，发现教育意义的共识达成机制，践行商谈伦理的民主协商机制，探索了基于对话的"共情、共建、共商、共治、共生"家校共育模式，形成"五维五共"立体对话育人新生态，推动了学校整体转型性变革，促进了师生才智涌流，教育活力迸发。几年来，对话教育结出了累累硕果，学校实现了跨越式发展，揭示了"公办初中崛起的秘密"。有关成果在第十四届国际校长联盟大会、2020年世界人工智能大会、全国校长大会、上海市名校长高峰论坛等高端学术会议上传播推广，引领辐射金杨学区、强校工程实验校、"三区三州"名师工作室的广大教师，有关经验被《人民教育》、《中小学管理》、《中小学校长》、《中国教师》、《中国教育报》、《上海教育》，中国教育电视台、上海市电视台、上海教育电视台等知名学术期刊或教育媒体发表宣传，出版了《在对话中成长——上海市建平实验中学对话教育探索集》《对话——走进魅力语文》《发展中的教师校本培训模式》等相关书籍。

2019 年 11 月，我的博士论文顺利通过盲审、通过答辩。12 月 25 日，我拿到了毕业证书和学位证书。捧着 20 多万字的论文，心中真是感慨万千，感恩无限。为了研究对话，推行“对话”，写好“对话”这篇文章，我和我的导师、我的师友、我的同事、我的硬核团队、我的学生、我的学生家长之间在各项常规工作和创新性工作中开展了难以计数的对话，本书中很多档案、案例、访谈资料都是建平实验中学的伙伴们对话教育的成果。在由衷地向他们表示感谢的同时，更加珍惜与他们对话的经历。丰富多彩的对话的过程，有时似涓涓细流，有时如石激浪涌，有时更似惊涛拍岸，正所谓“水本无华，相荡乃兴潋滟；石孰有火，互击而闪灵光”，这思想碰撞和智慧交锋的力量，带来了认知顿悟之乐、心灵契合之美，思想砥砺之功。每每回味，倍觉弥足珍贵。

印象最深的无疑是和导师杨小微教授之间的对话，杨老师可谓是对话的高手，他对我的指导完美诠释了“道而弗牵，强而弗抑，开而弗达”的教育原则，既有理念和思想上高屋建瓴的引导，也有具体实践中的根部滴灌式的栽培；既有读书交流时的思维激荡，也有排解疑难时的点要拨偏；既有在我怠惰拖延时的有力鞭策，也有在我踌躇满志时的理性告诫；既有讨论论文主旨时阐述的微言大义，也有帮我修改文章时的字斟句酌；既有读书期间师生之间专业学术的交流，也有毕业之后亲人一般的牵挂与祝福。杨老师不喜欢批评人，批评学生总是点到为止，甚至是意到即可。我时常开玩笑说：“如果不仔细听，不认真反思，我们甚至会把杨老师的批评当成表扬呢。”同门的师兄弟姐妹们都有同感，也正因为如此，我们都格外看中杨老师的意见。尽管他总是轻轻地、委婉含蓄地说出自己的意见，然而却总是那么切中肯綮、画龙点睛、耐人寻味。杨老师“春风大雅能容物”的学者风范和“桃李不言下自成蹊”的育人境界令人如沐春风，他温柔敦厚、谦恭自牧的品格潜移默化地影响着我，让我深切地意识到，每个教育人都应该努力养成“温而厉，威而不猛，恭而安”的表仪风范，以合宜的言说方式和教育品格去施行教化之功，使莘莘学子能更好地受教。“师也者，犹行路之有导也”，在杨门受教五年，，实在是受益终生。此外，还有和葛大汇老师、李政涛老师、吴刚老师、范国睿老师、代蕊华老师、郅庭瑾老师、刘莉莉老师、沈玉顺老师、戚业国老师、黄书光老师、刘海波老师、王红霞老师等众多老师的对话，开阔了我的视野，优化了我的思维，培养了我的学术品性，塑造了我的教育品格，也廓清了我前行的道路。

一路走来，感觉自己一直在负重前行，当工学矛盾特别突出时，也曾经动摇过，反复地问自己，到了知天命之年，工作中完全可以没有这个博士学位的初中校长有必要这么拼吗？然而，短暂的疑惑之后，依然选择勇毅前行。因为我深知有一种苍白虚空是“生命中不能承受之轻”。我的家乡大庆油田出过一位名人，就是“铁人”王进喜，他有一句“井无压力不出油，人无压力轻飘飘”的名言，对我影响至深。的确，轻飘飘的生活不足以构成有质量的人生。每一份担当，都能锻炼我们的筋骨和精气神。每当我回想起当初报考时的那份纯粹与坚定，读书过程中未曾预约的精彩与丰盛，行动研究中那些预期的或是意外的收获与提升，特别是学校和每一个生命所发生的积极、正向、美好的变化，都让我感到无比庆幸，庆幸自己坚持全程跑完了这样一次学习与实践的“马拉松”。

这一路长跑，虽不乏艰辛与汗水，但是在校长与学生两个角色之间切换的体验带给我更多的是一种享受。“世事纷繁心事定，胸中海岳梦中飞”，作为一所初中学校的校长，我和很多同行一样，在办学过程中面临诸多的内部与外部的困境，有时候难免会被社会焦虑所影响，也会有这样或那样的困惑与烦恼，在处理具体问题时也很难做到一点不纠结。但是，一次次走进美丽的华东师大，走过波光粼粼的丽娃河畔；一次次回到温馨的建平实验园，驻足在光芒璀璨的钻石苹果旁，或坐在教室里安静地聆听，或与老师和同学们平等真诚地对话，或自己潜心思考研究一个问题，越来越有一种思路清明和思维跳脱的感觉。教育真是一种对话场域中的修行，在学习、实践、反思与改进之间自由对话的过程中，虽然肩上担子越来越重，然而心理负担却越来越轻省，在无比纷繁的事务中也能够越来越从容。

“君子豹变，其文蔚也”，生命蜕变成长的美好境界，虽难以达到，却总

是让我们心向往之。教育给予人对话世界的力量，只要我们愿意敞开心灵与这个世界展开真实的对话，我们的教育就一定会焕发出勃勃生机，我们的生命也会不断获得超越与更新。

二零二一年秋于上海浦东

目　录

第一章

走向学校治理新时代

改革开放以来，我国基础教育领域进行了体制机制改革，随着教育现代化的宏伟目标的提出，学校治理现代化提上日程。在“走向教育现代化”向“走进教育现代化”的教育改革大转型中，基础教育领域的中小学领导管理变革课题也相应地从“现代学校管理”转换到“现代学校治理”上来。习近平总书记指出：“治理和管理一字之差，体现的是系统治理、依法治理、源头治理、综合施策。”①相对于借鉴现代企业制度而提出的现代学校制度而言，现代学校治理则主要从“公共治理”的角度提出，为此，更加具有新意与挑战。

进入21世纪，伴随着基础教育课程改革的不断深化，中高考改革的不断推进，全国教育大会的召开意味着中国教育未来发展与改革的大战略、大格局已经形成，主题已经明确，蓝图已经绘就。近年来，党和政府密集出台了《中国教育现代化2035》《关于深化教育教学改革全面提高义务教育质量的意见》《关于新时代推进普通高中育人方式改革的指导意见》《深化新时代教育评价改革总体方案》《关于进一步激发中小学办学活力的若干意见》《关于进一步减轻义务教育阶段学生作业负担和校外培训负

① https://www.xuexi.cn/学习强国

担的意见》以及有关思政一体化教育、体育、劳动教育、美育等一系列政策文件，力度之大，规格之高，前所未有，对我国基础教育中小学领导管理的未来发展变革的方向、定位、目标提出新的理念与要求。在这样一个引领中国教育改革与发展的历史性飞跃的重大节点，如何乘势而上、勇攀高峰，是每个学校办学者必须要承担的国家使命和历史责任。

在未来一段时间内，基础教育仍将朝着优质、公平和多样化的教育现代化方向发展。在这样一个教育现代化推进的大格局中，在现代教育治理发展的政策背景下，在现代学校治理进入“破冰期”，在教育教学改革走向“深水区”，在学生发展核心素养的培养开始落地并走入学科教学深处，在中高考改革全面推进的进程中，新时代中小学教育领导与管理变革往何处去？学校教育管理实践如何寻找新的生长点？如何借鉴“社会治理”资源，实现学校治理体系和治理能力的现代化？如何化解教育利益相关者之间错综复杂的矛盾冲突？初中学校，特别是公办初中，如何摆脱目前的困境，走出自己独特的育人变革之路、管理变革之路、专业变革之路，实现从“管理”走向“治理”这一具有划时代意义的变革，是每个教育实践者要承担的任务，更是研究者要关注的课题。

本书提出学校对话机制建设的新命题，并将之置于“推进教育治理体系和治理能力的现代化”的框架中展开实践与研究，是对上述时代背景、政策背景、问题背景和理论发展背景的一个探索性回应。

第一节　学校治理对话机制建设的背景

对话是多学科研究的课题，也是多学科进入的研究领域。然而，在初中学校管理变革中，尤其是从理论与实践相结合，从历史与现实相结合的角度，进行对话机制建设的聚焦性研究，总体来看并不多见。将对话机制作为教育与管理之间连接点进行综合实践性的探索，尤其是从学校的治理层面来开展系统实践与研究的就更为少见。这既有研究者关注不够的原因，更有研究的条件所限。

对话，既可以作为批判性话语来运用，也可以作为建设性话语来建构，具有很大的理论与实践探索空间，同时也对实践研究者的理论积淀和实践智慧提出很大挑战。探索对话机制，一定程度上，带有一种理想性的实践介入旨趣，带有行动的目的意识和建构色彩。对话相对于“灌输”“独白”“预设”“控制”“他组织”，其概念本身带有明显的价值预设和价值介入性，而与对话相关联的若干概念，诸如平等、交往、沟通、尊重、民主、协商、商谈、合作、承认、理解、宽容、差异、共识、共生、创新、共同体等，则蕴含着一种新的现代性意蕴。可以说，对话本身就是一种现代文化的基本构成。

进行对话机制建设的实践与研究，旨在释放对话的现代价值意蕴，促进公办初中管理由传统形态向现代形态转变，真正落实学校依法办学、民主办学、开放办学、多主体参与办学，改善学校的办学生态促进学校走向法治、自治、共治、善治相结合的治理境界，深入育人模式的变革，实现公办初中学校教育领导和管理境界的提升，为学校管理变革和政府对教育的公共治理提供有价值的案例经验和理论借鉴。

一、走向现代化的学校治理需要对话机制

《中国教育现代化 2035》已经将教育现代化作为未来科教强国，教育强国的大政方针提出，预示着教育现代化已经成为推动教育教学和学校管理领导变革的主旋律。教育现代化是从传统教育走向现代教育的转型和发展过程，是一个教育物质技术层面、体制制度层面、思想观念层面的互动转型过程。在现代化的整体转型过程中，物质和制度层面的转型是显性的、基础性的，而社会心理、社会人格的转型，即人的现代化是隐性的、深层的。① 教育现代化作为一种突出现代意识、突出中国特色社会主义核心价值观，践行立德树人、全面育人的大政方针，对现代学校文化建

① 谈松华.教育现代化的核心是人的现代化[J].中国教育报，2016，(12).

设提出了更高要求。作为统领学校发展的领导和管理，理应在回应现代学校文化建设的大框架中，找到自己的改革突破点，研究生长点，课题聚焦点，操作切入点，以实现物质与精神，人与制度的同步现代化。

教育现代化背景下，化解各类矛盾，深化课程改革，建设学校现代文化，培育一代新人，需要对话机制的建立。对话是将管理与教育链接的枢纽，也是将教育与管理融通的一个可能性概念。新课程改革理念中所倡导的从封闭到对话、突破割裂、灌输，倡导自主、合作、探究等多元学习方式，都离不开对话机制的建立。没有对话作为机制保证，就很难有学校领导与管理的新样态、新生态，也很难有现代学校文化的生成，更难以提升办学者的领导境界和现代价值追求。

学校治理需要多元教育主体间的协商与协同，对话就显得尤为重要。没有对话的治理是空洞的，没有治理的对话是盲目的。一段时间以来，初中教育面临“学业负担重”、“唯分数论”、“家校纠纷”、“师生不平等”、“亲子冲突”“家庭矛盾”“青少年心理危机”等扎堆式的问题丛林状态。从根本意义上说，缺少社会教育共识的形成机制，缺少社会尊重教育的文化和机制的建设，只是依靠自上而下的行政方式进行调控，在利益多元协调困难、利益诉求渠道多样、利益相关者结构复杂的局面下，已经捉襟见肘，常常使教育管理陷入“头痛医头”，“脚痛医脚”的困境。唯有走一条现代化治理的道路，通过多元主体交往对话，追求正义价值取向，彰显公共理性精神，实现“重叠共识”，才可能在一定程度上为上述问题的解决提供基础和创造可能。由此可见，对话机制的建立看起来虽然是学校领域的微观问题，但其意义深远，需要放在宏观变革的意义上予以定位。

二、深化区域教育综合改革呼唤对话机制

进入新时代，国家对浦东进行了新的战略发展定位。2021 年 4 月出台了《中共中央国务院关于支持浦东新区高水平改革开放打造社会主义建设引领区的意见》，到 2050 年，浦东将建设成为在全球具有强大吸引

力、创造力、竞争力、影响力的城市重要承载区，城市治理能力和治理成效的全球典范，社会主义现代化强国的璀璨明珠。浦东教育理应站在这一新的历史高度思考，如何建设高活力、高质量的教育生态，打造在国内、国际有影响力的社会主义现代化建设教育综合改革示范区，来回应社会关注，实现教育引领，更好地满足人民对美好生活的向往。浦东新区作为上海第一大区，教育"大数据"也极为可观，截止 2021 年，有学校 656 所，学生 51.1 万人，教职工 5 万多人，其中专任教师 3.8 万人，占上海市 1/5 学校数，1/4 学生数，1/5 教师数。如此大规模的教育体量，在快速发展的城市化进程中，必然存在着巨大的差异，不断产生各类问题与矛盾，区域教育的优质均衡发展面临巨大挑战。区域定位之高，教育挑战之大，迫切需要现代化的教育治理。

在这样的背景下，走向协商对话的治理格局，是推进教育现代化的大势所趋。政府对学校的管理，常常产生两个倾向性问题，一是管得过死，使学校丧失动力和活力；一旦放开，又会导致失控，政府被绑架，带来混乱和价值偏差。近些年，教育领域所倡导的简政放权、优化服务的"放管服"以及"管办评分离"的政策出台，提出了政府与学校、社会、市场之间关系的理顺和关系重构的现实要求。政府与学校之间关系的理顺，需要政府淡出微观管理，社会适度介入学校办学，发展"第三方评估"等相关专业服务体系建设。在这样一个治理格局中，需要政府、学校、社会等方面形成一个有效的多方对话协调机制。建平实验中学的探索集中于建立依法办学、自主管理、民主监督、多元主体参与的对话机制，努力实现公办初中外部治理与内部治理的有机联动，在集团化办学、学区化办学日益普及覆盖的背景下，在一定意义上，对区域教育提出了协调发展，统筹兼顾，职能整合的教育治理现代化要求。

三、公办初中走出发展困境需要对话机制

初中作为基础教育中处于小学和高中之间的学段，按照目前上海市

的学制，是五四制的四年初中。如果放入到具体的学校学制形态中，包括九年一贯制、十二年一贯制、高初中完中等不同的结构中比较，初中学校所面临的生存状态与小学、高中相比不容乐观，有其独特的发展困境和障碍，这一学段常常被称为“断腰”、“洼地”。公办初中普遍存在“重分数、重绩效、重结果”的管理倾向，新的绩效工资政策在方案制定、分配方式、决议方式、执行方式等诸多方面产生了不适应性，教师的奉献精神、工作积极性一度受到挫伤，学校文化生态不同程度遭受冲击，限制了校长管理变革的勇气和思路，甚至有些校长遭遇职业生涯的“滑铁卢”，学校面临着后绩效工资时代文化重建的困境。管理方式单一、育人方式陈旧、办学活力不足、育人模式同质化以及校际间发展不均衡等问题，成了公办初中普遍存在的问题。

具体到某一类、某一所学校面临的问题更是“各有其苦、各有其忧”。如公办优质初中的大校额、资源紧张，公办薄弱学校的生源不足、资源有限，普通民办学校的生存危机，民办双语学校的办学定位模糊，“以分数论英雄”的民办初中加剧升学竞争等。关于初中教育的理念可谓越提越多，然而应试教育却是愈演愈烈。中考是学生经历的第一次高利害考试，录取比例普职比大体相当，竞争非常激烈，升学成为了重中之重，学校办学目标和功能变得单一，家校关系也变得“单向度”，难以达成教育共识。如何在培养考试能力和培养核心素养之间寻求统一，如何适应新课程改革提出的对话、互动等专业能力的挑战，教师面临着两难境地。学校要进行课堂教学变革使教学具有活力，存在教师观念上的障碍和条件上的限制，开发丰富学生体验的课程也变得困难重重。

如何让学校的办学理念和追求更符合教育规律？如何促使学校作为一种公共事务而为社会所接受？家校之间如何形成教育共识？如何促进各类主体在学校办学中形成合力而非排斥力？学业负担如何控制在合理的范围？如何协调利益相关者的利益平衡？如何确保法治意识和良好秩序的建立？一系列老问题和新问题都需要用现代治理的理念与手段予以解决。公办初中教育管理变革的理念、路径、策略、方式，可以有很多种，而对话机制，因其揭示了教育的本质特征，倡导平等、参与、协商、治理的现代理念，是目前学校所能选择的一种比较具有可行性，也是一种可持续发展的机制，有助于破解学校的矛盾和困境。

四、学校发展的阶段性特征选择对话机制

每一所学校从诞生之日起，都会经历不同的发展时期，从初创期到发展期，也会经历相对的上升期、鼎盛期、转折期、甚至衰落期或再度崛起期等等。不同的时期面临不同的任务，也会遇到不同的问题，有来自外部的不确定性的干扰，有来自内部管理的问题，有来自学校领导更迭带来的不适应性以及许多难以预料的问题，使学校发展遭遇危机，或迎来新的契机与转机。就内部而言，师资水平会处于动态的变化之中，生源数量与质量也会处于变化之中，学校在学区、整个区域内的地位变化也在不断变化之中；就外部而言，教育主管部门政策的调整与新政的出台，甚至教育局主管行政官员的变化也会影响学校的发展，区域内不同性质学校的布局结构的变化，教师管理政策的变化等都会影响学校管理的理念和形态的变化。不同的发展阶段、不同的办学条件、不同的历史文化、不同的学校文化氛围，不同的现实任务、不同的发展态势之下，学校的管理思想与方略，也一定会随之而变化。因此，对于具体学校的发展阶段来说，按照从对"事"的重视到重视"人"、"对人与人的关系"、"人与外部协调"的递进思路来看，可以有不同阶段的管理层次，诸如绩效管理、专业管理、对话管理、生态管理等发展的不同阶段性概念。在一个学校的发展历程中，每一种管理概念不会以全有或全无的状态存在，而是一种综合性的关系存在，只是在不同发展阶段中所呈现的关系结构、侧重点不同而已。建平实验中学开办20年，就大致经历了这样一个阶段变迁、递进式的发展历程，在经历了绩效管理、专业发展为主导的两个阶段后，已逐步进入聚焦高品质发展打造教育品牌的对话管理发展阶段。

对话管理涉及管理所涵盖的很多方面，包括领导哲学、理念和方式。

对话机制本身并非一个简单的技术工具，也不是通过一套操作流程就可以建成的任务型的研究工作。对话蕴含着理论内涵、伦理意蕴，甚至审美内涵和精神信仰。对于对话者，不但是一种意识要求，也是一种能力提升，更是一种自我觉解、自我反思、自我建构的自育过程。对话还是与人们的日常生活有着默契交融的一种日常经验性的存在。作为以实践理性为旨趣的对话机制建设研究，实践逻辑本身就内涵着一种更为复杂的理论演绎和理论综合。因此，对话机制带有一定的综合性、整合性和复杂性思维，起着“牵一发而动全身”的枢纽性环节的意义，有助于促进组织与人的双重更新，推动学校发展进入转型性变革的新阶段。

第二节　学校治理对话机制建设研究溯源

本书以中小学领导与管理变革实践为基础，以教育领导学与教育管理学的前沿研究中的对话管理为重点，在学习国外中小学教育管理实践和理论知识背景下，展开基于本土的教育管理改革中的对话机制与学校治理的理论与实践研究。本节主要聚焦于治理视角下的对话机制建设研究，从学校治理、对话与教育、对话管理与对话机制等方面对已有研究和实践进行梳理，关注实践层面的发展动向，将个人的实践经验和体悟融入到研究综述中去，择其精要而述之。

一、学校治理

进入新时代，我国中小学由管理走向治理的趋势愈发明显，学校治理不仅成为我国基础教育改革与发展的重要主题，而且也成为中小学领域的政策话语和学术研究的热点。在学校治理视野下探索对话机制的建设，首先要对我国中小学管理变革的历程与研究现状、学校治理以及学校治理中的对话研究进行梳理与总结。

（一）我国中小学管理变革历程

从中小学的管理变革来看，1985 年的《中共中央关于教育体制改革的决定》，是我国教育领域体制机制全面改革的具有标志性意义的政策文件，对中小学管理变革研究起着重要的导向作用，同时也对中小学管理变革实践产生了巨大的政策效应。《中共中央关于教育体制改革的决定》针对在“教育事业管理权限的划分上，政府有关部门对学校统得过死，使学校缺乏应有的活力；而政府应该加以管理的事情，又没有很好地管起来”的弊端，做出规定：“学校逐步实行校长负责制，有条件的学校要设立由校长主持的，人数不多的、有威信的校务委员会，作为审议机构。要建立和健全以教师为主体的教职工代表大会制度，加强民主管理和民主监督。学校中的党组织要从过去那种包揽一切的状态中解脱出来，把自己的精力集中到加强党的建设和加强思想政治工作上来。”自此，中小学校进行了扩大学校自主权，建立自主运作机制；加强校内民主决策，完善校外参与制度；探索多元办学体制，完善学校法人治理；改革校内评价制度，发挥多元评价功能；实施开放办学，探索家校社共治的管理变革。在校内组织变革和组织文化建设上，突出专业管理重心下移，激发基层活力；实施校内扁平化管理，营造组织合作文化；实施流程精细管理，突出流程再造和标准化自觉；扩大信息技术和数据精准反馈，努力改善组织沟通和信息不对称现象。

1993 年的《中国教育改革与发展纲要》则更加明确了教育在现代化建设中的基础地位，确立了优先发展教育的国策方针。2010 年《国家中长期教育改革和发展规划纲要》明确提出：落实和扩大学校办学自主权。政府及其部门要树立服务意识，改进管理方式，完善管理制度，减少和规范对学校的行政审批事项，依法保障学校充分行使办学自主权。2012 年教育部印发的《全面推进依法治校实施纲要》也明确提出：要切实转变管理学校的方式、手段，从具体的行政管理转向依法监管、提供服务；切实落实和尊重学校办学自主权，减少过多、过细的直接管理活动。需要列出政府给学校放权、分权、授权的细目和清单。需要切实扩大学校在办学模式、育人方式、资源配置、人事管理、合作办学、服务社区等方面的自主权。2013 年,党的十八届三中全会正式提出"推进国家治理体系和治理能力现代化"。2014 年,教育部袁贵仁部长在全国教育工作会议上做了题为《深化教育领域综合改革,加快推进教育治理体系和治理能力现代化》的讲话。"教育治理"成为教育领域重要的政策话语和管理话语。

此外,《面向 21 世纪教育振兴行动计划》《关于深化教育改革全面推进素质教育的决定》《关于基础教育改革与发展的决定》《基础教育课程改革纲要》《义务教育学校管理标准》《中国教育现代化 2035》等一系列的政策,都影响并指引着中小学的学校管理变革。其他关于地方性的"管办评"、"放管服",集团化、学区化办学等政策都对中小学的领导和管理的观念、方式、策略、制度以及模式产生了很大的影响。随着政策的出台,各类研究和实践不断酝酿、实验和尝试,进而推动了中小学管理改革的研究和实践的不断深入。

纵观改革开放四十年,甚至建国七十年来的中小学教育管理改革的历程,我国经历了一个从中央到地方,由政府到学校,由外部到校内,由封闭到开放,由局部到整体,由单项到综合的管理改革的演变线索。当前,尽管我们仍然存在着发展水平的不平衡,资源分配的不均衡,区域性地方政府推动基础教育改革的力度不一致,东中西部差距仍然巨大,现代治理理念尚待强化,市场引入机制有待进一步规范,教育产业化浪潮需要得到调控等诸多纷乱的问题,各种管理改革的理念、价值取向、行为做法之间的矛盾、冲突、对抗等依旧存在,但我们仍然可以看到,我国中小学的教育教学改革以及学校领导与管理改革的主流仍然在不断进步,不断发展,在百家争鸣中不断催生更好的研究生态和实践生态。回顾这段历程,我们更应该看到这是一个内生和外鉴的交互作用的过程,看到来自政府"元治理"和学校自治两个方面的交流博弈导致中小学管理变革呈现出一种独特的研究发展路径。

（二）我国中小学管理变革的研究现状

在上述我国中小学管理变革的历程中，理念的转变成为学校管理变革的原动力。学校不断吸收国内外先进的管理理论和经验，包括引入学校效能概念，构建学校质量保障体系；引入校本管理概念，促进自治发展；引入学习型组织概念，关注组织学习力的提升；引入战略管理概念，突出学校发展规划意识和文化建设能力提升。总之，借鉴西方企业管理理念和新公共管理理念和实践做法，在广大的中小学中全面引入了诸如全面质量管理、零缺陷管理、精细化管理、知识管理以及基于国外的教育领导和学校管理变革的理论概念，引进了诸如教师管理、基于问题的管理改革、教育人力资源管理、教育组织行为学、反思性实践的校长学和道德领导等新范式和新方法。

除了引入国外管理变革理念，在我国中小学教育与管理的本土化研究与实践中，"以人为本"的科学发展观逐渐成为学校管理的基本原则。20 世纪 80 年代末，叶澜在上海进行深入学校的现场调查，发现教育实践中同样存在无视人的现象，不少教师的心目中依然有书无人、有知识无人、有群体无个人。围绕着以上问题，叶澜和"新基础教育"在学校教育与管理的多个领域，进行了诸多创生性的探索：在学校中"人"的发展与管理上，确立了"生命关怀"的价值取向；把教学管理与班级管理确立为学校改革与发展中不可分割的两翼，并在其中灌注了"生命关怀"；致力于现代学校制度建设与制度创新，使制度成为理论转化为实践的枢纽；重建学校文化，实现以"生命·实践"为底蕴的学校文化转型。[①] 可见，学校管理理念的转变体现在更加重视人的存在，重视师生的生命价值的存在，倡导既要成事，也要成人。人们逐渐认识到，学校管理的工具价值必须服从于它的目标价值，要努力实现工具理性与价

① 李政涛. 追寻"生命·实践"的教育智慧——叶澜与"新基础教育"[J]. 中小学管理，2004(04)：22—26.

值理性的统一。

改革开放以来，我国中小学管理实践领域从经验管理、科学管理逐渐走向文化管理。众多研究者从探索“学校制度的现代转型”入手，提出要对学校文化的管理进行充分关注，[①]进行学校文化的继承与创新，凝练学校核心价值观，进而提出校长价值领导力，关注课堂文化和“一校一章程”的建立等，借助学校文化建设进行文化管理的思路逐渐清晰起来。[②] 学校文化建设从关注学校的精神文化、制度文化、环境文化、行为文化，到明确学校文化的内涵，中小学管理者对学校文化的认识逐渐深入。

基于初中学段特点，尤其是基于初中所面临的问题进行的一些聚焦式的管理变革研究，大致可以概括为以下几类：(1)突出农村初中学校改进与学校治理的研究，如在 BY 中学由薄弱到发展的改进研究中，提出了农村薄弱初中加强内部管理的改进思路。[③] (2)针对初中教育管理的重点和难点的研究，如有研究者总结了初中阶段学校管理的内容、特征、存在的问题及改进策略；[④]还有研究提出从以下几方面推动初中教育的管理：坚持依法治校，推动服务型团队发展；坚持以人为本，完善教研制度；明确发展为先，培养学生综合素质。[⑤] (3)针对初中学校管理中的校长领导力研究。[⑥][⑦] (4)针对初中学校微观管理领域的研究，如教学管理

---

① 季苹. 关注学校管理的盲区——学校文化的管理[J]. 中小学管理，2004(07)：5—10.

② 孙金鑫. 新世纪以来中小学管理领域核心议题变化简述——基于《中小学管理》156 期“视点”栏目主题的整理与分析[J]. 中小学管理，2017(01)：15—19.

③ 高娜. 农村薄弱初中改进研究[D]. 河北大学，2019.

④ 蒋大甫. 初中学校管理的内容与策略探究[J]. 教育观察，2020，9(03)：104—105.

⑤ 张玉春. 初中教育管理的重点与难点及管理策略[J]. 教育观察，2018，7(10)：131—132.

⑥ 杨珂. 浅谈初中学校管理中校长的引领作用[C]. 2021 教育科学网络研讨会论文集(三)：中国管理科学研究院教育科学研究所，2021：402—405.

⑦ 王明东. 初中校长管理与教育艺术探析[C]. 2021 年课堂教学教育改革专题研讨会论文集：教育部基础教育课程改革研究中心，2021：1256—1257.

研究，[1][2]德育管理研究，[3]年级管理[4]与班级管理[5]等方面的研究。

以现代学校制度为关注点的研究中涉及到治理的一些问题，多集中于民办学校中诸如法人治理结构、内部治理结构、外部治理结构等，这些一般集中于法学和经济学研究范畴。随着治理理念的普及化，尤其是在公办学校中的学区化、集团化办学的政策导向下，学校治理理念逐渐被实践界和决策界所接受。就目前了解的一些地区的实践来看，在治理意义上的实践探索，有浙江江干凯旋集团的基于"新共同体"建设基础上的治理实践探索；广东顺德容桂街道的育美教育集团的基于项目品牌建设的集团治理路径；也有部分地区的联盟意义上的多学校合作教研模式等等。这些集团、联盟的实践探索，大部分是以办学章程为基础，以规划和上级政策和考评准则为准绳。在容桂、凯旋集团办学中，能够看到一些地区特点，比如街道在学校办学中的奖励基金、佛山顺德容桂街道办学中的商会提供的资金投入等都是一些值得关注的多主体参与的治理实践。同时，在部分地区政府与集团和学校层面之间的关系发生了一些变化，即不同于原有的微观管理，而改为依据规划、督导等多种管理方式和管理机制的变革。特别是在集团办学中，高校等专业组织的介入，甚至蕴含着第三方的评估机构的介入，产生了一些治理变革的空间。

总体而言，基于初中，针对初中学段的特点和困境以及在管理变革新概念方面有所突破性的尝试仍然有很大空间，值得去探索、去尝试、去创新。多数关于治理的研究，主要集中于理顺政府、社会、学校和市场的关

---

① 方丹. 基于学业负担评价的学校教学管理改进研究[J]. 教育科学研究，2021(05)：91—96.

② 陈荣荣，张丰. 学校教学管理的转型：从"控制性管理"到"指导性管理"——基于浙江省 2019 年中小学质量监测的数据分析[J]. 上海教育科研，2021(05)：5—10.

③ 田雨. 初中德育管理调查研究[D]. 天津师范大学，2021.

④ 穆冠章. 淄博市 C 初中年级管理影响因素与改进策略研究[D]. 山东师范大学. 2020.

⑤ 张晶川. 初中班级自主管理的问题与对策研究[D]. 东北师范大学. 2020.

系研究，而在初中阶段对于治理的研究则更为缺乏。

（三）学校治理的内涵

治理(governance)一词源于古希腊文“kybenan”和拉丁文“kybernets”，意为操舵、掌舵和控制，也有引导和操纵的意思。从政治学意义上来看，治理通常指国家治理，如政府如何运用国家权力来管理国家和人民。在其他领域，指公司等组织中的管理方式和制度等，一般着重于权力结构、利益平衡和决策机制。从与管理相对举的意义上，治理实际上内含着价值导向，是指针对管理者与被管理者之间的命令服从关系、冲突对抗关系而出现的第三种关系形式，即伙伴合作关系。习近平总书记强调：“治理和管理一字之差，体现的是系统治理、依法治理、源头治理、综合施策。”

从“治理”的意义上探索学校发展新路径，是当代中国教育治理改革的重要命题。教育治理是对于传统教育管理方式的超越，教育治理与教育管理并不是对立的关系，前者是后者的一种高级形态，其突出特征是多主体参与的合作管理、共同管理、共同治理。教育治理发生和表现在区域层面和学校内部层面，从政校关系角度看，学校的主要角色变化是走向“自治”；从学校与教师、学生、家长、社区等的关系角度看，学校的角色是与其他主体一起对学校进行“共治”。① 在国家改革的促动下，教育领域对治理的认识逐渐达成一致，并形成以政府、学校、社会三者之间关系重组和权责重构为核心的教育治理体系和治理能力的格局。②

国外学者对学校治理内涵的研究形成了不同的思路，例如经济合作与发展组织（Organization for Economic Co—operation and Development，OECD)将学校治理视为学校的一种整体性变革，包括学校自治、学

① 褚宏启. 自治与共治：教育治理背景下的中小学管理改革[J]. 中小学管理，2014(11)：16—18.

② 杜明峰，范勇，史自词. 学校治理的理论意图与实践进路[J]. 教育研究，2021(8)：132—141.

校竞争、学校管理、学校领导力、父母参与，以及评价与问责等多个维度。① 这一思路强调学校治理是关于学校的整体发展和战略性规划。另一种思路是将学校治理看作一种行动过程，它主要是学校水平网络关系中的不同行动群体的集体行动，而这一过程的顺利进行需要专业化支持，特别是需要加强学校领导力、教师专业能力、社区团体能力以及非政府组织能力建设。② 作为国家治理和教育治理在学校体系中的延伸，学校治理的建构以此为逻辑前提，因而国内学者关于学校治理的内涵阐释也建立在此基础之上。例如，有研究者认为学校治理是学校内外部治理主体对学校公共事务通过参与、协商、谈判和合作等互动方式解决问题的过程。③ 这一内涵阐释意味着学校价值、机制和生态的重构。

（四）学校治理中的对话研究

在学校治理过程中，与学生的对话是教育对话的重要形式。马克·布拉西(Marc Brasof)以一所高中十余年的办学经历为案例，说明了在分布式领导力构建的过程中，校长倾听学生的声音，与学生对话，对建构青年领导力和学校改革的顺利进行具有重要的作用。④ 不过，一个南非学者通过问卷调查发现，在学校治理的民主化过程中，校长虽然会与学校利益相关者群体进行沟通和对话，但在其中学习者的声音是难以发出的。⑤ 也就是说，校长与学生的对话在学校治理中容易被忽略。

将对话作为学校管理和治理的一部分，并不是以美国为代表的欧美

---

① OECD. PISA 2012 Results: What Makes Schools Successful? Resources, Policies and Practices(Volume Ⅳ)[M]. PISA, OECD Publishing, 2013: 127—164.

② 杜明峰，范勇，史自词. 学校治理的理论意图与实践进路[J]. 教育研究, 2021(8): 132—141.

③ 曾文婕. 论学校治理价值向度的建构[J]. 教育学报, 2018 (1): 58—64.

④ Brasof, M. Student voice and school governance: Distributing leadership to youth and adults. [M]. Routledge, 2015.

⑤ Mabovula, N. Giving voice to the voiceless through deliberative democratic school governance [J]. South African Journal of Education, 2009, 29(2).

社会才有的理论体系。前苏联学者诺维科瓦(Liudmila Novikova)所建构的教育共同体理论体系认为,学校不仅是一个教学机构,同样它还是一个具有整体性的社会系统,社会系统中包括非正式交往、正式课程、内部习惯和传统在内的各个组成部分都是相互联系且同等重要的。诺维科瓦认为,学校作为一个整体系统,其运作并不是完全在管理者的控制之下的,至少不是通过直接管理完成的。① 在诺维科瓦的影响下,西多尔金(Sidorkin)提出了一个关于教育对话的概念——"关键交谈"(core conversation),以强调学校作为一个共同体,学校通过正式和非正式的渠道进行对话,从而完成自我阐释、达成共同认可的价值观和信念。而核心对话的方式之一,公共对话在方式上可以表现为学校的民主管理,如学生和教师在学校决策和管理讨论中进行投票。②

另外,将"对话"作为一种学校治理乃至教育治理手段的,也可见于相对激进的批判教育学论述中。批判教育学家保罗·弗莱雷(Paulo Freire)认为,教育系统中存在对立关系,两个对立关系的群体之间和群体内部的对话,是连接反思和行动的关键一步,只有将思想表达出来才有可能进行改进的行动。③ 不过,保罗·弗莱雷更为突出的是他自己的社会行动,却并没有在论述上对"对话"本身提出直接的行动建议。不过,批判教育学随后形成了以"赋权"(empowerment)为核心的话语体系,将赋予学生权力作为学校治理研究的一部分。对教师的增权赋能延伸了"对话"对学校治理作用的研究,并提供了基于实证的研究支持。伽兹尔(Gaziel)发现,以参与决策为核心的教师赋权增能实践能够提高

---

① Novikova, L. I. Pedagogika detskogo kollektiva: voprosy teorii [M]. Izdatel'stvo Pedagogika. 1978. 转引自 Sidorkin, A. M. Doing and talking. In Dialogue as a means of collective communication. Springer, Boston, MA. 2005. pp. 241—253.

② Sidorkin, A. M. Doing and talking. In Dialogue as a means of collective communication [M]. Springer, Boston, MA, 2005: 241—253.

③ Freire, P. Pedagogy of the oppressed 30th anniversary edition (M. Ramos, Trans.) [M]. London, England: Bloomsbury Academic, 2000: 87—124.

教师对学校的组织承诺，教师赋权增能对教师组织承诺的提高有显著的正向相关。① 而校长的社会吸引力（与教师平等沟通）和可信赖度（以学校整体的利益为先）可以促进教师赋权，使教师更多的参与到学校的管理当中。② 还有研究者将教师赋权视为学校权力的分配。在肯丽和菲兹的访谈和问卷中发现，有的教师会在任务行动中成为权力破坏者，也就是说校长虽然保留了人事权，但是在专业活动中教师和校长其实是平等的同事关系。③

对话与文化生成的关系也是本书探讨的问题，文化生成是一种主体间的交流与传递，是在当下理解过去与现在的关联。在本论题范围内，聚焦的是对话与治理文化生成的关系问题。因此，对话管理、对话机制、现代治理和治理文化生成等相关关系就成为本书的一个关联域。正如，秦建平在《教育治理现代化及其监测评价研究》中主张，治理可以强制的，但更多是协商的；治理的权力可以是自上而下的，但更多是平等的；治理是法治的，而不是人治的。④ 但其代表的是将治理放在宏观多主体的建设框架上进行的研究。

本书主要是从动态的现代治理与对话机制建设的过程意义上提出自己的研究课题，是对学校治理研究的一种微观实践。通常意义上理解的学校治理，包括领导决策体制机制、组织架构和职能以及学校系统与外部

---

① Gaziel, H. Teachers' empowerment and commitment at school—based and non—school—based sites. In J. Zajda & D. T. Gamage (Eds.), Decentralisation, school—based management, and quality [M]. New York: Springer, 2009: 216—229.

② Rinehart, J. S., Short, P. M., Short, R. J., & Eckley, M. Teacher empowerment and principal leadership: Understanding the influence process [J]. Educational Administration Quarterly, 1998, 34(1_suppl): 630—649.

③ Keedy, J. L., & Finch, A. M. Examining teacher—principal empowerment: An analysis of power.? Journal of Research & Development in Education, 1994.

④ 秦建平等. 教育治理现代化及其监测评价研究[J]. 中国教育学刊，2016，(12).

系统之间的信息、能量和资源的互动交换机制等方面的内容。治理作为一种将传统的管理者与被管理者、命令与服从、一致与冲突的关系，转变为一种合作、分享、团结、共识的，多中心协同、多主体参与的伙伴式的合作关系，明显地有着对话理念与对话机制的诉求。

本书提出的学校治理是以民主合作、互利共赢、开放探究、真诚理解为价值取向，在对话机制建设的基础上，构建学校、社会、教师、学生、家长等多主体参与的学校运行机制，形成合作伙伴分享式的新型教育关系，充分释放出学校不同主体的教育活力。将治理与对话相互关联、进行有机统一，将对话机制建设作为初中学校管理变革的聚焦点、突破点成为一种尝试性的实践研究。

二、对话与教育

纵览教育的发展历程，对话自教育诞生之日起就存在着，教育与对话的关系是教育学理论范式研究的重要问题之一。探寻学校治理视野下对话机制建设有必要对对话理论、对话与教育的关系进行历史考察。

（一）对话与教育的概念剖析

在日常生活中，对话是一个普通且常见的习惯用语。与对话相近的词语有很多，如谈话、沟通、交流、互动、讨论、争论、辩论等等，对话与这些词语的意义有所关涉，但是又有较大区别。关于对话，《现代汉语词典》有这样几个主要义项：一是指小说、戏剧里人物之间的谈话；二是双方或多方之间的接触、协商或谈判。可以做名词，也可以做动词；三是在有隔阂时或重要事情上互相交谈。《韦氏词典》中“对话”的定义是“寻求相互理解与和谐”。英文中的“Dialogue”来源于希腊字根“Dia”，意为“穿透”，“Logues”的意思是“语言”或“意义”，因此，“Dialogue”有穿透字面的意思。有很多人试着给对话下定义，有人认为“对话就是一群人在一起相互了解，在彼此的差异中建立互信，通过谈话产生正面的结果。”[①]也有人认为“对话是一种消除了种种矛盾对立而建立的主体之间的民主、平等的依存关系。对话的双方都不把对方看做自己的对立面，而是作为朋友和伙伴，是一种相互的自我实现。”[②]对话是不同的思想意识或文化差异的主体间相互理解的桥梁，已经渗透进人类社会生活与个人生活的方方面面。正如海德格尔所说：“对话，和由对话所导致的联系支撑着我们的存在”。

纵览古今，东西方很多教育家都是对话大师。孔子与弟子的对话，彰显了“启发式”教育的魅力，一次次的“子曰”，“问曰”，“对曰”诞生了一部教育经典对话录《论语》；苏格拉底通过不断的引导、质疑、问难，引导学生去发现真理，创造了著名的“产婆术”。近现代以来，对话的哲学概念运用于教育学领域后，对话式的教育观被众多学者阐释和强调。德国哲学家马丁·布伯提出“教育即对话”，他从其“我—你”式对话哲学出发得出了“教育领域是完全对话性的”观点，[③]他认为“关系”是教育的基础，“教育中的关系是一种纯粹的对话关系”。[④] 巴西教育家保罗·弗莱雷认为，作为人类现象的对话，不仅仅是交流、谈话，它的精髓在于它的构成要素，即反思与行动。这两个方面是相辅相成的，反思脱离了行动，对话就变成“纸上谈兵”，泛泛而谈毫无现实意义的行动被剥离了反思，对话就变成了“蛮干”式的行动主义。在这两种情况下，对话都不可能实现，教育也就不可能真正实现人性的完善。[⑤] 由此可见，对话教育是对“教育是什么”的理论追问和深入探究，教育领域倡导的“对话”不是一般意义上的对话，也不仅仅是作为一种手段，而是作为一种教育理论，是一种追求人性化和创造性质的教育学范式。[⑥] 笔者

---

① 吴咨杏.《对话力，现代社会必备的软实力（译者序一）》，[美]丹尼尔·扬克洛维奇(Daniel Yankelovich)著.对话力化冲突为合作的神奇力量[M].杭州：浙江人民出版社，2015.

② 安世遨著.教育管理对话论[M].重庆：重庆大学出版社，2014：8.

③ 刘德林.“教育即对话”质疑[J].教育理论与实践，2005(8)：1—3.

④ 王向华.对话教育论纲[M].北京：教育科学出版社，2009：82.

⑤ 保罗·弗莱雷.被压迫者教育学[M].顾建新等译.上海：华东师范大学出版社，2001：37.

⑥ 苗小军，杨芳.教育对话与对话教育辨[J].江苏教育研究，2012(3)：46—49.

认为对话是指基于平等主体间的用言语方式进行沟通，努力达成理解与形成共识、产生正向效果的人际交往过程。① 对话与教育具有天然的联系，对话揭示了教育的本质特征，人参与的一切对话活动都可能会产生教育的效果。

（二）对话理论研究

学术界对“对话”的研究是伴随着社会的复杂性和多元化开始的，社会学、政治学、文学、语言学、新闻学、法学、心理学、教育学等多学科领域都有关于对话的研究，对话有着深厚的理论基础。

1. 名家经典中的对话理论

对话理论是一个古老而常新的话题，关于对话理论的研究是以对话领域大师的理论和著作为原点，进行阐释、迁移和转化的。所涉及到的名家包括孔子、苏格拉底的对话思想的原典研究；包括巴赫金、弗莱雷、马丁·布伯、哈贝马斯、戴维·伯姆、伽达默尔、雅思贝尔斯、克尔凯郭尔、罗蒂等大师的阐释研究。这方面的研究既有深入进入文本阐释，也有在相关专题研究中的专题聚焦，还有结合相关学科和社会问题所进行的对话理论和思想的“阐释——批判——应用——超越”的尝试研究，更有突出理论脉络和话语体系建构研究。

从介入对话研究的视角或切入点来给大师们的研究进行分类的话，大致可以概括为以下几个方面：关系论的对话研究，如马丁布伯；交往论的对话论，如哈贝马斯；理解论的对话论，如伽达默尔；语言论的对话论，如巴赫金；现代性或后现代性的对话论，如哈贝马斯与德里达；文本论的对话论，②思维论的对话论，③传播论的对话论④等等。

---

① 李百艳. 对话：遇见更好的“我和你”[J]. 中小学校长，2020(8)：3—5.

② 白春仁，春仁. 边缘上的对话——巴赫金话语理论辨析[J]. 外语教学与研究，2000，(3)；段建军. 阐释、对话、分享：文本阐释本质论[J]. 社会科学辑刊，2018，(3).

③ 白春仁. 巴赫金——求索对话思维[J]. 文学评论，1998，(5).

④ 张蕴. 从独白转向对话：马克思主义大众化的创新路径[J]. 理论导刊，2018，(5).

这方面的内容文献浩繁，如有人从关系本体论角度，解释了布伯的“我—你”关系的直接性、相互性、相遇性，并通过这种真正的关系，重新界定语言、时间、自由等传统概念。① 这种研究，突出对话哲学视野下，人之作为实践存在优先于人之作为认知主体，强调第二人称的优先性，即“我—你”关系优先于“我—它”关系。进而通过关系理性、关系本体论、关系思维、文化生成、生成性文化、生成性思维等予以阐释和演绎，可以看做是关系方法论的研究思路。

文本论的对话研究，以文学哲学研究为例，如凭借小说的联结作用，在文学作品中找到对话的参与者达到获得协同性的最终目标。②

交往论的对话研究，则主要以哈贝马斯为代表，突出从交往理性出发，从理想交谈环境的预设以及普通语用学的分析，得出了对话的四个基本有效性原则，以语言为中介将交往行为与对话、理解、沟通、共识以及语言意识形态批判相关联，突出交往与社会进化关系中的对话功能定位和自由解放功能。

从本体论、认识论、社会哲学角度梳理，诸如对话人生只可能发生在“我—你”之间、对话是一种精神上的相遇事件以及人类学本体论意义范畴。③ 形成的观点大致有：对话是一种认识方式，具有生产性、创造性、建设性；对话作为一种认识方式具有开放性与流动性；对话作为一种认识方式具有独特的伦理品格。

2. 当代中外对话理论研究

当代关于对话理论的相关研究比较成熟，由于研究者的研究领域、旨趣和视角的不同，这些研究成果往往呈现出不同的侧重点、深度和水平。

---

① 张增田，靳玉勒. 马丁·布伯的对话哲学及其对现代教育的启示[J]. 高等教育研究，2004，(2)；论新课程背景下的对话教学[J]. 西南师范大学学报（人文社会科学版），2004，(5)；米靖. 马丁·布伯对话教学思想探析[J]. 外国教育研究，2003，(2).

② 雷清平. 批判自我中心主义：从巴赫金对话理论解读纳博科夫[D][硕士学位论文]. 江苏：苏州大学，2018.

③ 夏正江. 对话人生与教育[J]. 华东师范大学学报（教育科学版），1997，(4).

围绕“对话”有几本主要研究性专著。一是张东娇的《教育沟通论》一书，在此书中，作者认为在教育与交往、教育与对话之间的研究中，教育与沟通研究较少，并概括出了研究稀缺、分布零散、论述边缘化等问题。同时，对国外对教育沟通问题的研究的多角度、具体化、前卫性进行了特点概括。以此为参照，作者从沟通理性出发，对沟通与教育沟通、教育模型、教育即沟通、教育沟通的机理分析、教育沟通的前台策略、有效教育即教育沟通的终极关怀进行了系统阐述。这是一个来自教育学及多学科视角的研究。

二是来自杨小微主编的“学校变革与校长领导力”丛书中的一本，即由朱乃楣校长所著的基于一所小学的研究著作《互动与共生：学校文化转型的机制研究》，该书从教育交往概念切入，针对教育交往异化问题，从领导变革、润泽课堂、经营班级、共建校社、拓展合作、互动机制和共生故事角度进行了系统的经验总结和学理探讨，其中对于互动机制的介绍和研究，具有一定的启发。

三是孙建军编著的《语文对话教学》，该书则直接针对“倾听无能”和“表述无能”的两大问题，在梳理了近代西方对话理论的基础上，进行了对话教学的概念、要素、特征、策略、途径、方法、误区及其消解的学科意义上的对话教学探讨。

在福莱夏的《分享语言：对话学习的理论与实践》一书中，通过具体案例形式提炼了对话学习的七个原则，即平等对话、文化智力、转化、工具维度、创造意义、社团和不同见解之间的平等。王向华的《对话教育论纲》则在中西对话思想资源框架下构建了一个包括概念、特征、类型、目的、教学、学习、师生关系观、学校观的体系。其他相关著作，可以列举的包括《如何倾听，怎样沟通——成人对话教育的原理与实践》《论对话》《求索的心灵：苏格拉底对话教学法的理论与实践》《对话：变革之道》等等。

通过以上对话理论的研究梳理，概括出关于“对话”研究的几个层面：

第一，对话是多学科研究的一个领域。包括哲学、政治学、文学、语言学、新闻学、法学、跨文化交际、教育学、心理学等学科都有着深入且大量的研究。例如:从社会学角度,则有着诸如对符号互动的研究、自我与社会、自我与文化之间的相互作用论研究;从文学角度进行的多数以巴赫金为代表的研究等等。[①] 文学理论中的走向对话与交往的研究,[②]新闻传播方面有人对人际交流进行了研究;[③]也有如新浪微博互动的结构与机制研究,突出互动的价值。[④]

第二,对话涉及概念领域非常宽泛。一般在诸如沟通、交往、交互作用、主体间性等概念中,都有着内在和外在的关联,范畴之间的逻辑错综复杂,不同研究者之间的涵义及转义也非常复杂。

第三,对话从相关联的知识扩展角度,大师杰作和学术经典更为丰富。比如,从哲学角度的对话研究,代表性人物,诸如:布伯的"我-你"关系、哈贝马斯的交往行动理论、伽达默尔的哲学诠释学中的理解与对话、罗蒂的对话哲学或后哲学文化、巴赫金的对话、索绪尔的结构语言学等的阐释性研究等。

(二) 对话教育研究

对话教育的提倡,基本都建立在对灌输教育、独白教育批判的基础之上,或立足于课程教学,或立足于学科领域,或立足于道德教育,抑或是立足于师生关系,在追求主体性教学、主体参与式教学、教学与交往等研究中,关注"对话教育"。国内关于对话教育的相关研究,以对话教学研究最多,也最为集中。

1. 对话教育的理论研究

理论层面的研究,大致有以下几个方面的研究思路,如着眼于时代背景和时代特征,[⑤]网络时代学习方式的变化,课程教学改革实践需要等背

---

① 汪小玲,许婷芳.《绝望》的对话策略[J].贵州社会科学,2018,(2).

② 钱中文.文学理论:走向对话与交往[J].中国社会科学,2001,(1).

③ 王怡红.关系传播理论的逻辑解释[J].新闻与传播研究,第13卷第2期.

④ 夏雨禾.微博互动的结构与机制[J].新闻与传播研究,2010,(4).

⑤ 黄忠敬.教学理论:走向交往与对话的时代[J].教育理论与实践,2001,(7).

景下展开的研究。

第一，主要集中于论文、专著中的章节以及学位论文中的系统研究。如，从对话教学的涵义、本质的研究①到对话教学的理论基础包括哲学基础、脑科学基础、心理学基础、生态学基础以致对话教学的意义、形式、方式、思维、目的、课程、过程、师生关系的观念体系的系列化的研究。② 同时，也有人指出了在概念、本土化、实践服务以及跨学科研究方面需要加强的评述。③

第二，主要是基于某个学科视角下的研究。钟启泉从教学规范转型的角度，对文本与对话的关系进行了分析。④ 其他方面的研究，如从马丁·布伯对话哲学视野下的教育关系构建的探讨，进而提出了教育的对话世界；从解释学角度，将教学理解的功能研究，在人文化成中的功能和可能，在人与文化的双重建构中的教学职能，在基于文化冲突分析与文化建设中的对话机制建设；⑤有的学者基于对理解的解释学定位，突出视界融合、超越主客体以及对话作为理解的最高层次出发，探讨了教师评价中的价值取向从一元走向多元、从主客到主体间性、从逻辑实证主义走向人文、从视域差异走向融合、从预定走向生成、从静态到动态中的对话机制和功能进行了探讨。⑥

---

① 张华.对话教学：涵义与价值[J].全球教育展望，2008，(6).

② 这部分的参考文献包括康建琴.对话教学：内涵、特征与原则[J].山西财经大学学报(高等教育版)，2004，(3)；陈雄飞.对话教学：意义与问题，教师之友[J].2005，(3)；刘庆昌.对话教学初论[J].教育研究，2001，(11)；李宝庆.对话教学初探[D]，[硕士学位论文]山东曲阜师范大学，2003；牟宏俐.对话教学的价值追求和实现条件[J].教育科学论坛，2018，(12)；邱美琴.对话教学研究[D]，[硕士学位论文].华东师范大学，2007；张增田.对话教学研究[D]，[博士学位论文].西南师范大学，2005；刘旭相.对话教学研究文献综述[J].江苏教育研究，2010，(5A)；黄志成，王俊.弗莱雷的"对话式教学"述评[J].全球教育展望，2001，(6).

③ 刘发开.对话理论视域下中俄文化的对话模式与思维范式探析[J].学术探索，2018，(12).

④ 钟启泉.对话与文本：教学规范的转型[J].教育研究，2001，(3).

⑤ 张光陆.对话教学之研究：解释学的视域[D]，[博士学位论文].华东师范大学，2010.

⑥ 王景英，梁红梅，朱亮.理解与对话：从解释学视角解读教师评价[J].外国教育研究，2003，(8).

第三,从教育基本理论角度的研究。如,有人对对话人生与教育的关系进行了框架性研讨;①有人提出了对话教学的时代特征,并对其互动交往、合作发展、创造生成、倾听关爱、追求自由以及发展生命进行了探讨。② 对于对话教学的价值追求与实现条件的研究,集中在以"我—你"关系的统一,方法与精神的统一,众声喧哗与主体意志的统一为价值追求,而对环境条件、理智条件和情感条件,从对21世纪师生关系的理想构想出发,提出了民主、平等、对话的关键词研究;③有学者从教育交往角度,对教育交往过程的对话④、理解和共享的特征进行了阐释,同时对对话或交往的思维方式基础,诸如主体间性⑤、互主体意识、民主、宽容、公域、"我—你"关系、占有式教育、主客两极模式等进行了探讨;也有从演绎的角度,基于主体间性哲学视野下,对教师文化的主体文化、合作文化、生态文化、角色文化、教学文化的价值反思等进行了探讨。

2. 对话教育的实践研究

实践层面的对话教育研究,有来自实践者的基于学科教学中的课堂中的"伪对话"问题的揭示;⑥对话教学的要素⑦、模式⑧与策略研究,包括对话意识的激活阶段、对话情境的维持阶段、对话机制的实现阶段,对话心理机制的解释。⑨ 其他,如对话教学的表征方式,如问答式、愤悱式、交际式、辩论式,在关联要素上则表现为问题焦点、教与学的

---

① 夏正江.对话人生与教育[J].华东师范大学学报(教育科学版),1997,(4).

② 沈小碚,郑苗苗.论对话教学的时代特征[J].西南大学学报(社会科学版),2008,(3).

③ 徐洁.民主、平等、对话:21世纪师生关系的理想构想[J].2000,(12).

④ 蔡春,扈中平.从"独白"到"对话":论教育交往中的对话[J].教育研究,2002,(2).

⑤ 冯建军,主体间性与教育交往[J].高等教育研究,2001,(6).

⑥ 黄玉峰,课堂中的"伪对话"[J].内蒙古教育,2018,(6).

⑦ 陈顺洁,华卜泉.对话教学:概念与要素[J].现代中小学教育,2003,(2).

⑧ 胡敏.基于对话模式的初中语文高效课堂的构建[J].语文天地,2018,(50).

⑨ 朱德全,王梅.对话教学的模式与策略探析[J].等教育研究,2003,(2).

角色、教学期望等；基于对话理念下的教学关系研究，则包括了交互性、平等性[①]、接近性、支持、信任、肯定他人的教学氛围、参与者全身心投入、指向未来和时间的流动性。[②] 实践意义上的研究，概括起来，大致包括：

第一，概念研究。对话教学的内涵界定及对话教学中的实施策略、教学质量、学科侧重、学科拓展以及生存的问题，也有对话型课堂的研究[③]。一般来说，此类研究，主要是对话教学的本质探索，包括对话理想，对话人生，培养学生的反思与批判的意识和能力；培养学生的交往与沟通的意识与能力；引导学生以“你”的态度，而不是以“它”的方式看待万事万物，当然也包括人，过程观则表现为精神相遇，经验共享；“我—你”对话关系的师生观；评价则表现为发展、整体和强调意义。此外，在生态学视角下，如语文课堂对话机制的研究，突出了平等、民主、互动、共生的理念，探讨了和谐课堂建构的前提和可能。

第二，学科实践研究。在思想政治教育[④]和道法课[⑤]中不变、在小学数学[⑥]中都有基于实践经验总结式的研究文章，也有提上理论概括水平的研究尝试，如有人着重对思想政治课堂上的对话类型进行了分析，划分为言语型对话、文本型对话和反思型对话；[⑦]还有基于中俄文化的对话模式与思维范式的探析包括基于对话模式的思维倾向而言，大致概括了诸如主体思维和主宰思维、合和思维和二分思维、中道思维和批

---

① 李镇西. 对话：平等中的引导[J]. 人民教育，2004，(3—4).

② 米靖. 论基于对话理念的教学关系[J]. 课程·教材·教法，2005，(3).

③ 黄均钧. 对话型课堂中师生“教”“学”观念的冲突与磨合[J]. 日语学习与研究，2018，(2).

④ 李艳艳. 从灌输走向对话：思想政治教育主客体关系的新形态探究[J]. 太原城市职业技术学院学报，2018，(6).

⑤ 陆妮娜. 对话教学在道德与法治课中的教学[J]. 小学教学参考，2018，(12).

⑥ 周京萍. 对话教学在小学数学教学中的应用[J]. 数学学习与研究，2018，(23).

⑦ 唐少莲. 周敏，用对话式教学引思、启智、育人[J]. 黑龙江教育学院学报，2019，(1).

判思维;亦彼亦此到非此即彼的思维。此外,也有从主体思维到关系思维的探讨。[①] 上升到教学理论层面,有从交往和对话之间的接纳出发,提出了俄语对话中的话轮研究。[②]

在语文与阅读教学方面,有的在语文教学情境探究中对多元随机对话问题进行了分析;[③]有的从阅读教学的对话机制进行了框架性探讨,提出了诸如自主阅读与文本对话,生成潜在话语;自主交流对他人对话,达成共同话语;自主积累与自我对话,锤炼自我话语;潜在话语以感受性为基础;显性话语以交际性为保证;自我话语以反思性为关键。也有人对主题式对话教学做了系统研究。[④] 阅读教学中的多重对话,则提炼了如发现文本创作空白如预设、角色、省略、隐蔽、中断、冗余、陌生化、隐喻化;[⑤]在幼儿阅读领域中的对话式阅读研究[⑥]和语言交流研究。[⑦]

在语文教学中,有人认为对话是一种语文教学的新观念;[⑧]语文教学中对话状态有生本对话、师生对话、自我对话等。[⑨] 有人对语文教学中有效对话进行了研究,提出了平等、互动、有效的实践思路;[⑩]语文阅读教学中的对话机制研究包括尊重学生,确立师生平等的意识;注重倾听,形成学生与教师对话;注重情感教学,让学生与作品、作者对话以及尝试了对话模式的概括,将对话作为工具,用对话引发思考,用对话启迪智慧,用对话育人为本。此外,文体上,除了白话文之外,也有对文言文的研究。[⑪]

---

① 万伟.对话:一种新的教学精神[J].教育理论与实践,2002,(12).

② 何静.俄语对话中的重复话轮[J].哈尔滨学院学报,2013,(8).

③ 侯红英.开启语文教学情境探究的多元随机对话[J].名师在线,2017,(15).

④ 杨旸,赵胜启.唤醒沉默的课堂失语者[J].湖北科技学院学报,2018,(6).

⑤ 韩雪屏.阅读教学中的多重对话[J].全球教育展望,2003,(9).

⑥ 张但菲.近二十年国内外幼儿对话式阅读研究综述[J].陕西学前师范学院学报,2018,(12).

⑦ 孙秋.构筑“对话”平台,拓展语言交流[J].科学大众,2019,(1).

⑧ 王尚文.对话:语文教学的新观念[J].浙江师大学报(社会科学版),2001,(5).

⑨ 董汀丰.试论语文教学的对话状态[J].课程·教材·教法,2003,(8).

⑩ 钱波.平等互动有效对话:对小学语文阅读教学中有效对话的思考[J].语文教学通讯,2014,(4).

⑪ 吴桐菲.“批判性”对话理论在初中文言文教学中的实践[J].中学语文教学参考,2018,(10).

在英语教学中，有关于话语交际活动中实现言语意义的建构的研究，提出了话语修复、话轮转换等观点；①也有对英语课堂对话机制的有效建构的思路，包括对话方式呈现多方位互动；对话过程向多层次铺开；对话内容要向多角度渗入，并在对话训练中，关注训练的有序性、训练的面、量、质，努力追求有序、面广、量大、质高的对话。

第三，教育其他方面的对话应用型和推演性研究。课程领域中，从新课程改革出发，对教学对话进行了比较深入的探讨。有的从课程实施角度，突出了理解、对话和意义建构的课程实施观的探索；②也有研究从后现代课程观的转变角度，探讨了对话课程观的概念、类型、方式等。③ 学生与隐性课程的对话机制研究；④有研究者从师生关系领域，有人认为师生对话具有相依性、民主性、语言性、开放性、创生性，并促进师生共同发展。⑤ 教育评价领域中，如对话式教育评价探讨，突出了对话式教育评价的对话沟通实现价值发现、表现价值尊重，实现价值引领；⑥信息技术领域，如基于信息科学上的职能对话系统的研究探索，在人机对话的意义上进行了探讨，这方面也有关于离群对话分析的研究；⑦教师管理和专业发展领域，校本教师管理中的有效策略，如梯度协商的研究；⑧生成意义的对话策略包括激活、激励、匹配、指导；⑨也有聚焦于课堂提问的意义在于

---

① 杜婷婷.话轮转换机制在初中英语角色对话中的应用[J].名师在线，2016，(10).

② 吉标，吴霞.课程实施：理解、对话和意义建构：一种建构取向的课程实施观[J].西南师范大学学报(人文社会科学版)，2005，(1).

③ 李冲锋，许芳.对话：后现代课程的主题词[J].全球教育展望，2003，(2).

④ 胡蓉.论高职院校学校学生与隐性课程的对话机制[J].职教论坛，2007，(3).

⑤ 李森.吉标，师生对话的特点及意义[J].西南师范大学学报(人文社会科学版)，2004，(3).

⑥ 杨琪源.对话式教育评价研究[J].教学与管理，2018，(6).

⑦ 郑桂东.多轮对话语料构建中的离群对话分析[D]，[硕士学位论文].哈尔滨工业大学，2018.

⑧ 罗祖兵，显红.梯度协商：校本教师管理的有效策略[J].基础教育研究，2007，(4).

⑨ 朱德全，王梅.对话教学的模式与策略探析[J].高等教育研究，2003，(2).

启发对话和思考,而非知识掌握或知识获得。① 德育领域中,如提出德育对话从独语到对话的观点;②有研究者提出了对话式德育课堂的改进措施;③从方法论的角度,对对话教学研究的学者,概括出了诸如主题探究、问答、会话、辩论、对话性讲授、交往性沉默、个人方法等。④

以上关于对话教育的研究涉及了教育学基本理论、课程领域、学科教学以及德育等多个领域,表明对话在教育各个领域都有不同的研究和拓展,这也为建构和探索对话机制提供了多种视角和更多可能性。

3. 对话教育的概念界定

通过文献梳理,我们可以得出基本的结论,对话教育以“对话哲学”作为第一原理,它的整体理论构建、内容设置和思维方式无不体现着哲学脉络。随着时代的发展,对话已超越了原初语言学的范畴,进而具有了社会学、解释学和文化学的意义,凸显出一种独特的意识和哲学观。对话哲学中最具有代表性的学说有:马丁·布伯实现“我—你”精神相遇的对话哲学论,戴维·伯母让意义自然流动汇集与分享的对话理论,巴赫金视对话为生存本质的对话理论,伽达默尔实现视界融合的解释学对话理论,哈贝马斯的主体间交往理性对话理论。伴随着后现代主义视野的不断扩大,主体间性教育观为新型的对话式师生关系的出现确立了理论依据,在教育实践过程中,教师和学生之间的关系不是主体与客体的关系,而是互为主体的关系,这种关系以教育教学过程中的对话的形式传达出来。⑤

结合现实观察,我们发现学校是最需要对话的地方,对话的质量影响着教育质量和师生的生命质量。然而在现实中,学校管理更多是命令式

---

① 古晓君. 课堂提问的意义在于启发对话和思考[J]. 教育教学论坛,2018,(18).

② 李芸. 德育的“对话”视点解读[J]. 教学与管理,2018,(2).

③ 张莉莉. “对话式”德育课堂的问题反思与合理改进[J]. 教育理论与实践,2018,(34).

④ 张华. 重建对话教学的方法论[J]. 教育发展研究,2011,(22).

⑤ 李玉萍. 从对立到对话的师生关系——后现代视野下的主体间性教育观[J]. 教育理论与实践,2008,28(10):57—60.

的，课堂教学更多是独白式的，品德教育更多是灌输式的，普遍缺少对话。这些现象的背后，是学生和教师主体意识的缺失，能力培养和人格发育受到影响，与全面发展的目标背离。可见，在教育中以对话的方式开展真实的对话对于学生的成长具有重要意义和价值，对话教育原本就是一种应然的存在。笔者认为对话教育至少有如下三个方面的内涵。

首先，教育是一个教师引导孩子与世界对话、不断成长的过程。教育教学中引导学生的对话主要包括三个方面，一是人与自然的对话，借以理解科学知识，认识自然规律，与自然休戚与共，改善人类生活；二是人与社会（包括人与人）的对话，借以明确与同伴、与集体、与国家、民族、世界的关系，确立自己的位置；三是与自我的对话，借以建构精神世界，促进自我意识、自我反思能力或元认知水平的提升，确立主体性。通过对话，在与外部世界交互作用中，在头脑中重新建构世界。

其次，对话是一种基于平等、经由沟通、达于理解、形成共识的交往过程。“基于平等”是前提，“经由沟通”是对话的实质，是对话双方在思想、精神和情感上发生真实的沟通与交流。“达于理解、形成共识”，是对话的目的，也是对话教育的价值取向或最终追求，即在人与人之间建立理解、信任、爱和共识。真正的对话相对于“命令、灌输、独白、预设、控制、话语霸权、他组织”等概念，倡导的是“平等、切磋、协商、倾听、生成、宽容、接纳、共情、换位思考、共同体”等具有现代性意蕴的概念。

最后，学校要积极营造无处不在的对话场域，释放师生的成长空间。学校管理者、教育者要畅通对话渠道、搭建对话平台，建设对话制度，推进对话治理，在学校管理、课程教学、学生活动与家校社区合作中，主动积极地展开学生、教师、家长、专家、自我、世界之间的多元、多层次的对话，不断唤醒对话意识，提高对话能力，提升对话价值，促进师生成长。①

综上所述，对话教育以“对话哲学”为基础，以师生的生命发展为目标，在

---

① 李百艳. 慧教育——浦东名校长论办学之道[M]. 上海：上海教育出版社，2021.

学校教育教学过程中积极营造一种民主的氛围、开放的环境，为师生畅通对话渠道、搭建对话平台、建设对话制度，在课堂教学、课程建设、学校管理、学生活动与家校社区合作中，开展多元主体间多维度、多层次的对话，激发师生对话情意，促进师生提高对话能力、形成对话素养，提升育人质量，把学生培养成为自我发展的承担者，善于对话沟通的合作者，具有反思精神的创造者。

三、对话管理与对话机制

对话不仅是一种教学范式，更是一种新的管理理念。对话双方只有作为有着完整个性、有着独特尊严的人而对话，才能揭开管理的真正奥秘，发现管理的价值和意义。[①] 在教育管理实践中，对话管理以及对话机制成为学校从管理走向治理的价值引领与实践方式。

（一）对话管理

受到管理学理论的演变影响，教育管理理论相应发生了较大的变化。[②]

---

① 张新平.教育管理学导论[M].上海：上海教育出版社，2006.

② 这部分参考的文献包括陈国民硕士论文《论学校对话管理模式及其实现》；安世遨博士学位论文《大学生对话管理研究》；安世遨.当代教育管理的过程性质与特征[J].现代教育管理，2015，(3)；安世遨.当代教育管理评价新取向[J].扬州大学学报（高教研究版），2015，(4)；陈国民.定义、模式、路径：学校对话管理初探[J].江苏教育研究，2010，(11A)；安世遨.对话管理：超越科学管理与人本管理新范式[J].贵州大学学报（社会科学版），2009，(5)；程翠英，张晓亮.对话管理：对传统教育管理观的批判反思[J].江苏教育研究，2007，(2)；安世遨，对话管理：管理历史发展的必然趋势[J].科技进步与对策，2010，(6)；喻小琴.对话管理：现代学校管理的价值诉求[J].教育理论与实践，2012，(25)；安世遨.教育之对话本真及其对教育管理的启示[J].现代教育管理，2014，(4)；吴景松，李春玲.论对话哲学视阈中的教育管理观[J].辽宁教育研究，2007，(7)；景晓娜等.论教育管理中的主体间性[J].辽宁师范大学学报（社会科学版），2004，(3)；吴景松.论马丁·布伯的对话哲学与教育管理观的重建[J].宁波大学学报（教育科学版），2006，(6)；安世遨.知识观的嬗变与教育管理变革[J].教育理论与实践，2015，(10)；安世遨.大学生对话管理的内在机理[J].经济与社会发展，2010，(5).

考虑到本书主题的拓展和深入的需要，在集中搜集各类文献基础上，主要以概括性的观点为主，以对话为参照，以对话机制和治理视角为筛选标准，对相关学校管理研究和实践进行逻辑梳理。

1. 对话管理概念溯源

对话管理概念在国内出现得比较晚，在国外也并不多见。专题研究对话管理的教育学者也比较少，根据目前的搜索发现只有吴景松、喻小琴、程翠英、韩素贞、陈国民、安世遨，其中后两者所做的研究较为深入。

一般认为，对话管理是随着对话哲学的兴起，在对科学管理和人本管理的批判过程中逐渐发展起来的。讨论对话管理或对话机制课题时，可借鉴和反思的管理理论往往都是从西方理论出发。应该说，对话管理本身不是管理学演变中的一种逻辑延伸，而更多地应该看做是在管理学与教育学，甚至更多学科之间的交叉中生成的一个教育管理的新概念。对话管理，不是对某种管理学理论的抛弃或扬弃，如果说与对话相对立的是独白，那么，独白管理是对话管理所针对的问题，然而管理学上并没有一种独白管理的概念，因此，与其说对话管理是一种管理学学科意义上的逻辑演变而成的概念，倒不如说是更多地来自于实践中所存在的独白问题而提出的一种介于教育与管理之间的交叉的概念，即对话管理。

纵观我国改革开放以来的中小学领导与管理的实践变革，西方管理学和教育管理学理论和实践对中小学影响很深，走出中国自己的学校管理理论与实践模式依旧需要继续探索。在这个意义上，对话管理概念带有本土的创新色彩，对话管理，包括对话机制建设课题某种意义上是一种跨学科课题，这在一定意义上与治理概念有着学理上的契合。

《学校对话管理》最早在张新平的《教育管理学导论》中提出，几种有代表性的定义有：在教育管理实践中，对话管理主张对话不仅是一种言谈与倾听的管理方式，也是一种管理情境，即管理主体间全身心地创造平等和谐、互惠互利、积极健康的管理氛围；更是一种新的管理理念，即对话双方只有作为有着完整个性、有着独特的人的尊严而对话，才能揭开管理的真正奥秘，发现管理的价值和意义。

通过梳理学校管理变革线索可知，对话管理概念的提出还是一个新课题。一般来说，科学管理、科层制的管理不可以更好地为教育教学活动中的对话提供条件吗？为什么管理本身也需要对话呢？教育管理作为对教育的管理，其根基在教育，目的也在教育。教育对话对教育管理的启示，在于教育管理者要遵循教育内在的逻辑与规律，适应教育的内在关系与特性。教育对话确立了教育内在的对话关系与逻辑，为教育管理提供了一系列启示，包括采用顺应教育对话本真的管理方式，用对话管理重建教育管理的内在关系，用对话促进教育管理去行政化，用对话管理解放教育人生。

2. 对话管理是对科学管理和人本管理的超越

"效率崇拜"是对美国学校教育管理效率运动的概括，其背后的理论是科学主义管理学。我们探讨学校管理科学化的开始，一般都是以效率为导向的现代管理理论为起点。[①] 管理学流派纷呈，包括社会人假设、组织理论、现象学派，在具体的管理概念演变来看，也有着诸多与中小学的管理改革的相关概念诸如科学管理、目标管理、质量管理、知识管理、文化管理、生态管理等等。

一般来说，一种理论当与其理论相关的技术手段开发出来以后，在中小学管理中推行起来比较快速，比如全面质量管理、ISO9000、精细管理、"零缺陷"管理、六西格玛管理等等。但我们也看到一些学校引进学校管理理论也是一阵风，随着领导的更迭、外界环境的变化也会有所变动。

从以"效率崇拜"为标准的效能时代所呈现的科学管理运动开始，到"社会人假设"的各类人本管理理论以及行政管理和组织管理理论的发

① 安世遨. 教育管理范式的历史发展与趋势[J]. 贵州大学学报，2014，(5)；安世遨. 对话管理：超越科学管理与人本管理的新范式[J]. 贵州大学学报(社会科学版)，2009，(5)；车伟艳. 英国绩效管理教师评价制度：内容、特点与启示[J]. 外国中小学教育，2010，(10)；吴天武. 人性化管理：教师管理的灵魂[J]. 教育理论与实践，2004，(11)；李桢. 论"人性化管理"在教师管理中的实施[J]. 厦门教育学院学报，2007，(3).

展，发展至今，进入如哈罗德·孔茨(Harold Konntz)所说的"管理理论的丛林"阶段。古典管理理论又称科学管理理论，它包括美国"科学管理之父"泰勒(F. W. Taylor)创立的科学管理学派，法国的亨利·法约尔、德国的马克斯·韦伯创立的组织管理理论。泰勒是"经济人""效率人"观点的主要代表，以"经济动物"和"会说话的机器"为代表性观点，主张出于经济动机的人的活动，在管理者看来，关心如何提高生产效率是其根本职能，因此，这一学派的组织建设是效率原则，突出建立规章制度和奖惩制度，主张以专业能力和职业成就来选拔和任用人员①，追求组织利益最大化为目标是其理论的主要特征。科学管理理论不仅对中外企业管理产生了深远影响，也对学校管理产生了广泛影响。比较突出的，诸如学校中的量化考核，精细化的制度设计、"胡萝卜加大棒"的奖励机制以及绩效目标化、指标化管理都可以看做是计件工资等相关管理技术中的借鉴或应用。其背后的哲学基础是科学理性和工具理性。

科学管理理论重在强调标准化、程序化、规范化、数量化、精细化、集约化，突出岗位责任制、部门负责制和外在控制机制，组织关系是命令与服从的关系。客观说，科学管理的产生对转变过去的经验管理、放任式管理以及强调个人权威性的独裁式管理具有重要的意义，它提高了生产效率，使资本获得了极大利润，在相当长的时间内促进了工业化的高歌猛进。但是，在这种管理模式下，组织成员的作用和地位在于追求组织利益的最大化的工具和手段，人无时无刻不被置于外在规章、制度、条例的束缚和监管中，成为被"物化"的人，被外在无形的权威所压制奴役的人。

教育管理作为社会管理的一部分，自然也深受科学管理的"效率崇拜"的影响。学校被认为是一个理性的组织，管理者比较强调学校组织权威性、等级性以及各种行为的规范性，用行政手段推动工作，采用自上而下的管理方式。

通过梳理文献发现，教育管理存在着管理机构科层化严重、管理效率

① 吴志宏著.教育行政学[M].北京:人民教育出版社,2007:38.

低、管理者管理视角单一、管理思维简单化、管理者教师立场缺失、管理者和教师情绪对立等问题。现代教育管理主张要增强校长的领导意识，增强管理者的服务意识，鼓励教师自我管理，采用扁平化管理网络，发展性评价、多元评价等改进措施。

由于科学管理理论过于强调规章制度和严格管理的必要性，把人当成只注重眼前利益的经济动物，忽视组织中人的作用，忽视人的心理需求和社会需求，到 20 世纪 30 年代，作为其对立面的人际关系运动开始抬头。① 人际关系理论包括人际关系学派、团队动力学派以及民主、参与管理思想。人际关系运动的创立人埃尔顿·梅奥等人进行了一个有名的"霍桑实验"，实验证明了金钱并非调动人积极性的唯一动力，人是复杂的社会关系的成员，是"社会人"，员工士气（工作积极性、主动性、协作精神等）的提高，取决于其工作态度以及安全感、归属感等社会、心理方面的欲望是否得到满足。团体动力学派主要研究个人在团体中的心理行为，强调团体行为对于改变人们行为的重要意义。民主、参与管理思想主张让员工和下级享有一定程度的知情权、参与权和决策权，目的是"解放思想，鼓励人们自上而下地发挥主动性。"②

相对于科学管理理论，这一管理流派被称为人本主义管理，该理论认为，管理的最高境界是人的自我发现、自我实现，认为人具有无限发展的可能性，每个人都潜隐着巨大的创造力，人人都有自我实现的愿望和追求。因此，管理者只有坚持人性关怀，才有可能最大限度地发现和开发被管理者自身的资源。美国成功心理学大师克利夫顿认为，人本管理的关键就是在对人性的科学理解的基础上，看准人的优势和利用这些优势，也就是发现和肯定，以人的发展为核心，发现每个人的独特价值，然后激励之，弘扬之。因此，在以人为本的管理中，管理的最大价值不在于做了什

① 吴志宏. 教育行政学[M]. 北京：人民教育出版社，2007：39.

② 丹尼尔. 雷恩. 教师管理思想的演变[M]. 孙耀君等译. 北京：中国社会科学，2004：362.

么事，而在于发现了多少人并在此基础上培养了多少人。在这一理论的指导下，许多教育学家、心理学家和社会学家对教师进行了分析，结论是，相对于“经济人”，教师更是“社会人”，他们不是孤立地存在，而是要求归属于一个群体、一个组织，希望成为其中的一员，彼此间得到关注和关心。① 绩效奖惩、经济杠杆并不能完全决定教师士气的高低，而教师作为“社会人”的需要的满足则成为教师努力工作、积极创新，主动发展、自我更新的主要动力。

在梳理了上述两种管理理论范式的演变历史基础上，我国学者提出了对话管理范式作为超越科学管理和人本管理的新范式。对话管理理论是对科学管理与人本管理的整合发展。科学管理以事或物为中心，人本管理以人为中心，二者具有各自内在的局限性及其互补性特征。无论是科学管理还是人本管理，都是主客二元思维的产物，前者是一种客体化管理，后者是一种主体性管理，二者都无法超越主客二分的内在局限，所以在发展中都陷入其自身无法克服的困境。

对话管理超越主客二元模式，是一种主体间性管理。这方面以国内学者安世遨为代表，他认为对话体现了二者融合关系的内在本质和机制。“对话是生命的特质，有他性的激活，也有我性的坚守，对话在改造中吸纳，在吸纳中改造”，正是通过“我性的坚守”而各自保持自身的优势，通过“他性的激活”来吸纳对方的优势，改造自身的缺陷，这样，通过双方交互的坚守与激活、吸纳与改造，双双保持自身的优势，规避自身的缺陷，步出先前之自我，携手步入新的一体关系之中，从而实现新质的生成。这既是过程，又是顺乎自然的结果，是过程与结果的同一。对话正是科学管理与人本管理交融的过程与结果的共时共态的同一，这样产生的新形态的管理相应称之为对话管理。②

---

① 王斌华.教师评价：绩效管理与专业发展[M].上海：上海教育出版社，2005：33.

② 安世遨.对话管理：超越科学管理与人本管理的新范式[J].贵州大学学报，2009(9)：32.

在对话管理中，科学管理和人本管理不再是对立的两极，科学管理成为对话管理的基础机制，人本管理的精神成为对话管理的价值导向。对话管理实现了管理中科学与人文的全面的、完整的、和谐的、发展的统一。对话管理的最终目的就是要在科学与人文的相互协调和补充中促进人和组织在物质与精神两方面的均衡、和谐发展，并在此基础上追求人自身的自由、解放、全面发展与完善。

对话管理作为一种主体间性管理，为教师管理、教师校本培训的管理开拓了全新的理论视野，特别是解决绩效工资施行以来"能够量化与难以量化""学校的绩效目标与教师专业发展需求"之间的矛盾等各种问题提供了思考路径。

3. 对话管理核心观点

对话管理是民主合作的管理，对话管理是互利共赢的管理，对话管理是开放探究的管理，对话管理是真诚理解的管理，对话管理是强调批判反思的管理，对话管理也是以现实的关系的互主体性的人的假设为指向的管理；对话管理是一种通过对话方式、体现对话精神、激发对话资质的学校管理生活方式，是学校管理发展的必然诉求。对话管理的核心观点体现在以下几个方面：

其一，对话管理不仅是管理方式，也是一种管理情境。对话管理的前提是互相尊重、互相信任、平等合作、且具有批判性和反思性。在安世遨的代表作《教育管理对话论》中，认为张新平教授明确提出了"对话管理"的概念，在其"大教育管理学"的新构想中，指出需要营造和建设一个安定有序、民主法治、公平公正和充满活力的"对话管理"世界，认为对话管理是真正以人为本的管理，是关注价值伦理的管理，是满怀理想、积极创新的管理，并具有民主合作、互利共赢、开放探究、真诚理解、批判反思、以建构学习型组织为取向、以现实的关系的互主体性的人的假设为指向等方面的特点。这样的理解似乎更是一种对话领导，而非对话管理。而吴景松认为，对话不仅是一种管理方式，也是一种管理情境，更是一种新的管理理念。在批判和继承主体教育管理观的基础上，对话教育管理观不仅从新的视角审视教育管理的组织、机制、运行状态，强调对技术的控制和役使，而且以非理性主义的新维度去重新思考与界定教育管理中的人的主体性，强调组织与组织中的人、人的理性因素和非理性因素以及认知理性和价值理性等在管理主体的实践活动中达到统一。

其二，对话管理是对话双方进行的一种交互性的实践活动，是一个双向沟通的过程。陈国民关于学校管理“伪对话”现象，提出了形式对话、失真对话、垄断对话的现象进而对话语霸权、思维假定、主体地位处理不当、对话情景脉络把握失调、团体断裂带的存在进行了原因分析，并提出了构建合理完善的对话机制、搭建形式多样的对话平台、塑造积极向上的对话环境以及实施多元客观的评价方式的建构框架。① 他认为对话管理的主要理念是追求发展、崇尚尊重、走向共生，对话管理的结构应该是扁平化、网络化、边界虚拟化。对话管理的本质是反省合作研究，以平等对话为前提，互助合作为基础，以持续开放为条件，以创造生成为目的。

其三，对话管理是对话者在口语交流历程中，透过信息的相互给予与回馈所衍生的一种省察、批判与认知重建的历程和行动。陈国民以对话理论为基础，针对传统学校管理模式的弊端提出了新构想，他认为，对话参与者即行动探究者、对话场亦是学习场、即时即景的探究观，对话知识的融通和超越，对话管理可起到价值引领、优化资源配置、改善人际关系与提升对话品质的作用。安世遨认为，对话管理是对话的理念和精神在管理领域的应用与回应，是超越管理科学在内蕴主体性管理基础上的一种主体间性管理，是管理双方基于各自独立的人格和完整的个性在真正平等、民主、尊重、宽容、信任的氛围中，以言语、理解、体验、反思、互动等交流沟通方式，经由精神相遇和视界整合达成意义创生，实现管理价值目标的一种新型管理方式。

安世遨以对话管理范式为基本核心概念，在突出对话与教育管理的内在关联性和逻辑一致性，通过对作为一种范式的对话，以及对话教育管理的内在逻辑和对话教育管理范式框架进行了系统的管理理念、组织、目标、

① 陈国民.学校管理中伪对话现象探析[J].江苏教育研究，2012，(4).

方法、过程和评价的教科书式的体系性的构架。但是具体到复杂的办学情境中，如何构建对话管理框架以及对话机制在学校复杂综合的办学情境中的抽象建构，需要考虑诸多复杂的影响因素，真正意义上的学校办学情境中的对话机制的建设应该有着不同的实践逻辑与学理逻辑的探索空间。

笔者很早就结缘于对话，在语文教学改革实践和研究中，对话、互动、沟通、理解等一直是比较关注的主题。随着管理岗位的变迁，在学校领导与管理实践中进行了身体力行的实践性探索。虽然缺少系统的理论支撑和学科基础上的探究，但从自身实践的角度，对基于情境中的对话实践本身的复杂性体会尤深，在实践中将对话贯彻到底，深感艰难。学校内部对话氛围的营造有赖于外部环境的支持，如果内外实践逻辑形成冲突和悖论，即使有对话探索，也是杯水车薪。要真正实现一种生存方式的转变并非易事，出自实践者的对话价值的诉求带有救赎的味道，自身的实践固然可以在孤独的个体意义上带来自我超越和拯救，而要将其作为一种管理变革信念和课题予以研究并推及学校管理乃至学校文化等其他方面，创设一种对话文化，则更加困难重重。因此，本书虽以上述理论研究为基础，但更聚焦于具体情境中的行动实践研究的探索，这是与上述研究的区别。如果说上述研究带有演绎的研究取向，而本书的研究思路则更加突出归纳提炼的取向，突出具体问题的综合探索思路，并提炼实践研究的线索和问题破解的理路。

（二）对话机制

建立科学的对话机制是变革学校管理、重塑学校文化、推进学校治理现代化的重要手段。厘清对话机制的内涵，梳理对话机制与学校治理的关系，深入分析对话机制对教育领域的影响，有助于全面地探索学校治理格局下的对话机制建设。

1. 对话机制的内涵与建设

机制一词源于希腊文，最初指机器的构造和运作原理，后被其他学科所借鉴，既指有机体各器官之间的联系、作用和调节方式，也指某些自然现象的物理、化学规律或制度化的方式。在任何一个系统中，机制起着基础的作用。

对话机制代表性的定义，指教育中的各主体，遵循一定的对话原则，在对话制度的保障下，恰当运用对话策略，按照合理的对话路径而展开的认知、情感以及精神领域的多向交流系统。对话的流程与精髓是“基于平等，经由对话，达于理解，形成共识”。对话机制使学校的领导决策体制机制、组织架构和职能以及学校系统与外部系统之间的信息、能量和资源的互动交换更充分、更顺畅、更多元。从与管理相对举的意义上，对话机制实际上内含着治理现代化的价值导向，相对于“控制”、“命令”、相对于“他组织”，其概念本身带有明显的价值介入性，与之相关联的是平等、民主、交往、沟通、协商、交谈、商谈、理解、承认、宽容、差异、创新、共识、共生、合作、共同体等概念。对话使管理者与被管理者之间的命令服从关系、冲突对抗关系转变为第三种关系形式，即合作伙伴关系。新型的组织形态与人际关系释放出不同教育主体的参与和创造的热情与活力，为学校依法办学、民主办学、开放办学、多主体参与办学，营造了良好的文化生态。

关于对话机制的研究，也是处于一种多学科研究之中。一般有法学学科视角的研究，如民事诉讼中理性对话机制研究；①比较文学中的文化对话研究；②方法论意义上的研究，如运用斯诺的科学与人文两种学科文化之间的对话研究；③还有文学理论中的学术认同机制的研究；④其他，则包括互联网中的微博互动结构与机制研究，也有网络事件方面的探讨；⑤新

① 唐力. 对话与沟通：民事诉讼构造之法理分析[J]. 法学研究，2005，(1)；俞亮，张驰. 构建未成年人民事审判中的庭下对话机制[J]. 中国青年研究，2010，(8). 苏廷婷. 我国民事诉讼调解中的理性对话机制研究[D]，[硕士学位论文]. 湘潭大学：2013.

② 黄振林，李小兰. 对话机制的创构与解构[J]，艺术百家，2006，(5)；姚睿. 结构与意义：结构喜剧的观念、情感与对话机制[J]. 长短辑，2013，(3).

③ 李真真. 科学家与决策者：两个社会系统间的对话机制[J]. 民主与科学，2004，(2).

④ 李健. 文学理论发展与学术认同机制[J]. 文艺理论研究，2008，(1).

⑤ 师曾志. 沟通与对话：公民社会与媒体公共空间[J]. 网络传播研究，2009，(12)；叶俊. 新媒介环境下新闻评论“对话功能”之建构[J]. 今传媒，2011，(9).

闻教育过程中的对话机制的建构则关注的是媒体融合背景下的整合课题等;[①]政治学视角下的对话机制研究如中国乡村社会与国家政权对话机制研究;[②]商业管理中的对话机制研究,如奢侈品微博营销的对话机制研究;[③]电商对话机制;[④]微博发展和社会对话机制的形成;[⑤]人工智能领域中的智能对话系统研究;政党外交中的对话机制研究;国际关系中的对话机制研究,如中美战略对话机制的研究;[⑥]中美双边对话合作机制研究;中拉文明对话研究;[⑦]劳动关系中的协调对话机制研究;社会治理机制研究[⑧]和社区治理中的合作治理主体间互动机制研究;[⑨]中美战区安全对话机制;新闻学角度的对话机制研究,如电视情感谈话栏目的公共对话机制研究;[⑩]编辑学的对话探索;[⑪]艺术学视角中的对话研究,如对戏剧艺术形态的创制和变迁研究等等。

---

① 牛炳文.王春玲,论媒体融合背景下新闻教育过程中对话机制的建构[J].传媒,2012,(3);潘晓珍.网络空间对话机制建设的诉求与路径[J],江海学刊,2017,(5);鲁晓霞.网络群体传播的舆论引导措施[J].新闻与传播研究,2012,(1).

② 彭亚飞.论中国乡村社会与国家政权对话机制的改善[D],[硕士学位论文].西南政法大学,2005.

③ 申宝辉.奢侈品微博营销的对话机制研究[D],[硕士学位论文].广西师范大学,2011.

④ 向坤.政府应牵头建立电商多方对话机制[J].通信世界,2011,(4).

⑤ 方兴东等.中国微博发展与社会对话新机制的形成[J].现代传播,2012,(6);郭村海.中拉文明对话:意义、目标、路径与机制[J].拉丁美洲研究,2018,(4);刘长敏.中美双边对话合作机制知多少[J].中国外交,2010,(1);古伟俊.建立中美战区安全对话机制初探[J].国防,2017,(7).

⑥ 刘长敏.中美战略对话机制的发展及其解析[J].现代国际关系,2008,(7).

⑦ 王栋.中国共产党努力推动大国大党对话机制[J].公共外交季刊,2012,(11).

⑧ 韩志明,顾盼.从“不讲道理”到“协商对话”:社会治理机制的转型[J].理论与改革,2016,(5);盖光.生态批判的话语表达路线[J].山东社会科学,2015,(1).

⑨ 黄桂婷,李春成.合作治理主体间互动机制研究[J].中共杭州市委党校学报,2014,(1).

⑩ 姚旭.电视情感谈话栏目的公共对话机制研究[D],[硕士学位论文].中央民族大学,2013.

⑪ 张秀红.对话:编辑活动的本质[J].辽宁师范大学学报(社会科学版),2006,(3).

关于对话机制建设的研究，涉及到各个领域，具体包括：有关注于科学家与决策者的两个系统间的对话机制研究；有主张不同系统领域之间的对话沟通交流机制的建立；也有从创建劳资对话机制，共建和谐劳动关系的角度，探索对话机制在缓解劳资冲突和矛盾中的价值和功能；①也有从对话作为克服冲突，寻找可能解决的方案，针对共识性的国际政治意愿的缺失，探讨发展权全球保护的对话机制问题。② 也有从社会对话机制建设出发，提出在政府、工会和企业三方面的共同努力下，实践探索三方协调机制、平等协商和集体合同制度、工人参与等社会对话制度。③ 也有包括企业建立对话机制的意义和实现途径的研究；税企合作共治的对话机制营建，包括协调机制、网上平台、防范风险等研究；④也有的基于大数据的视角下，综述了对话系统评价方法。⑤

关于对话机制的运行系统，包括教师与学生、学生与学生之间，保障对话渠道沟通顺畅，促使对话主体产生精神交流，全面提高对话质量的动态过程。师生与教育管理者，教育管理者与教育决策者以及校际之间的互动，是一个保证对话活动更有效的运行机制，负责整个对话的运行，是对话系统的各个要素通过相互联系和相互作用得以运行，并产生功能与性能的系统。对话机制的运行系统主要包括对话运行主体、对话运行过程和对话运行环境。动力机制是为教育对话机制提供动力的系统，是调动对话积极性、维持对话活动持续展开的坚实力量。

2. 对话机制与学校管理的关系

学校对话机制的建立旨在重组学校内部关系的建构、追求多元文化

---

① 李平. 创建劳资对话机制共建和谐劳动关系[J]. 天津市工会管理干部学院学报，2016，(2).

② 汪习根，桂晓伟. 论发展权全球保护的对话机制[J]. 中南民族大学学报(人文社会科学版)，2008，(1).

③ 乔健. 中国特色的三方协调机制：走向三方协商与社会对话的第一步[J]. 广东社会科学，2010，(2)；毛高琪. 构建政府与公众对话机制问题的研究[J]. 企业家天地，2007，(8).

④ 王跃峰，李东英. 营建对话机制树立税企合作共治新标杆[J]. 征纳，2018，(9).

⑤ 张伟男等. 对话系统评价方法综述[J]. 中国科学，2017，(8).

的共存、彰显学校的公平、公正与民主，对话机制的建立对优化学校管理模式、推动优质学校建设，促进师生和谐具有重要意义。国外学者主要从概念深化、组织规范、人情关怀三个层次分析对话机制的建立与学校管理的关系及其影响。

在概念深化层面，对于学校对话管理，国外学者普遍认为，对话并非仅仅是说说而已，它是人与人的关系，是人与人的理解。学者 Maria Padrós 和 Ramón Flecha 指出，对话在政治、学校、工作、文化或家庭中具有更大的影响力。对话式的领导和管理是教育界所有成员（包括教师、学生、家庭、非教职人员、志愿者和任何其他社区成员）的领导实践得以创造、发展和巩固的过程，对话式的管理者致力于与家庭、教师和学生合作，特别是通过支持和促进有助于改变学校和社区的行动。① 对话管理不是教育管理者使用的工具或策略，用于获取更多的知识从而猜度和控制学校中的他人，也不能被用作获得信息的一种方式，以维持管理者对群众的权力。对话式的管理应当致力于发展社区全体成员的关系。

在组织规范层面，对于教育管理者来说，需要认识到关系对人类生活的根本性。Richard P. Nielsen 强调作为管理者的"我"不能试图贬低"他人"，相反，"我"作为对话过程中的合作伙伴，应当努力尝试与他人对话，尽管这个对话过程是为了消除疑惑、发现和引出真相，求取真理，最终找出问题解决的策略。② 在对话管理过程中时刻保持开放的心态，拒绝先入为主，以使对话呈现出多元的思考路径。Spillane 认为对话的重点是为学校的管理而制定措施、改善课堂等实现学校管理、组织的规范化目标。③ 学校对话管理模式必须采用对话的方式，通过这种方式进行学校管理可以

① Maria Padrós, Ramón Flecha. Towards a Conceptualization of Dialogic Leadership[J]. International Journal of Educational Leadership and Management, 2014(2):207—226.

② Richard P. Nielsen. Dialogic Leadership as Ethics Action(Praxis) Method[J]. Journal of Business Ethics. 1990(9):765—783.

③ James P. Spillane. Distributed Leadership[J]. The Educational Forum Volume, 2005(2):143—150.

解决以往学校的个人专权和独断，这是优化学校管理方式的必然之路。对话管理的方法对于改善学校的结果和环境，包括正式和非正式方面，变得尤为重要。旨在将学校改善与社会公正相结合，实现学校更加公平、包容、优秀和社会公正。① 因此，如果对话涉及到事项，法令规章等有明确指定时，没有遵守或执行错误，将造成不利后果，②这就要求对话管理要具有科学性的特点。当然，在追求卓越的背景之下，处于对话框架中的同伴尽可能寻找具体的和适当的决策和行为，在某种程度上，真诚地求索符合伦理规范的意图，甚至比一些关键部分的个人和组织的"输赢"更重要(Richard P. Nielsen)。③

在人情关怀层面，学校对话管理是指学校管理者平等地对待师生员工，关心、尊重和爱护师生，建立学校与教师、学生、家长、社区之间的对话机制，这是一种通过对话方式、体现对话精神、激发对话活力的学校管理方式。主要体现出的特征有以人为本、民主与平等理念。Berry，D. L. Mutuality 认为在对话历程中，对话者彼此以一种平等地位相对待，将对话的参与者看成与自己一样同为对话主体，相互接纳、尊重与欣赏，是对话伦理的基本要求，也是维护对话健全发展的条件。④ 伽达默尔指出个体应时刻呈现开放性，这是指我们总要把他人的意义与我们自身的全部意义联系起来，或者把他人的意义置于与我们的关系之中来考察。这种开放性可以理解为一种亲近的象征，对话关系中的双方不再呈现对立状态，而是并肩站在一起，充分尊重对方，共同面对问题。⑤ William N.

---

① Shields, C. M. Dialogic Leadership for Social Justice: Overcoming Pathologies of Silence. Educational Adminstration Quarterly，2004(10)：109—132.

② Miller. Organizational communication: approaches and processes [M]. California：Wadsworth Publishing, 1995: 38.

③ Richard P. Nielsen. Dialogic Leadership as Ethics Action(Praxis) Method [J]. Journal of Business Ethics. 1990(9)：765—783.

④ Berry，D. L. Mutuality：The vision of Martin Buber[M]. Albany：State University of New York Press，1985：18.

⑤ Gadamer，H. G. Truth and method. New York：Continuum，2002：268.

Isaacs率先系统性地提出了对话型管理包括四项特征:激发组织成员的真诚表述观点;深度倾听所有人的声音;尊重那些相异的观点;为对话提出新的观点和看法。这就要求管理者需要具备相应的能力。比如:表述、倾听、尊重与中止。对话型管理的首要任务在于"关心"与"强化"成员的话语。①

3. 对话机制对教育领域的影响

(1) 对话对于教师专业发展的影响

国外研究显示,对话对于教师专业发展有着直接和间接的积极影响。从对话方式上来看,当面对话和线上对话对于教师专业发展都有显著作用。

一方面,对话对于教师专业发展有着直接影响。Hargreaves 和 Fullan 的研究显示鼓励教师对其专业进行反思和对话是旨在改善或维持其专业性的关键所在;②Speck 和 Knipe 认为对话过程就是要求教师在协作环境中与他人分享他们的个人想法和经验,这对于教师专业发展有着重要的作用。③ Hipp 和 Huffman 的研究显示教师们通过观察课堂,记录教学内容,最后通过参与反思性对话来提升学生的学习能力,从而提高自身的专业能力;④Cibulka 和 Nakayama 发现教师们会通过交流沟通,鼓励彼此尝试不同的教学策略,从而提升教学专业能力;⑤Vygotsky 认为

① Isaacs,W. Dialogic Leadership[J]. The System Thinker. 1999(10):1—5.

② Hargreaves A, Fullan M. Understanding Teacher Development[J]. 1992.

③ Speck M, Knipe C O. Why Can't We Get It Right? Designing High-Quality Professional Development for Standards-Based Schools. Second Edition. [J]. Corwin Press, 2005(4):184.

④ Hipp, K. , & Huffman, J. B. (2003). Professional learning communities: Assessment development-effects (Rep. No. EA032829). Paper presented at the International Congress for School Effectiveness and Improvement, Sydney, Australia. (ERIC Document Reproduction Service No. ED482255).

⑤ Cibulka J, Nakayama M. Practitioners' Guide to Learning Communities. Creation of High-Performance Schools through Organizational and Individual Learning. [J]. 2000.

这些对话有助于知识的内化，从而促进教师专业发展。Spradley 在其博士论文中应用质性研究的访谈法专题分析对话互动，其结果显示对话对于教师专业发展有显著影响：专业成长取决于有重点的对话；对话能产生一种接受感，从而促进教师专业成长；对话能为参与者带来满足其需求的学习机会；对话能扩展教师的知识储备，帮助他们学习教学策略。①

另一方面，对话对于教师专业发展有着重要的间接影响。Ward 和 Doutis 认为对话会支持和鼓励教师去尝试一些教学变革，从而促进其专业发展。② Eaker 等人认为教学团队成员通过协作对话来发展他们共同的愿景和价值观，③而 Hord 的研究发现学校领导者和教师会参考这些共同愿景和价值观来指导学校的决策，其中就包括教师专业发展。④ Mantei 和 Kervin 的研究结果表明专业对话沟通是提高反思能力和发展职业认同感的一个有效途径，⑤而职业认同感正是教师专业发展的内在动力之一。

随着信息技术的不断发展，研究者发现不仅仅是面对面的交流对话对于教师专业发展有着显著影响，线上的沟通对话对于教师专业发展也有显著影响。Hatton 的研究表明，当来自不同学校的教师们在线上进行长期沟通交流、经验分享，寻求帮助的对话和反思后，即使未曾谋面，依然

---

① Spradley M. Dialogue within professional learning communities and its impact on the professional growth of teachers in the elementary school setting[J]. Dissertations & Theses-Gradworks, 2008.

② Ward P, Doutis P. Chapter 2: Toward a Consolidation of the Knowledge Base for Reform in Physical Education[J]. Journal of Teaching in Physical Education, 1999, 18(4):382—402.

③ Eaker, R., DuFour, R., & DuFour, R.. Getting started: Reculturing schools to become professional learning communities. Bloomington, IN: National Educational Service, 2002.

④ Hord S M. Professional Learning Communities: Communities of Continuous Inquiry and Improvement. [J]. 1997:71.

⑤ Mantei J, Kervin L. Turning Into Teachers Before Our Eyes: The Development of Professional Identity Through Professional Dialogue[J]. Australian Journal of Teacher Education, 2011, 36(1):1—17.

可以实现专业成长。[①] Yang 和 Liu 通过分析了 128 名教师参与网络教师专业发展平台的留言、对话质量等内容发现大多数教师认为在线沟通交流从情感和知识获取方面对于其专业发展有显著成效，但研究者也发现教师们的参与互动性较低，对于知识获取层面的对话沟通质量还有待提升。[②]

（2）对话机制对于学校课程教学改革的影响

对话沟通是教育进行的有效方式，自由的对话沟通则是民主在教育上的一种体现。杜威(J. Dewey)也在《民主主义与教育》一书中曾提及"民主主义不仅是一种政府的形式，它是一种共同交流经验的方式"。[③]对话机制是民主在学校教育中的一个重要体现，学校课程教学的改革也是学校教育管理的重要任务之一，二者之间存在着一定的影响关系。结合相关的研究成果，学者们涉及的二者之间影响关系的研究主要体现于以下三个方面：

第一，课程教学中的对话，对话主体主要为学生与老师。这种"对话"不同于通常理解的"教师提问——学生回答"的对话模式，它更体现在教师在课程中的对话教学行为以及学生参与教学互动的过程中。国外学者就这种对话教学模式进行了一系列研究，也提出了相关理论。针对教学对话方式，Shor 和 Freire 强调对话拒绝传统的叙事性讲授，课程对话教学虽然也有提出问题的参与方式，但更倾向于教师与学生协作的共同学习过程；[④]针对课程教学模式，Mehan 将课程教学模式总结为 IRE 模式，

---

① Hatton, M. E.. The impact of telecommunications on science teacher professional development. Available from ProQuest Dissertations & Theses Global A&I: The Humanities and Social Sciences Collection. Retrieved from https://search.proquest.com/docview/304416682? accountid=10659,1998.

② Yang S C, Liu S F. Case study of online workshop for the professional development of teachers[J]. Computers in Human Behavior, 2004, 20(6):733—761.

③ [美]约翰·杜威. 民主主义与教育[M]. 王承绪，译. 北京：人民教育出版社，2014:92.

④ Ira Shor, Paulo Freire. What is the "Dialogical Method" of Teaching? [J]. Journal of Education, 1987, 169(3):11—31.

即“教师启动——学生回应——教师评价”模式，①通过教师启动学生自主性发起对话，又结合学生表述发展新的问题；针对课程对话教学的意义，Shor 和 Freire 强调对话是一种改变课堂中社会关系并提高人们对整个社会关系的认识的重要手段。Julianne 和 Jacqueline 也通过对比实验发现了进行课程对话的学生对于核心社会学概念的掌握程度更高。② 一方面，教师通过对话教学的方式提高教学感染力，另一方面学生通过对话的互动形式深入参与课程学习，加深课程内容认知，进一步促进学校课程改革效果。

第二，学校内部的对话，这种对话包括学生对于学校课程教学评估的参与、教师团体之间合作沟通以及教师和学生与行政部门、管理者之间的对话等多种形式。这种对话也不仅是简单的言语上的对话或汇报，更多的是为达到更好的学校管理效果而针对学校课程改革进行的全员参与的沟通。就学生在学校中的对话权，Veugelers 和 Ewoud 在对荷兰中学的研究基础上提出有必要收集有关学生对教师、教学和学校看法的信息，参与教学评估，对学生在学校课程改革中的对话权表示了肯定；③就教师间有效对话的作用，多数学者在教师合作、教师专业共同体的相关研究中都表示这种对话合作通过课堂教学、专业提升等多种途径对学校课程改革起到积极作用；④⑤就学校领导与师生间的关系，研究主要集中于不同类

① Amarel M, Mehan H. Learning Lessons, Social Organization in the Classroom[J]. Educational Evaluation & Policy Analysis, 1979, 9(4).

② Julianne Weinzimmer, Jacqueline Bergdahl. The Value of Dialogue Groups for Teaching Race and Ethnicity[J]. Teaching Sociology, 2018, 46(3):225—236.

③ Veugelers W, Kat E D. Student Voice in School Leadership: Promoting Dialogue about Students' Views on Teaching[J]. Journal of School Leadership, 2002.

④ Pugach M C, Johnson L J. Unlocking Expertise among Classroom Teachers through Structured Dialogue: Extending Research on Peer Collaboration[J]. Exceptional Children, 1995, 62(2):101—110.

⑤ Lavie, J. M. Academic Discourses on School-Based Teacher Collaboration: Revisiting the Arguments[J]. Educational Administration Quarterly, 2006, 42(5): 773—805.

型领导下的学校管理，其中对话是校长在与师生共同进行改革实施中重要的协作媒介，通过对话与谈判不仅为领导者提供全方面了解学校环境的机会，也为改善学校提供了协作创造的机会。①② 这不仅是一种学校民主的体现，为学校内的每一分子都提供平等的建言权力，并予以尊重，也呈现出对话机制对于学校课程教学改革的重要意义，为其提供新的发展路径。

第三，学校与外部之间的对话，包括学校与家长、社区等校外资源所进行的沟通与交流。针对这种对话机制的研究主要倾向于学校家庭、与社区之间的文化交流和互动，如通过对话沟通促进父母参与学校教学实践、学校课程与社区当地文化知识的融合、教学实践活动的共同开展等。③ Cooper 等学者则强调学校与家庭间的伙伴关系不仅包括完全协作的模式，不同家庭在其中的差异性需要通过沟通了解，并在学校——家庭——社区中建立更具实践性的伙伴关系，④更具批判性地审视了学校与外部对话机制在学校改革推进中的形式。整体来看，这种对话机制一方面保障学校课程改革的公开性、多样性与协作性，另一方面也通过集合外部资源为学校课程改革提供了必要的基础条件。

(3) 对话机制对于家校共育的影响

学校和家庭间的双向对话沟通对于促进家长全面参与学校治理具有重要的作用。学校和家庭之间的有效沟通是建立合作关系的前提。Epstein 提出的家长参与理论揭示了双向家校沟通在家长参与中的作用，这

① Gray J W, Ward A L. Improving Communications Between Student and Principal[J]. NASSP Bulletin, 1974, 58(384):3—12.

② Ganon-Shilon S, Chen S. No school principal is an island: From individual to school sense-making processes in reform implementation[J]. Management in Education, 2019.

③ De Vries B, Pieters J. Exploring the Role of Communities in Education[J]. European Educational Research Journal, 2007, 6(4):382.

④ Cooper C W, Riehl C J, Hasan A L. Leading and Learning with Diverse Families in Schools: Critical Epistemology amid Communities of Practice[J]. Journal of School Leadership, 2010.

一关键理论成为后续相关研究的理论基石。他以重叠领域理论为基础，提出了家长参与的六种主要类型，并重点关注了家校沟通。他指出，学校应给予家长充分的机会来表达其对孩子和学校的期望和关心。学校有责任就学校活动、学生成就等方面建立有效的家校沟通形式。有效的沟通并非单向，而是允许并鼓励家长与老师、家庭与学校之间的双向沟通。① 基于Epstein的理论，Green等人进一步提出了家长参与的五层过程模型，指出当家长和老师之间相互倾听、相互尊重、学校能够回应家长关切的问题时，能够最大程度地发挥家校合作的效果。② Hoover-Dempsey和Walker认为，当学校接纳来自家长的反馈意见时，家长对学校教育质量更为满意，而这又反过来为教师赢得了来自家长对其课程、教学的支持，教师与家长之间形成了更为积极良性的合作关系。反之，有效的家校沟通的缺乏则可能会加剧家庭与学校间的分离。③ Redding还从学校共同体的视角，指出学生的成功取决于学校全体成员的合作，强调了对话机制在学校共同体促进广泛参与，多方合作以持续改进的过程中发挥的重要性。④

不少学者就对话对家校共育的影响方式展开研究，认为对话有助于建立"家庭——学校"的信任关系，从而促进家校合作。Conderman认为，教师与家长之间的有效沟通使得双方对彼此的期望和学生的需求有更深入的了解，从而建立信任关系和合作基础，共同为学生提供有效的帮助。⑤

---

① Epstein JL. Toward a theory of family-school connections: Teacher practices and parent involvement[M]. New York: De Gruyter, 1987.

② Green CL, Walker JMT, Hoover-Dempsey KV & Sandler HM. Parents' motivations for involvement in children's education[J]. Journal of Educational Psychology, 2007,99(3):532—544.

③ Hoover-Dempsey KV, Walker JMT, Jones KP, et al. Teachers Involving Parents (TIP): Results of an in-service teacher education program for enhancing parental involvement[J]. Teaching and Teacher Education, 2002, 18(7):843—867.

④ Redding S, Murphy M & Sheley P (eds.). Handbook on family and community engagement[M]. Lincoln, IL: Academic Development Institute, 2011.

⑤ Conderman, G., Johnston-Rodriguez, S., Hartman, P., & Kemp, D. What teachers should say and how they should say it[J]. Kappa Delta Pi Record, 2010, 46(4), 175—181.

Waanders 的研究表明，教师定期向家长分享有关学校活动和孩子表现的有效信息，能够缓解家长的焦虑不安，提升他们的效能感，进而增进家长参与。① Denessen 指出，家长和教师间频繁、清晰的双向沟通有助于家长感知到来自学校的尊重，从而建立与学校更为紧密的联系，加强彼此间的合作。②

对话机制对于家校合作的作用受到诸多因素的影响。Karmen 等人通过对六个焦点小组的访谈发现，一方面，对话效果会受到家长对家校沟通的态度的影响。对沟通保持积极态度的家长支持和参与学校和教师的对话活动，而被动的家长则往往认为教师的工作是一种服务，拒绝或消极对待对话。但另一方面，教师的沟通策略能够调节家长态度对对话效果的影响。面对家长的不同态度，教师能够运用不同的沟通策略，将沟通作为学校文化的一部分，让家长成为积极的合作伙伴，有效地参与支持子女发展的活动中。③ Murray 研究发现，参与家庭教育活动更加积极的家长，与教师的沟通更为频繁，对教育工作者的沟通效果评价更高。④ 还有不少研究指出，社会阶层、社会经济地位、教育背景、性别、种族和民族等因素也都会对家长与学校之间的双向互动产生影响。⑤

---

① Waanders, C., Mendez, J. L., & Downer, J. T. Parent characteristics, economic stress and neighborhood context as predictors of parent involvement in preschool children's education[J]. Journal of School Psychology, 2007, 45(6), 619—636.

② Denessen, E., Bakker, J., & Gierveld, M. Multi-ethnic schools' parental involvement policies and practices[J]. The School Community Journal, 2007, 17(2), 27—44.

③ Palts, K., & Harro-Loit, H. Parent-teacher communication patterns concerning activity and positive-negative attitudes[J]. Trames : A Journal of the Humanities and Social Sciences, 2015, 19(2), 139—154.

④ Murray, E., McFarland-Piazza, L., & Harrison, L. J. Changing patterns of parent-teacher communication and parent involvement from preschool to school[J]. Early Child Development and Care, 2015, 185(7), 1031—1052.

⑤ Crozier, G., & Davies, J. Hard to reach parents or hard to reach schools? A discussion of home-school relations, with particular reference to Bangladeshi and Pakistani parents[J]. British Educational Research Journal, 2007, 33(3), 295—313.

在教育现代化的背景下，对话给教育带来现代性的元素，而现代教育治理概念的提出，则有着内在的对对话的诉求和要求。没有对话的治理严格意义上不能成为治理，治理作为一种改变传统的管理者与被管理者、命令与服从、一致与冲突的关系，而转变为一种合作、分享、团结、共识的多中心、伙伴式的合作对话关系，则明显地有着对话理念与对话机制的要求。这方面虽然有些研究有所涉及，但就其深入探究还比较少。走向对话的治理格局的形成仍然是一个值得探索的课题和实践变革的方向。

本书主要就对话机制建设进行研究，在管理变革的意义上适度探索对话与治理的关系。就对话与管理的关系来说，管理理论与实践本身有着沟通的内容。但是，在管理学或学校管理学的框架下，沟通只是作为组织文化的一小部分内容，并未成为核心内容。由于一般管理学的基本框架体系所限制，对话或沟通问题并没有提升到核心地位甚至灵魂的地位。彼得·圣吉的学习型组织理论对于深度会谈的阐述在一定程度上触及了对话问题。因此，对话作为管理的核心，作为管理走向治理的一种价值引领，可以看做是本书与一般学校或教育管理理论研究的区别。

第三节　学校治理对话机制建设的意义

本书从纵向上对建平实验中学进行全程式的办学发展史观照，在横向上对其他学科已有的对话理论及对话管理进行借鉴，梳理对话机制在学校的演变发展过程，聚焦学校各个层面与各个方面的对话机制建设的实践研究，试图探索对话机制在学校教育与管理变革中的可能与现实作用，为突破公办初中教育管理的瓶颈问题，提供理论与实践的参照。

一、学校治理视野下对话机制的理论建构

本书从历史与逻辑相统一的原则出发，突出学校变革与发展进程中

的不同阶段、不同实践导向给对话管理性质及特征带来的影响，展示对话机制建设的过程性和情境性；从理论与实践相融通的角度，分析了学校管理的对话层面、决策类型及实践应用，拓展了治理理论、对话理论、交往行为理论在教育实践中的辐射空间；从历史与未来相贯通的角度，总结和提炼了绩效管理和项目管理的成果与经验，不仅超越而且包容了历史上科学管理和人本管理的合理之处，通过聚焦对话机制建设问题，重建治理理念下的对话管理实践和对话机制理论。本书的理论意义具体体现在以下三个方面。

第一，形成学校对话机制建设的路径及策略。针对以往对话管理研究中简单演绎和抽象谈论等问题，从贴地的“实践逻辑”意义上探讨对话机制建设的必要与可能，展现了研究的复杂性和丰富性，提供了促进学校达于治理境界的对话机制建设的思路和做法。对于对话机制的可能功能进行了拓展性的理论研究，并以实践案例支撑，提炼了初中教育管理中可以进行对话机制建设的若干机制。在对领导裁决、项目统领、理性设计的三种决策模式的利弊得失分析基础上，提出了交往理性式的对话决策模式。根据学校的发展阶段，指出了超越绩效导向和专业发展导向、探寻治理视野下建设学校对话机制的现实性和未来性，拓展了学校教育管理变革和管理理论的视野，在理论上有一定的突破和新意。

第二，尝试对话机制研究的跨学科路径。通过聚焦对话机制建设的课题，吸纳了哲学、政治学、文学、教育学、管理学等多学科关于对话的理论，从学校管理、组织文化、课程教学以及家校社互动等多方面探索了对话机制建设的可能路径和方法，在对具体实践中领导管理方式的利弊得失分析基础上，反思科学管理理论和人本管理理论指导下的学校管理模式，特别从管理与教育的结合角度做了理论性的探索。将一般管理学中的管理沟通概念，上升为对话管理学意义上的内涵拓展，具有一定的理论探索价值。

第三，探索对话机制与学校治理的关系。以教育现代化的治理理念为背景、以教育现代化背景下的现代学校文化建设为参照，通过吸收相关理论资源，探索了对话机制的治理效应，对对话与治理的相互影响关系进行了概括，提出了对话机制是学校治理的核心与关键，没有治理的对话是缺少境界的对话等观点，进行了新的理论建构。

纵观教育现代化的推进，直面中小学学校文化建设的各种情况和发展状态，互动对话已经成为一个核心聚集点，改革全息点，环节枢纽点，对话机制既可以对接现代化所需要的机制，文化建设所需要的过程价值取向；也可以对接课改的价值追求，覆盖并整合学校多方面工作内容，提升学校办学的管理价值追求，丰富学校领导与管理变革的理论自觉，引导学校教育管理变革实践，实现教育现代化和现代学校文化建设的互相支持，互相匹配，互相关照的局部与整体之间的关联整合。

二、学校治理视野下对话机制的实践价值

“基于实践，为了实践，变革实践”是本选题的基本旨趣。本书以教育治理现代化为政策依据，以关于对话、对话管理、对话机制、学校治理的相关理论研究为参照，借鉴西方比较有代表性的交往理性和商谈伦理等理论资源，结合本土文化实际，基于建平实验中学的阶段性发展特点，梳理出不同领导决策风格和特点，探讨“绩效导向”“专业导向”“对话导向”不同管理思想和行为下的不同学校组织氛围，辩证地分析了各种管理风格、机制、行为等的利弊得失，重点厘清了学校管理变革中的对话机制建设路径及相关策略，从实践层面回应了学校治理现代化的大趋势。就研究的实践价值来看，大致如下：

第一，助推建平实验中学办学品质的提升。基于建平实验中学的经验和问题，结合长期的来自不同角色的实践经验，从实践逻辑和学理逻辑出发，全方位透视了学校管理形态演变中的对话实践和对话机制建设问题，总结了改革的规律及相关要素关系。实践研究的过程本身也对学校的发展产生实质性影响，有助于提升建平实验中学的办学品质。

第二，为走向现代治理的学校变革提供研究样本。学校走向现代治

理已成为必然趋势，学校如何主动迎接并实现管理变革尚处于摸索阶段。本书聚焦的学校管理变革中的对话机制建设是一条探索的路径，虽然还不能说是样板，但作为普通公办初中代表的建平实验中学具有样本的意义和价值，具有普遍的代表性。

第三，为公办初中走出管理困境提供借鉴。笔者在长期的观察和亲身实践基础上，以长时段深度参与式观察和全程式行动研究为基本方法，辅以文献研究、问卷调查、访谈、自然观察等方法，在积累大量的研究素材基础上，在学校对话机制建设经验和学理探索方面，通过理性的梳理和提炼，提供有价值的可借鉴的思路和策略，一定意义上可以为决策部门与基层学校推动学校管理改革提供实践参考。

三、对话机制建设开启学校治理新路径

对话作为一种生存方式，与人的存在是难以剥离的。对话作为一种丰富的文化理念，推动学校管理理念和思维方式的转变。对话作为一种教育管理哲学，已成为探索学校治理的新思路，对话机制的建设为学校管理变革开辟了新的方向。

第一，对话是一个自教育产生以来备受关注的话题。对话与独白、对话与生成、对话与博弈、对话与人生等都是对话一直具有生命力的本源。而对话管理可以看做是对话理论或对话方法在管理领域中的一种应用性研究，是对管理学中的管理沟通的一种拓展提升，也是对校长学意义上的教育领导中的合作和沟通理论的一种集成式的提炼聚焦。对话研究的相对丰富与对话管理、对话机制的研究较少的反差，一定程度上透视出了目前的研究现状。在一定意义上说明对话机制研究的难度，特别是在治理意义上的对话机制研究就显得尤为困难。因而，需要在已有研究的基础上，进一步拓展问题空间，开拓课题论域。

第二，对话是一种具有丰富文化价值的教育管理哲学。对话作为一种哲学，对于学校教育与管理来说，具有双重意义上的借鉴作用。作为一

种学校教育管理哲学来说，对话理念在领导、管理、教育、教学、课程、家校合作机制以及在学校对话公共关系上都可以具有从理念到思维、路径、方法、策略意义上的价值。对话作为一种理想的交往形态，实现人类从工具行为向交往行为的转变，回归生活世界，实现生活世界的理性化、合理化，克服学校在现代化过程中所出现的经济危机、政治危机、文化危机，在理性的牢笼和传统的窠臼之间实现凤凰涅槃和再生，正是对话所能够给予潜能释放的可能。对话作为一种文化，是开放的、解放的、自由的、平等的、民主的、自治的文化。

第三，对话管理触动管理变革的思维方式。借助于现象学的主体间性概念的提出，在关系认识上，出现了哥白尼式的变化，在对话的思维方式变革的意义上，诸如关系思维、交往理性、"我—你"关系思维、换位思考、共识真理观等方面，产生的是一种从"我"到"我们"的思维方式的变化，这对领导模式中的合作型、学习型、道德型的领导变革，对管理中的文化、生态、专业等管理模式的概括提炼具有重要的思维方式变革的意义和价值。

第四，对话机制是个具有张力的概念。对话本身可以作为贯通教育与管理、行政与专业、领导与治理、文化与互动的诸多学校管理变革中所遇到的难解之题的钥匙。在我们的一般管理变革中，如何剖解管理变革中的这些问题，一个具有反省性的自我批判性的概念——对话，揭示了具有悖论意义上的存在困境问题，对话与解放，对话与自由，对话与超越，对话与救赎等，特别是作为一种文化取向甚至治理文化取向的对话，形成了理论与实践之间的巨大张力，在诸多对举的概念之间，对话释放出来更大的理论想象力和实践创新力的研究空间。

第五，对话管理以及对话机制建设要有具体的分析框架。作为一种以对话机制建设为聚焦的课题研究，需要在学校管理变革层面对对话机制进行一种分解性的尝试，从已有的对话管理研究来看，系统论述的框架已经有了探索，局部方面诸如政府与学校之间的关系，利益相关人之间的利益协调机制，教育传媒中的沟通与媒介功能以及学校与家庭、社区之间的参与互动机制建设都有所探索，有些理论和实践方面探究较为深入，但是从学校管理变革的全局来看，聚焦对话的贯通式研究还比较少。为此，本书提出了关于对话机制的三层次分析框架即“意识——能力——自觉”的三层次资质建设模式。一是促进对话意识形成的机制包括个体意识和集体意识，而影响意识机制的因素则包括来自个体的内心醒悟和兴趣所至；二是对话能力提升的机制建设，一般包括制度、流程和规范层面的要求，尽管对话意识本身就是一种对话能力的构成，但作为一种交往资质意义上的对话能力，总体上来说不能依赖于先验或准先验的论证，而更主要的是基于现实意义上的制度设计和制度能力建设所需要的对话能力培养机制；三是对话自觉则有赖于一种对话文化的形成，内含着价值、过程、目的、手段、制度、行为乃至生活方式和精神境界意义上的文化自觉的存在。从对话意识的形成到对话能力的提升，再到对话自觉状态的出现，三段式的划分可以看做是对话机制建设的三层次、三阶段水平，而具体到学校的整体和局部层面、集体和个体层面、课程和教学的内容层面都可以看做是一种对话水平的衡量尺度。学校管理变革中的对话机制建设，限于外部和内部原因，资源和领导者能力的限度，必然和偶然的原因，呈现出学校管理变革中的对话机制在不同圈层中所形成的状态。

综上所述，本书着重探究的是对话机制建设的阶段、对话的条件、前提和实施方略等内容，为建设具有对话自觉的理想的对话机制文化而探索出一条道路。在这个意义上，不只是对对话、对话管理、对话机制概念本身提出了新的界定，而是更多地聚焦于对话机制建设的理论探索和实践求索，解放学校里的人，释放出学校的活力。

第二章
建平实验中学的发展历程

本章重点介绍建平实验中学的基本情况与发展背景，并结合时代发展，社会政治经济背景，国家、市、区教育政策的变化，不同时期学校内部不同管理导向下的运行机制、组织文化氛围、学校领导迭代更替等角度，梳理建平实验中学发展历史的演变过程。本章对建平实验中学的发展进行相对性的阶段划分，透视学校初创期、发展期、转型期三个历史时期的主要管理取向，透视对话机制在一所学校中的存在演变状态，进而探讨学校发展阶段与对话机制建设的关系问题。阐述上尽可能遵循逻辑与历史的统一，在辩证、具体、综合性的分析基础上，分析学校发展历程，试图呈现影响对话机制建设的若干重要因素，探求对话机制建设的前提性和条件性的因素，为下文的分阶段论述以及对话机制建设提供一个全景式的框架性的扫描。

第一节　建平实验中学的发展背景

建平实验中学创建于 1999 年，前身是一所九年一贯制公办学校。2008 年，学校九个年级超过 100 个班级，因规模过大，中小学分开办学，

2010 年开办第二校区，2018 年开办第三校区。学校地处中国改革开放的前沿阵地浦东新区，伴随着上海浦东开发开放一路成长，经过二十年余年的发展，逐渐发展为一所在区域层面办学规模大、教育质量高、改革创新实践较为领先的公办初中。

一、应浦东开发而生

1990 年 4 月 18 日，国务院正式宣布开发开放浦东，在浦东实行经济技术开发区和某些经济特区的政策。1992 年 10 月，国务院批复设立上海市浦东新区。1999 年是浦东新区开发开放第 10 个年头，也是建平实验中学创校元年，在浦东新区如火如荼的开发开放大形势下，建平实验中学应运而生。当时的浦东是全国最热的一块土地，借着天时地利的优势，建平实验中学在成立之初，就吸引了来自五湖四海的教师和学生。2005 年 6 月，国务院办公会议批准浦东新区为中国大陆第一个综合配套改革试验区。2009 年又批准撤销上海市南汇区，整体并入浦东新区，使浦东新区面积增加一倍。在浦东由教育大区迈向教育强区的进程中，建平实验中学不断发展壮大。

2010 年，建平实验中学的第二个校区所在的镇设定了一系列开放策略，在社会效益方面提出完善区域功能、改造人居环境、提高生活质量、提升区域品位、重塑区域形象、实现区域可持续发展等目标，学校周边是该地区新开发的现代居住社区，以大规模的社区商业和公共配套为主要卖点，以弥补区域配套落后的不足，在公共配套中，建平实验中学第二个校区应需而生。

建平实验中学第三个校区的开办也是浦东新区深化改革的产物。2011 年，上海市政府统一在浦东建设“上海具有全球影响力科技创新中心的核心承载区”和“综合性国家科学中心”目标战略，充分依托国家实验室建设和高校、科研机构等，突出科技商务文化等创新要素复合，集聚全球顶尖创新人才、集聚国家大科学设施、集聚高水平创新型大学、集聚科研机构和跨国企业研发中心，转型发展成为中国乃至全球新知识、新技术的创造之地、新产业的培育之地；成为以国内外高层次人才和青年创新人才为主，以科创为特色，集创业工作、生活学习和休闲娱乐为一体的现代新型宜居城区和市级公共中心；成为“科研要素更集聚、创新创业更活跃、生活服务更完善、交通出行更便捷、生态环境更优美、文化氛围更浓厚”的世界一流科学城。根据相关规划，该区域要构筑“一心一核、多圈多点、森林绕城”的空间格局，努力实现科研要素更集聚、创新创业更活跃、文化氛围更浓厚、交通出行更便捷、生活服务更完善、生态环境更优美。该区域的战略地位相应地对公共服务的配套提出了要求，教育作为民生基础工程，是需要首先解决的问题。这一地区科研院所、科技企业、科研人员集中荟萃，区域对优质教育有着迫切的渴望。建平实验中学作为优质品牌辐射、输出，2018 年在此区域开办第三个校区。可以说，建平实验中学是一所具有典型的时代特征、浦东特质的学校，这所学校应浦东开发而生，伴随着浦东的改革开放而发展，与时代的脉搏同频共振。

二、借名校品牌而立

21 世纪初，我国基本实现了九年义务教育的普及，在实现教育机会的公平方面取得了实质性的进步。然而教育事业乃至学校的发展不仅是数量的增长，结构优化、质量提升等内涵发展是满足人民群众“上好学”诉求的主要标准。保障公民受教育权利、实现基本公共教育服务均等化、促进教育优质资源均衡发展等成为重要命题。集团化办学，创新了教育体制机制，盘活了优质教育资源存量，扩大了优质教育资源供给，激发了学校办学活力，形成了基础教育办学的新形态。

建平实验中学虽然是一所公建配套学校，定位为一所普通公办初中，但是由于浦东新区当时推行“松散型”教育集团政策，使得这所学校从诞生之日起就与名校结缘，首任校长由浦东新区的重点高中建平中学派出，校名中也冠以建平之名，社会上普遍认为这是一所含着“金钥匙”出生的

“名门之子”。借助名校品牌立校，办一所有质量的学校，向社会交出一份满意的答卷，提升集团学校品牌含金量，成了建平实验中学的天然使命。

集团化办学不仅是简单的校名粘贴，一所名校的辐射效应，可以体现在办学思想辐射、管理模式辐射、课改模型辐射、优势学科辐射等多个方面，集团学校校长“让优质教育进入寻常百姓家”的口号，准确地踩在时代的节拍上，发挥了品牌优势，促进了建平实验中学这所新学校的诞生与发展。建平实验人把宣传和打造名校品牌当成一种责任，以十足的干劲融入学校的建设，满怀信心描绘未来的前景。二十多年来，实施集团化办学，以契约为纽带构建的大规模多层次组织形态，已经成为扩大优质教育资源覆盖面的重要举措，并逐步形成各具特色的区域模式和学校品牌。回溯历史，集团化办学在发挥着积极意义的同时，也不可回避其中的问题所在：借助名校的优势，在早期集团化办学的导向上有着教育产业化的倾向，也带有强烈的绩效导向和功利色彩。此外，集团成员校也存在着一定的同质化现象，甚至集团的各个学校连校服上的标志都是一样的。

三、随时势迁移而变

建平实验中学创建时只有一个校区，占地面积 28900 平方米，绿化面积 15000 多平方米，建筑总面积 15260 平方米。2003 年相邻南侧建成新校区，学校分为中学部与小学部，初步形成南北两个校区，占地面积 52006 平方米，建筑面积 35266 平方米。2007 年，学校面临的首要任务是在保持稳定的前提下，理顺各方关系，完成中小学分开办学。经历了拆分的过渡和衔接，到 2008 年 6 月，一校变两校工作顺利完成，分别成立了建平实验中学和建平实验小学，中学部正式更名为上海市建平实验中学，学校占地面积与建筑面积又回到 1999 年建校时的规模。独立建制办学是响应浦东新区的相关政策要求，根据中小学生的不同特点和学校发展的自身需要作出的调整与变更。

为了促进教育的均衡化发展，将优质教育资源和学校先进的办学经验向全区辐射，2010 年 9 月，与学校相距半小时车程的第二个校区地杰国际城校区开办，建筑总面积 12000 平方米。经过十年的发展，该校区由最初不到 100 人的 4 个班发展到现有的班级 40 个，学生达到 1800 多人，办学效果得到了社会和人民群众的广泛认可和一致好评，这既要归因于学校开始注重自身的教育内涵发展，同时和所属区域“融入大局、联动发展，力争实现高品质生活化的宜居宜业魅力城”的发展规划密切相关。

表 2. 1. 1　建平实验中学校园面积历年变化统计表

年　份	占地面积	建筑面积
1999 学年	28900	15260
2002 学年	28900	20260
2003 学年	52006	35266
2008 学年	28064	20260
2010 学年	48064	32103
2021 学年	86650	52047

第三个校区张江校区作为建平实验中学大家庭的“新生儿”，充满活力而富有朝气，于 2018 年 9 月“呱呱坠地”。该校区与第一校区相距 20 分钟左右的车程，占地面积 37148 平方米，建筑面积 18989 平方米，54 间功能化教室、1389 平方米室内体育馆、1057 平方米错层图书馆、388 平方米小剧场、室外足球篮球场、14892 平方米绿地，共同组成学生主动学习、探究学习与创造学习、非正式学习的丰富空间。依托总校师资力量，吸纳各地优秀教师，组建教师团队，致力于打造一所面向二十一世纪、以人为本的未来学校。

综合分析表 2. 1. 1、图 2. 1. 1、图 2. 1. 2，不难发现建平实验中学建校初期，三年内迅速崛起。从 1999 学年的 10 个班级发展到 2002 学年的 85 个班级，学生人数由 429 人激增至 3974 人，教职员工由 24 人激增至 214 人。究其原因，与建平实验中学应浦东开发开放之大运势而生、充分享受改革红利的宠儿身份直接相关。学校一落成就以出挑的校园环境和典雅的文化品位昭示在世人面前，吸引了学生和家长的眼球。学校在建校之初便以“老百姓心目中的理想学校，浦东新区乃至上海市一流窗口学

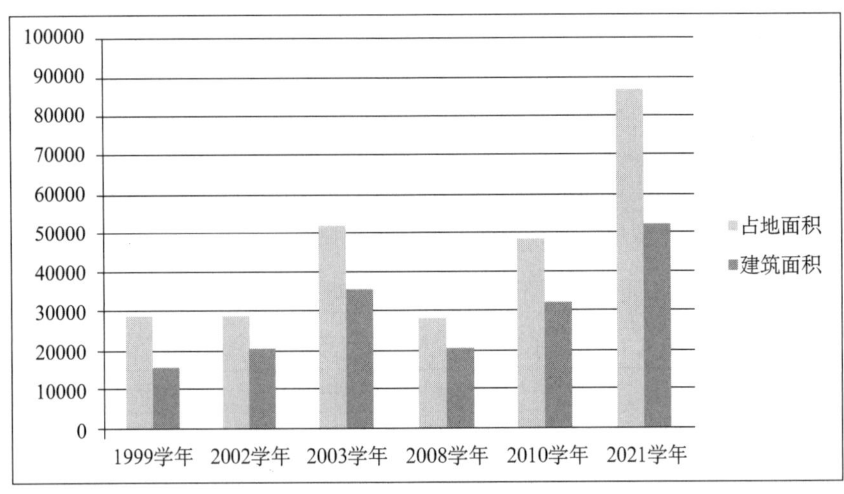

图 2.1.1　建平实验中学校园面积历年变化图

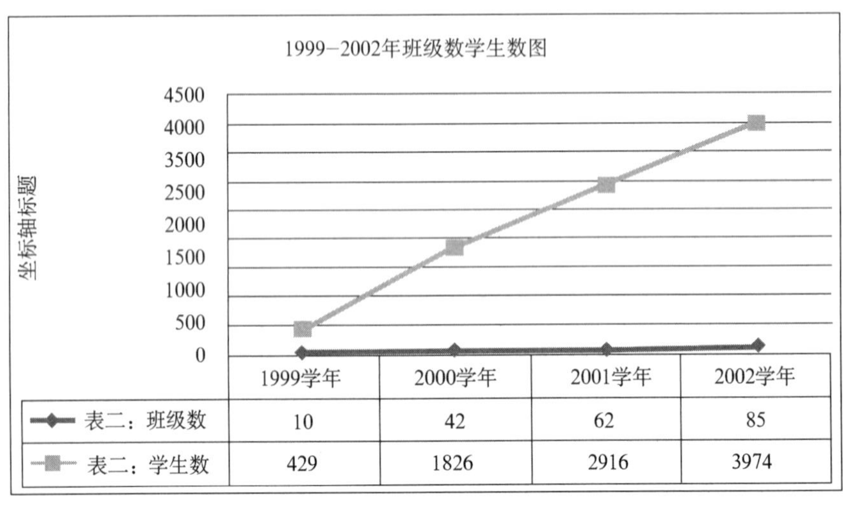

	1999学年	2000学年	2001学年	2002学年
表二：班级数	10	42	62	85
表二：学生数	429	1826	2916	3974

图 2.1.2　建平实验中学 1999—2002 年班级、学生数量变化图

校”为办学目标，传承名校育人理念，重视学生日常行为规范的养成，对教职员工实行绩效管理，高标准、严要求加强教师队伍建设。作为第一批上海市二期课改实验基地学校，全校教师借课改的东风，进行课堂教学改革。2002 年 6 月第一届初三毕业班，取得了中考佳绩。初战告捷，使学校办学有了一个良好的开端，也赢得了广泛的关注与充分的认可。

进入发展期，在上海教育的国际化、现代化和基础教育改革不断深化的外部环境和学校面临转型性发展的内部环境的基础上，建平实验中学决定新一轮发展的重点定位于引进先进的教育理论，建设先进的学校文化。华东师范大学“新基础教育”专家团队对学校工作起到了很好的指导和引领作用，使学校管理、德育工作、教学工作、校园文化上了一个新的台阶。

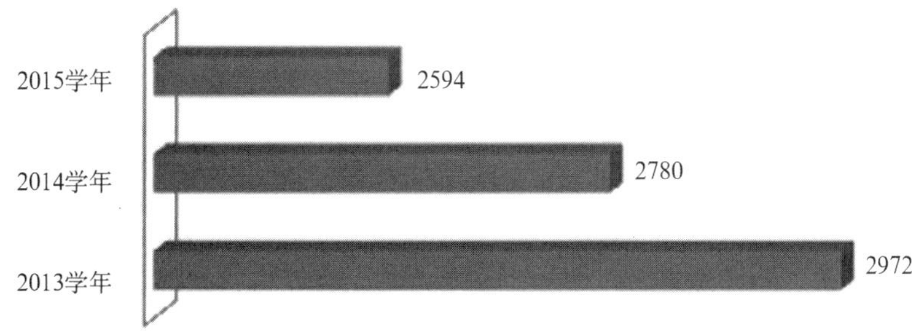

图 2.1.3　建平实验中学 2013—2015 学生数变化图

然而，建平实验中学的发展也并非一帆风顺，而是走过了一个波浪式前进的过程。从图 2.1.3 可以看出，建平实验中学第一个校区（总部）2014 年和 2015 年学生人数出现了明显的下降趋势，这两年，民办初中招生比例扩大，公办初中招生数有所下降，建平实验中学由于种种内外因素，生源下降的速度更快，在冲击中感受到前所未有的危机与压力。“应改革而生、因改革而兴”的浦东到了“不改革创新就不能生存的阶段”，同样“应改革而生、因改革而兴”的建平实验中学也面临着二次创业再创辉煌的历史与现实的挑战。

表 2.1.2　建平实验中学 2017—2021 学年基本数据统计表

年　份	学生数	占地面积	建筑面积	校区数	班级数	教师数	教职工数
2017 学年	2760	48064	32103	2	76	226	236
2018 学年	3332	78008	51711	3	84	241	251
2019 学年	3839	78008	51711	3	91	268	277
2020 学年	4329	86650	84439	3	101	289	298
2021 学年	5056	86650	52047	3	114	339	347

2015 年，建平实验中学面临新一轮学校发展规划的制定，当时的浦东教育倡导每一所学校“力担责任，力推改革，力行法治”，争创老百姓心目中

的品牌学校。建平实验中学一方面以敬畏与诚实的态度传承优秀文化与办学经验，另一方面用新眼光新思路解决新问题，努力开创新局面，学校发展进入了高品质的可持续发展阶段，学生的自豪感、教师的归宿感、社会的美誉度不断提升。表 2.1.2 中的数字显示，2017 年至 2021 年建平实验中学不断扩容，学生数、班级数和教师数稳步增加。如今的建平实验中学正在新的机遇与挑战中以崭新的面貌和奋发的姿态坚定向前。

四、因现代治理而兴

笔者作为建平实验中学第四任校长，在巨大的压力和挑战面前，认真研判学校现实状态，梳理学校历史，通过治理导向下的对话机制来凝聚人心，努力唤醒学校师生和家长的主体意识，激发教师的主动性和学生的学习动力，为学校突破办学瓶颈，助推内涵发展注入强大的内生力量，千方百计使学校焕发出生机与活力。

图 2.1.4 建平实验中学新一轮发展规划“蓝图”

笔者倡导“用父母心办教育”，梳理并完善了学校的核心价值和办学理念、培养目标，提炼办学之魂，丰满办学之体，明确了“建德建业，惟实惟新”的核心价值，“脚踏实地育真人，千方百计创未来”的办学理念，“探索真知、追求真理、学做真人、活出真我”的培养目标。形成了“德业课程、对话教学、书香支部、美丽校园、温馨班级、心灵港湾、仁爱教师、真善少年、智慧家长”九位一体的办学“蓝图”(图 2.1.4)。通过对话机制来推动学校整体转型性变革,经过几年的实践带领学校走出困境,迎来建平实验中学新的跨越式发展,教育教学质量连年稳步提升,学校社会美誉度不断提升。建平实验中学目前拥有三个校区,114 个教学班,共 347 位教职员工,在校学生 5056 人,其中特级教师 1 名、正高级教师 2 名,高级教师 47 名,市名师后备 9 名,区学科带头人 5 名,区骨干教师 29 名,区中心组成员 11 名。近年来学校获得了全国中小学心理健康教育特色培育学校、全国青少年高尔夫校园推广计划试点学校、上海市文明单位、上海市首批文明校园、上海市先进基层党组织、上海市中小学行为规范示范校、上海市华文基地学校、上海市小语种教学基地、上海市家庭教育示范校、上海市青少年篮球突出贡献学校、上海市船模航模特色学校、上海市校园体育“一校多品”创建试点学校、浦东新区教师专业发展学校、浦东新区十佳科技教育特色学校等诸多荣誉。有关杂志、报纸曾对建平实验中学进行了详实的报道,评价建平实验中学贡献了“公办初中崛起的秘密”。学校的崛起、师生的发展、荣誉的获得主要源于推进对话治理,学校展开了对话机制在学校课程教学、教师发展、学生发展、家校共育以及专家参与治校等各个方面的全面探索。

2019 年是建平实验中学发展史上的一个重要里程碑,全体建平实验人迎来 20 周年校庆,这是梳理办学资源、凝聚校友力量、提炼品牌特色、丰富内涵建设、催生发展动力的绝佳契机。经过多次的调研、访谈、对话,建平实验中学全体员工形成共识,学校品牌铸造将进一步聚焦对话机制,走向现代学校治理。

第二节　建平实验中学的发展阶段

审视这样一个规模不断扩大、声誉不断传播、学校品牌价值不断得到提升的办学过程，透视这个极其复杂的学校发展个案，试图找到建平实验中学发展过程的阶段性特征，找出发展背后所蕴藏的内核性的特质，归纳出支撑学校发展的脊梁和骨架性的管理范式，经过观察、调研和访谈，结合相应的理论分析，本书从发展历史与管理特征的角度，将建平实验中学的办学实践提炼归纳为初创期的“重质量的绩效管理”、发展期的“重专业的项目管理”、转型期的“重治理的对话管理”三个阶段，同时也概括了相应的决策模式，即：领导裁决式决策模式、项目统领式决策模式、基于交往理性的对话决策模式。三个阶段是基于教育领导与管理，从行政管理与专业管理相结合的角度加以尝试概括的，是从管理与教育交叉课题或问题意义上进行提炼的，是从传统与未来之间的传承、交融、更新的发展趋势上来加以提炼的。通过这条线索的梳理，透视对话管理以及对话机制在一个学校中从理论思考与实践探索相结合的角度是如何诞生和逐渐成长的，如同一粒种子，从萌芽、幼苗到大树的成长过程，是基于实践的归纳，而非基于理论的演绎，因而具有典型的发生学意义。

一、初创期：重质量的绩效管理

作为一所公办学校，建平实验中学创办之初第一需要考虑的是生存问题，即如何能够得到区域内老百姓的认可，有相当数量且逐年递增的生源保障。要实现这个目标，最基本的、也是最容易立竿见影、最有说服力的就是学业质量。当时，从区域经济、教育政策、社会需求等方面，都从外部驱动这所学校要努力创建一流窗口学校，扩大名校品牌辐射效应。为了完成这一天然的使命，不辱没自己“出身名门”的身份，不辜负老百姓的期待，向社会、向上级主管部门和建平集团学校交上一份满意答卷，学校制定了明确的目标，那就是“办一所让人民群众满意的一流窗口学校”，提出了“学校争一流，中考创佳绩”鲜明的口号，追求学业质量的绩效目标成为这段时期的核心工作。学校的各项管理，包括教师培训都带有很强的绩效管理的导向，都直截了当地指向了提高教学质量，确切地说是提高学业质量这一主要目标。建平实验中学首任校长勇于开拓，办学目标明确，行政执行力强，加之曾经任集团学校校办企业经理的管理经验，使得建平实验中学的管理理念、管理行为带着鲜明的“绩效管理导向”的特征。“绩效管理导向”具体表现为：以结果为定向的思路，着眼于绩效目标改进，通过各种绩效技术，采取强有力的措施和高效的手段，用来解决人的绩效问题，从而保证投入的高回报。在短短的三、四年的时间里，建平实验中学实现了预期的绩效目标，生源逐年快速增长，师资队伍也随之扩张，学校不但在区域内站稳了脚跟，还快速地进入发展期，进入发展快车道。

二、发展期：重专业的项目管理

随着时代的变化，社会需求的改变，学校的办学基础、办学实际、阶段任务、组织氛围以及领导风格、教师文化心理的改变，“绩效管理导向”的不适应性日益显露出来，教师专业成长的需要得不到满足，教师的专业水平与新型教师的要求存在着一定差距，无法满足学生成长发展的需要，教师的职业倦怠也在一定程度上显现。走过了初创期，进入发展期的建平实验中学开始注重教育内涵发展，而教师专业素养的提升自然就成为学校发展所需要聚焦的课题。由于政府内涵项目的实施以及学校创评称号的要求，建平实验中学第二任校长主持的内涵项目是《“新基础教育”推广性实验》，第三任校长主持的是创建素质教育实验校实验项目《促进学生“健康、自主、智慧”发展的教育实践研究》，此外，还有市、区教师专业发展项目的落实以及一些体育教学、艺术教育、信息技术等专项项目。学校第二任、第三任校长在开展项目的过程中，组建项目团队，推进项目实施，根据项目的特点和要求创建学习型组织、开展专业化的活动，与大学合作，邀请专家指导，逐步推行人性化管理，开展经常化、连续性的校本研修活动，提升教师的专业素养。经过几年的实践，学校处于稳定的态势，但是由于项目引领的阶段性和覆盖面的有限性，教师队伍开始出现较大差异的分化，一部分教师的行为与组织目标发生间离。

三、转型期：重治理的对话管理

根据上级教育行政部门的有关要求，学校每四年需制定一份发展规划，伴随着学校领导的更替，学校第四轮发展规划实施的结束，新一轮发展规划的启动，建平实验中学的发展进入一个极具转型变革特征的全新发展时期。这一时期整体上的管理导向是在前两个时期绩效管理、项目管理的基础上，逐步聚焦为现代学校治理中的对话机制建设。对话机制的建设源于前两个时期对话教学实践的萌芽和专业团队中对话的培育，也是一种新形势下重建学校文化、改善人际关系、畅通沟通渠道、达成共识凝聚人心的一个必然选择。新时期，建平实验中学办学的内部环境与外部条件都发生了深刻的变化，作为当初应浦东开发开放之大运势而生的宠儿一般的、充分享受改革红利的一所学校，逐步回归到一所普通的公办初中的常态化办学，周边快速发展的民办学校对建平实验中学形成C型包围之势。新的绩效工资政策带来的不适应性，某种程度上消解了教师的工作热情与教育情怀。教师的专业发展状况也出现了分化，一方面，很大一部人，尤其是中年教师满足于现状，缺少发展动力，专业水平呈现出停滞、甚至衰退的趋势；另一方面，少部分人一心扑在自己的专业发展上，与学校的组织目标渐行渐远；还有少部分的新教师不能很快地融入学校文化，表现出诸多的不适应性。学校在推进绩效工资分配方案，开展教育教学改革等诸多工作中都遇到了一定的阻力或障碍。

身为现任校长，作为前两个时期对话教学和专业发展对话的主动践行者，在校内积极倡导并身体力行推动对话管理与治理，吸收借鉴对话管理的一些理论成果，在进一步完善绩效工资方案，进一步规范绩效管理，制定新一轮发展规划等大小事项上带领班子成员、干部队伍通过召开各个层次、各种主题的座谈会，倾听老师们的意见、建议，与老师们进行群体对话、个体对话、多边立体对话，不断拓展对话的维度，扩大对话的范围，搭建对话平台，建设对话制度，提高对话艺术，主动与广大师生和家长对话，通过对话发现需求，唤醒需求，理解需求，尊重需求，引导需求，满足需求。对话管理不但有助于消除隔阂、化解矛盾、解决问题，更有助于形成共识，创生新质、使办学理念更加深入人心，促进管理从“人本”走向“心本”，学校上下凝心聚力，齐心协力共谋发展。经过五年多的实践，逐步建立起对话机制，对话管理在学校各个领域、各个层面也广泛推行开来，起到了先导与引领的作用，推动了学校的整体转型性变革。

第三节　建平实验中学的发展空间

站在新的历史发展阶段，建平实验中学在发展战略选择、组织文化提升和管理方式转型等方面仍有巨大的探索空间。在教育现代化背景下，学校把治理与对话作为未来学校发展的课题，探索现代治理理念下对话机制建设的路径，进而引领学校整体转型性变革和跨越式内涵发展。

一、学校发展的空间

每一所学校就如同一个人一样，诞生下来，首先是需要“活”下去，也就是在竞争中能够生存下去。有的孩子适应环境的能力强，因此，能够生存下去；有的孩子遇到的环境和机遇好，因此，得到了较好的成长和发展。组织学的组织成长周期论告诉我们，每一个组织的成长过程，都会经历不同的时期，这方面企业理论研究的比较多，而学校理论研究得相对较少。对于一所学校而言，不同时期面临不同的问题，有来自外部的不确定性的干扰，有来自内部管理的问题，有来自学校领导者更迭带来的不适应性以及许多难以预计的问题，使学校发展遭遇危机，或迎来新的契机与转机。

无论对于个人，还是对于组织来说，都会遇到高原期，在既定框架下，个人如何成长，学校作为组织如何发展都是建平实验中学面临的问题。按照一般组织发展原理，特别是像建平实验中学已经处于高原状态，组织发展的动力在哪里？发展往哪里去？教师个人的发展方向又如何寻找参照系？当外在的动力驱动已经处于强弩之末时，内在动力如何唤醒？这就需要有更大的格局和深厚的理论作为参照，寻求新的治理境界。一个组织主动挑战自我，便是一种成长空间的自觉追求。主动进入“二次创业期”，这既有理论自觉的需要，也有实践超越的必要，更有在组织进入成熟期、转折期甚至停滞期之后，寻找组织再造和组织文化提升的契机以及发展愿景的问题。

二、战略选择的方向

建平实验中学的实践呈现出一个非常丰富而又复杂的问题域。深挖学校战略选择与发展的空间，着力探讨的问题不仅是学校办学显性指标的提升，更主要的是放在体制机制意义上，作为对教育现代治理课题意义上的一种回应式的探索研究。在这个意义上，将对话机制和治理提上研究议题，并在建平实验中学践行的实践研究，本质上是一种内在超越的探索。就建平实验中学来说，之所以提出走向治理这一命题，是因为学校本身所释放出来的可能性和可行性，这正是提出这一问题的实践基础，某种意义上，是实践给予的灵感，政策给予的召唤，也是校长的主动选择。

第一，如同人的追求一样，作为一所品牌学校，未来向何处去就成为建平实验中学的所需要的抉择。在学校组织管理变革意义上思考，是否可以借助于教育治理现代化的东风，将对话的本土实践探索，上升为一种治理意义上的对话实践。

第二，当前，学业质量大如山，在学校已经取得非常好的业绩情况下，学校是否固守已有声誉和成就，是否还能够在创新的意义上，成就更有智慧的教育人生和教育管理人生。

第三，反思绩效管理和项目管理的利弊得失，能够在继承与创新的意义上，在保持已有的成绩和经验基础上，在初步的对话管理实践探索基础上，从理论与实践有机结合的意义上，更加理性地看待学校发展趋势，明确发展方向，提升领导品质，提高实践智慧。

三、现代治理的探索

建平实验中学探索的是教育治理现代化的校本化实施，探索治理视域下的对话机制建设路径。为此，在探索对话机制建设中，释放出来的是教育现代化背景下的学校走向现代治理的可能空间。作为一种对话实践，从个人点滴的思考和实践，到逐渐成为一种专业对话实践乃至最终成为引领学校文化变革的一种价值选择和思维引导，统领学校办学精神和文化价值引领的核心主张，成为学校当下乃至长期发展的一种治理范式，经历了一个阶段式的探索和跃迁。建平实验中学把治理与对话作为未来学校发展的课题，所释放出来的理论构想空间与实践张力对学校的后续发展指明了方向，也提出了挑战。

小结：学校在转型中成长空间无限

回顾学校发展的阶段性历程，反思新时期学校转型的发展方向，对话机制为建平实验中学开辟了新的发展空间，对话机制建设成为从“管理”走向“治理”的学校变革的自觉选择。

首先，本书最主要的研究方法是以一所学校作为个案，以一种“大案例研究”方式呈现自己的研究与探索。建平实验中学是笔者长期以来工作的地方，同时以“其中一员”和研究者的双重身份，在一个真实、自然、动态、亲历的具体情境下展开研究，是一个连接过去、当下和未来的连续性的时间序列中的研究。本章系统地回顾了建平实验中学的历程，交代了发展路线。建平实验中学的历史发展时间较长，能够在较长的时间中进行时段划分，在实践意义上，阶段特点的提炼和概括具有一定的代表性，阶段特征的分析具有一定的典型性，为后续研究提供了较好的基础。

其次，笔者以“局中人”的身份置身其中，以最近距离的观察，最有针对性的行动，最具亲历性的体验，最直接的第一手资料，最便捷的问卷访谈等方式方法将自己置身于其中；另一方面，同时也以“局外人”的身份审视建平实验中学建校以来发展的历程，以更科学、更客观、更理性的视角和心态来研究这所学校，研究中不能避免对办学历史和经验的梳理，但主要目的是为了进行学术探讨，而不是为一所优秀学校进行经验总结。通过历史回溯研究发现，建平实验中学发展的阶段性、渐进变革具有复杂性和丰富性。建平实验中学的政策背景、历史起点、社区经济社会发展背景以及影响学校发展的内外因素，在一定程度上，揭示了学校发展的多种可能。而聚焦于阶段性的发展层次的划分，使得问题更加具体，为后续的概念提炼提供了一个详实的背景参照，为后续基本问题的聚焦和研究展开提供了基础。

本书聚焦于建平实验中学“这一所”公办初中在时代变迁的背景下，如何应运而生、应时而变，在历史发展的关键期主动进行转型性变革，通过完善“这一所”学校的对话机制，研究从“管理”走向“治理”探索之路上的得与失，针对实践探索总结规律，并在理论上进行分析与升华，为面上的公办初中治理提供可借鉴的样本，打开了更为广阔的发展空间。

第三章

绩效管理导向下的对话萌芽

本章重点研究建平实验中学初创期的管理实践，通过回溯历史、访谈当事人、调用大量档案材料，进行案例分析等多种研究方法，总结这一时期的学校管理导向，分析管理事实，提炼管理模式与决策模式，概括这一时期的管理特征。通过研究发现，建平实验中学初创期的管理带有鲜明的绩效导向，这也意味着组织管理的主要目标是追求业绩，价值判断上特别重视效率，管理的手段一般采用严格的科学化、制度化管理。建平实验中学建立了严格的质量监控机制，特别注重组织成员的执行力，形成了自上而下命令式的领导裁决式决策模式。本章主要聚焦绩效导向的学校管理模式研究，并对绩效管理组织氛围中所进行的对话实践萌芽进行初步分析。

第一节　绩效导向的学校管理模式研究

为了能够在浦东这块新开发的热土上立稳脚跟，生存下来，并能成为吸引人才加入浦东开发的一张名片，建平实验中学把办学目标锁定在“创办人民满意的一流窗口学校”，确立了追求绩效的发展方向，选择了以绩效为导向的发展之路，确定了以质量求生存、以绩效谋发展的学校发展战略。通过建立以规范严格而著称的管理制度，开展以实战能力为核心的校本培训，实行以“用数据说话”为要招的质量监控，学校逐渐形成了“效率至上、成绩至上”强有力的组织文化。

一、追求绩效的发展方向

一所新创建的学校，为了生存，其根本条件是要有质量和绩效，只有过硬的质量和绩效才能保证学校能够生存下来。为了在短时间内在区域内立足，为了更好地生存，就要快速地取得成绩，当然这里的成绩，主要指学生的学业成绩，但不仅仅是学生的学业成绩，也包括教师发展，师生个体、团队、集体获奖等业绩。这都表明对于一所刚刚诞生的学校，急需要的是要得到外部的承认和肯定，因此，学业乃至各种争金夺银等各类竞赛成为学校获得承认和口碑的重要标志。所谓以质量求生存，就是依靠学校过硬的办学品质安身立命，得到认可，赢得信任；所谓以绩效谋发展就是以看得见的成绩和效果，引来社会广泛关注，四面八方吸引优质生源，汇聚优秀人才，形成规模效应，提升办学品质，学校进入良性循环的快速发展通道。

一所学校，承载着社会的责任、民族的希望、家长的期盼和学生的未来，立足于高水平的办学质量，追求优秀的成绩产出，从而满足学生的需要、家长的需求、政府的要求和社会的诉求，是学校义不容辞的责任和义务，也是建平实验中学的自觉选择。建平实验中学在办学实践中自然形成了绩效管理导向，是符合一般组织发展的规律的，也是符合学校办学的一般规律的。正是在重质量、重绩效的发展战略的引领下，建平实验中学从学校管理到课堂教学，从教师队伍建设到学生活动开展无不高标准、严要求、快节奏，处处彰显效率主义、目标导向。也正是在这样发展战略的引领下，学校起步后就开始加速，加之当时义务教育阶段招生政策中还存在着较大的择校空间，使学校迅速蓬勃发展，短短几年便在浦东新区名列前茅。生源从四面八方汇入，教师从全国各地聚集。

二、保障绩效的质量监控

在绩效管理思想导向下，建平实验中学从管理制度、校本培训、学业质量等方面着手，通过建立一系列的管理制度，使教师的行为规范化、标准化；通过开展以提升绩效能力为目标的全员培训，使教师的教学水平整体提升；通过学业数据的动态监控，使学校的学业质量进入领先行列。

（一）以规范严格而著称的管理制度

学校高度重视管理制度的重要性。学校管理通常以制度为载体、为手段来实现管理目标，其表现形式为管理制度。学校管理制度是一种文化样式，它所蕴涵的是管理者的办学思想和管理理念，反映了管理者的意志、愿望，是学校管理思想、经营哲学、价值准则的外化。制度制定和执行的作用不仅仅在于约束人的行为、规范学校工作秩序，让每个学校成员明晰自己的职能、角色、权利和义务，而更在于通过制度的制定和执行，向大家传递一种价值观，通过制度的执行让这种价值观逐渐内化到组织成员的行为实践，变为学校成员精神世界的一部分。建章立制，是每个学校创办之初面临的一项重要工作，用制度规范调整学校主体活动和关系，形成规范化、模式化、动态化和权威化的结构、过程和方式，从而使学校主体行为有规可依，有章可循，有标准可参照，避免各自为政、放任自流的散漫行为影响到学校目标意图的实现。

快速实现教师行为的规范化、标准化。建平实验中学创办初期，教师群体来自于五湖四海、全国各地，有成熟老到、经验丰富的中年教师；有初出校门、懵懵懂懂的大学生；有获得省市乃至全国教学比赛大奖的佼佼者，也有名不见经传的普通教师；有意气风发、锐意革新的先锋人物，也有循规蹈矩、严谨务实的保守者，每个人都带着自己的梦想追求、理解见地、习惯经验汇聚到建平实验中学，有相遇、共处，有排斥、接纳，有交汇、冲突，有交流、碰撞，有互动、相扰，每个人似乎只是人事关系上的“建平实验人”，还不是真正意义上的对学校价值观深度认同、能够表现出“建平实验中学行为特质”的真正的“建平实验人”。这一时期，建平实验中学的教师管理面临着很大的挑战，每一个教师既可能是一种宝贵的教学资源，有着无限的创造潜能，也可能会因为各种各样的无意识的随意行为成为学校管理的一个漏洞，影响教学质量的提高。建平实验中学的教师管理重点在于教师行为的规范化、标准化，使每个主体的行为都与学校发展目标相匹配，原则上不允许有任何偏差和闪失，从而避免随意行为带来的不良反应。

有效落实制度建设的推进。“制定规范，有规可依；培训规范，达成共识；执行规范，统一行为”成为建平实验中学在创办初期学校管理的一项重要而艰巨的工作。建平实验中学的规范无论是文本本身还是培训和执行都是极其认真严格的。在学校管理团队的主导下，在教研组长、备课组长以及广大教师代表的参与下，《建平实验中学教职工须知》《建平实验中学岗位职责》《建平实验中学班主任工作条例》《建平实验中学教师教学工作规范》《建平实验中学学科教学要求》等文件在办学初期的几年当中陆续出台，随后并根据学校的实际、情况的变化、发展的态势不断加以修正和完善。在学科教学要求中对备课规范、上课规范、作业规范、测评规范、辅导规范等均做了具体清晰的要求。规范学习一般采取集中培训的方式进行，由教研组长、年级组长或主管副校长、各主管部门的负责人通过鲜活生动的讲解、富有条理的分析并辅之以教师反思的案例、教师讨论，使得规范逐渐内化成教师群体的共识，逐渐成为教师的行动指南。教师自觉地使自己各项工作行为符合学校的规范要求，与学校的整体步伐一致，为日常教学工作提供了质量保证。在制度规范的执行中，管理干部率先垂范，层层传递，群体成员在制度制定参与和制度文本学习消化中所形成的广泛认同所产生的强大执行力，并辅之以严明的奖惩手段，使得学校规范顺利地落地生根，学校各项工作短期内实现了秩序规范、忙而不乱的良好状态，群体成员的教育教学行为逐渐烙上建平实验中学的印记。

（二）以实战能力为核心的校本培训

建平实验中学建校之际，恰逢上海市启动二期课改的第二年，学校被指定为“上海市二期课改实验基地”，被赋予二期课改先行者的使命，承担课程改革的重任。这对于一所刚刚成立一年的学校，无疑是一个巨大的挑战，对建平实验中学师资队伍和教学整体水平给出了严峻的考验。同时，建平实验中学“学校争一流、中考创佳绩”的绩效目标对教师队伍的实战能力提出的要求也是不言而喻的。再加上，当时的建平实验中学生源每年以迅猛的速度增长，生源构成也很不均衡，有来自浦东大开发周边农村的拆迁户或外地人口随迁家庭，也有来自社会精英高知家庭，对教师数量和质量都提出了很高的要求。无论是学校所处的外在背景还是学校内在的追求以及现实生源条件，都迫切需要一支干劲十足、技术过硬、业务能力强，特别能战斗、能打硬仗、能出成绩的教师队伍。而当时年轻的建平实验中学，每年都有大量新教师加入。新引进的教师主要分为三个部分：其一，出于教师队伍年轻化的考虑，学校接纳了大批刚出校门的大学生；其二，来自外地的教师数量占相当大的比例；其三，来自上海郊县的教师。刚出校门的大学生，年轻有活力、有干劲，但缺乏实战经验，能否成长为有实战能力的教师还不得而知；来自外地的教师，都带着自己的经历经验、地域文化习惯，能否适应上海生活，能否适应建平实验中学，也是一个问号；来自郊县的教师，初来市区学校，也需要一个适应的过程。如何让大量加入的新教师能在最短时间内熟悉并认同建平实验中学的办学思想和办学目标，如何让他们在最短时间内熟悉并领会上海二期课改的精神，如何让他们在最短时间内适应建平实验中学以绩效为导向的高标准、严要求、快节奏的工作方式和工作氛围，如何让建平实验中学的教师个个都能成为战斗的尖兵，教学的行家，出成绩的好手，是摆在建平实验中学领导面前刻不容缓、迫在眉睫的课题。

为了尽快化解教师队伍建设纷繁复杂的难题，为了尽快建设一支高水平能战斗的教师队伍，建平实验中学于2000年暑期开始自发地在学校开展教师培训。培训有暑假的集中培训和日常分散培训两类。为期一周的暑假集中培训，采用半军事化“集中训练营”模式。培训内容主要包括：校长集中阐述学校办学思想，描绘学校发展愿景，明晰学校办学目标，在全体成员中形成共识。教师集中学习规章制度，规范教育教学行为，做到学之、识之、认同之、遵行之。专家讲座为教师加油充电，释疑解惑，主题涵盖二期课改、教育教学规律、人生信念、思想修养、教师个人成长等各个方面，开阔了教师视野，提高了教师的认识。模拟教学，为青年教师教学胜任力提供快速提升通道。建平实验中学青年教师在上讲台之前，必须在同组教师面前，模拟上课，台下的教师扮演学生和指导教师的双重角色。听课教师课后针对青年教师上课的表现进行现场点评、现场指导，新教师随后自我进行反思、调整和改进，然后再上课。反复几轮打磨矫正，直到合乎标准，方可正式进入课堂上课。

建平实验中学暑期集中培训是基于学校实际发展需要，针对学校实际问题、从学校实际情况出发，以达成共识、规范行为、提升绩效能力为目标的校本特色的教师全员培训。这种培训具有目标清晰明确、内容丰富实在、活动密集紧凑、管理严格到位、培训效果突出的特点，可以说是学校全员岗位的大练兵。尤其青年教师的上岗前模拟教学更是类似于军事演习，有备战的辛苦、有战前的忐忑、有战时的紧张、有评课时的尴尬，有反思改进的煎熬。正是在这样百般锤炼、反复打磨的火热熔炉中，他们才能从容淡定地站在讲台上，并逐渐成长为建平实验中学的教学能手，乃至日后站在区级、市级甚至国家级的领奖台上。

【档案1】“新手上路”前的“实战模拟”历练

初上教学岗位，心中不免有忐忑、有不安。对于在课堂上可能遇到的情景，我有过许多的想象。但是，有一种紧张完全是我始料未及，大大超乎我的想象。学校领导对我们这样的“新手”有诸多的不放心，担心会出现什么意外状况，也为了我们尽快进入教师角色，在学生面前站稳脚跟，在暑期培训中特别为我们这些新教师安排了模拟教学训练课程。当着众多同行、专家的面上课，其压力可想而知，不知要比在学生面前上课大多少倍。真怕出丑、担心丢面子啊。一个一个过堂，一场一场点评，一轮一轮比赛，硬是硬着头皮挺下来了。最终，我在说课决赛中竟然获得了一等奖！站在领奖台上的那一刻，我感到我胜利了，我的胜利不仅是因为我得奖了，而是我成功经受住了建平实验中学这个熔炉的熬炼，让我骄傲地成为建平实验中学真正的一员，让我走上讲台时多了许多信心和底气，在学生面前少了许多青涩和稚嫩。

为此，我特别感谢学校领导为我们精心准备的这个课堂，也为同事们真诚点评和诚恳指教而感激不尽。

（说明：此项档案材料来自建平实验中学内部材料 2001 年暑期教师培训日志）

如果说，建平实验中学暑期的集中培训是一次全员大练兵、是新学年的集结号，那么日常分散培训便是一个个小型练兵场，是对集中培训内容的具体践行和落实。教研活动、备课组活动定期或不定期举行，教师相互听课、说课、磨课，相互帮助、相互提携、相互促进。学校从校外聘请的导师团，日常穿梭于各班课堂，为教师把脉问诊，指点迷津，开阔思路，提升教学境界。一年一度的教学比武更是在全校范围内掀起了学习研究、演练展示的热潮，不仅大大调动了参赛者的热情，更是牵动了整个教研组、备课组的神经。为了能赛出成绩、赛出水平，大家在一起反复学习、研究、切磋、磨炼。因而，每年的教学比武总是亮点频出，创新不断，精彩纷呈，新人辈出。每一次的比武大赛，不仅是对参赛者的非同一般的历练，涌现了一批教学能手，也是教师队伍整体教学水平的普遍提升，为建平实验中学的课堂带来了新活力、新风尚。

（三）以"用数据说话"为要招的质量监控

中考成绩突出，在浦东名列前茅，成为教育界的排头兵，这是建平实验中学势在必得的目标。唯有此，才能尽快在浦东这块热土上站得住、立得稳、叫得响，才能有源源不断优质生源的汇聚，才能吸引优秀教师的加盟，才会产生马太效应，才能快速做大做强。无论是暑期集中性的全员练兵，还是日常分散性的课堂教学艺术的精雕细琢，无论是重视思想的统一，还是强调行为的规范一致，都是为了能出成绩，在竞争中脱颖而出。学生的学业成绩成为学校一切工作的焦点。考试分数是衡量学生学业成绩、教师教学效果的最主要指标。学生学得好不好，教师教得怎么样，学生的考试分数、考试排名自然成为了最直观、最有说服力的证据。如此，考试分数和排名顺理成章地成为教学质量监控的最有效、最常用的工具。

如果说中考是建平实验中学教学的指挥棒，那么平时的月考、期中考、期末考则是围绕中考这根指挥棒展开的一次次的阅兵行动。每次考试都做得规范严格、一丝不苟。统一监考，统一阅卷和详尽的质量分析是标配。考试质量分析，在建平实验中学尤为重视。阅卷统分完毕，首先是年级层面的分析，全年级十几个班的各科成绩、总成绩连同名次、任课教师以及班主任一一列出；考得好的，名次靠前的获得分享经验的机会，而排名靠后的则要当众接受来自领导的质问批评，责令反思检讨，甚至有时当众宣读反思检讨以及今后改进措施。并且，对于名次靠后的教师紧接着还要接受从校长、教导主任、教研组长、备课组长以及专家的层层检查和督导，甚至还要通过班级问卷调查、学生代表座谈甚至家长问卷全面深入调查分析，查找教学漏洞，分析原因。

期中、期末考试的各科成绩和总成绩还要与全区第一梯队的其他学校进行一一比较，确定本校成绩在全区范围内的位置。若进步，则警告戒骄戒躁；若退步，则要层层面面的查原因、析结果，找对策。然后是各学科各备课组的质量分析，对照分数得失、名次的高低寻找差距、总结经验、分析原因、确立目标、寻找对策。分析的内容包括，学校全年级该学科及格率、平均分以及与全区的偏差率；各个知识点、能力点的得分情况，如表3.1.1和表3.1.2所示数学学科某次初三期末考试分析，各分数段的分布情况一目了然。

表 3.1.1　建平实验中学质量分析"能力水平"平均得分率比较表

项　目	相似三角形	锐角三角比	比例线段	二次函数	平面向量	解直角三角形
满分值	**50**	26	26	**30**	8	**10**
校平均分	**37.833**	24.7	22.2	**27.2**	7.8	**9.2**
校得分率	**0.76**	0.95	0.86	**0.91**	0.97	**0.93**
A 组得分率	**0.77**	0.95	0.86	**0.92**	0.97	**0.94**
区得分率	**0.69**	0.91	0.76	**0.87**	0.94	**0.87**

表 3.1.2　建平实验中学质量分析"知识点"平均得分率比较表

项　　目	基础知识	阅读能力	综合应用	计算能力	推理能力
满分值	88	4	18	18	22
校平均分	82.985	2.5	10.1	14.4	19.0
校得分率	0.94	0.61	0.56	0.80	0.86
A 组得分率	0.95	0.67	0.58	0.81	0.87
区得分率	0.90	0.57	0.49	0.72	0.76

班级层面的质量分析也绝对不是走过场，不仅要分析各学科成绩均衡发展状况，还要根据每个学生的成绩和学习状态，针对班级的薄弱学科，深挖原因；对照每个学生每个学科，以及各学科的成绩走向曲线图来跟踪分析学生学业成绩的起伏变化情况；针对学生的薄弱学科，要寻找辅导对策；对于那些总分靠后的学生，要求各学科教师齐抓共管，均衡分布辅导时间，协调作业布置的数量。对于那些成绩大起大落、或呈现明显下降趋势的同学，更是要多方面的寻找原因，不仅要了解分析学生上课状态、作业情况，还有通过家访或其他途径了解孩子校外生活以及家庭状态，若出现异动，想方设法与家长及相关人员沟通协调，尽可能将孩子带回正常状态，同时对孩子进行及时的教育疏导，提高其自我调节和自我适应的能力。对于初三模拟考，还要根据每个学生的模拟考成绩以及平时学习状况，预测其中考能考进的学校层次，以便进行更有针对性的辅导。

表 3.1.3　建平实验中学初三♯班一模质量分析

姓名	学号	语文	数学	英语	物理	化学	总分	班名	年名	中考预测
♯	4	139.0	144.0	143.8	87.0	60.0	573.8	1	4	市
♯	12	131.0	140.0	143.5	87.0	59.0	560.5	2	43	市
♯	11	132.5	137.0	137.5	87.0	59.0	553.0	3	75	市
♯	25	118.0	148.0	137.3	89.0	57.0	549.3	4	103	市
♯	35	119.5	141.0	140.8	86.0	60.0	547.3	5	119	市
♯	37	124.0	148.0	134.8	82.0	57.0	545.8	6	134	市
♯	17	131.5	133.0	140.8	80.0	58.0	543.3	7	148	市
♯	24	124.5	135.0	138.0	86.0	59.0	542.5	8	153	市
♯	28	123.0	137.0	142.1	83.0	57.0	542.1	9	156	市
♯	8	126.5	131.0	136.8	82.0	59.0	535.3	10	192	市
♯	20	125.0	129.0	138.8	87.0	54.0	533.8	11	203	区
♯	6	122.0	133.0	136.3	83.0	59.0	533.3	12	205	区
♯	26	126.5	136.0	139.0	76.0	55.0	532.5	13	215	区
♯	13	121.0	132.0	139.1	83.0	56.0	531.1	14	219	区
♯	9	124.0	131.0	130.5	86.0	58.0	529.5	15	233	区
♯	31	119.0	141.0	131.0	81.0	57.0	529.0	16	235	区
♯	1	125.0	127.0	140.3	77.0	57.0	526.3	17	252	区
♯	16	116.5	128.0	142.5	79.0	59.0	525.0	18	262	区
♯	3	128.0	126.0	139.3	71.0	58.0	522.3	19	278	区
♯	36	118.0	136.0	130.0	79.0	58.0	521.0	20	284	区
♯	18	124.0	135.0	135.0	69.0	51.0	514.0	21	309	区
♯	27	125.5	120.0	134.5	76.0	54.0	510.0	22	329	区
♯	30	118.5	130.0	124.3	80.0	55.0	507.8	23	343	区
♯	10	123.0	134.0	126.8	64.0	50.0	497.8	24	378	区
♯	22	121.5	115.0	127.8	74.0	51.0	489.3	25	407	普
♯	39	124.5	131.0	117.0	70.0	45.0	487.5	26	413	普
♯	29	111.5	128.0	123.3	69.0	54.0	485.8	27	417	普
♯	14	112.5	132.0	114.5	67.0	56.0	482.0	28	428	普
♯	5	122.5	114.0	115.0	72.0	54.0	477.5	29	441	普
♯	7	107.0	131.0	118.5	72.0	47.0	475.5	30	446	普
♯	33	96.0	133.0	115.8	67.0	47.0	458.8	31	467	民
♯	21	107.0	120.0	123.0	57.0	38.0	445.0	32	481	职

（续表）

姓名	学号	语文	数学	英语	物理	化学	总分	班名	年名	中考预测
#	32	101.0	93.0	88.3	52.0	44.0	378.3	33	523	职
#	38	103.0	99.0	78.8	47.0	36.0	363.8	34	531	职
#	34	53.0	30.0	27.0	24.0	42.0	176.0	35	543	职

建平实验中学对每个班级、每门学科的学业质量进行动态监控，对初中四年的学业成绩从入口到出口之间进行纵横两个维度的跟踪分析。从横向分析，一个年级的 16 个班每次考试成绩，学科平均分排名一目了然。从纵向分析，一个班级的各科总分和每一门学科在四年中的动态变化，可以说，“一本账”清清楚楚，并以此作为最后中考奖励的重要依据。

从列 3.1.3 可以看出，建平实验中学的质量管理主要是“以数据说话”，每一次考试以及质量分析，都是对教学质量的摸底和检阅，也是教学改进提高的契机。经过一次次多层面、多角度、多主体的查找、分析、排摸、深挖，隐藏在教学中的问题逐一曝光，成为关注的焦点。然后是针对问题，多管齐下，不断改进，使教学质量不断提高，为最后的中考佳绩扫清障碍，从而成就学校的办学目标，自然也就导致了“以分数论英雄”的评价导向。

三、“以绩效为中心”的组织氛围

争创一流的豪迈誓言，宏阔的发展愿景，学校迅猛的发展势头，伴随着浦东开发的火热气氛，建平实验中学处处洋溢着激情，弥漫着火热，干劲十足，学校处于规范、快速、高效的运转中。在这样的组织氛围中，如同美国学者沙因所描述的“企业是一个效率很高、情绪激动、高度紧张、精力充沛和急于求成的生动环境；成员之间存在着高度的勇气面对困难，当仁不让等”行为气质。①

但是，对成绩的过度追求、对绩效的过度重视，过度快速的扩张，各种

① 埃德加. H. 沙因. 企业文化与领导［M］. 朱明伟、罗丽萍译. 北京：中国友谊出版公司，1989：123.

形式的评比、无处不在的监控，能者上、庸者下的用人机制，也让建平实验中学上上下下充斥着竞争，弥漫着紧张。教师们不仅要忙于备课、上课、批改作业以及处理来自学生的各种事务，还要疲于应付各种学习、听课、检查、评比，时间上没有闲暇可言，事务上的繁琐杂乱，导致了精神上的高度紧张。一次次的考试以及考试后的质量分析，使许多教师比学生还要紧张。考前拼命地押题、"加餐"，不到考前一刻绝不错过一点讲题、复习的机会，一些非考试学科的课堂成为考试学科教师争相抢夺的阵地，老师们生怕哪个考点没有复习到，每天抓学生辅导到昏天黑地。考试时刻，学生在紧张答题，教师仍然在提心吊胆，生怕自己所教班级考不好。批卷、统分也是在紧张战兢中度过。考试分析，对于那些所教班级排名落后的老师来说，面对来自上级的批评、同侪的论断指点、家长的不信任，甚感颜面尽失、尊严丧失，备受煎熬，深感压抑。领导冷不丁的推门听课，专家的一次次督导，也让教师每天都处于紧张中。频繁的公开课，一年一度的教师比武，更是对教师的巨大挑战，对教师时间和精力造成严重的挤压。比能力、比成绩、比效果的气氛使得教师之间的合作互助流于表面化、形式化，大家更多地倾向于将彼此视为竞争对手，自家的独门秘笈不轻易外传，出成绩的高招妙法不轻易示人。教师之间因为评卷的丁点误差而争得面红耳赤，因为出题者出题难度范围的些许偏差而怨声载道，因为领导评析的厚此薄彼而心怀不平。以绩效为标准的奖励分配不仅在同学科教师之间造成隔阂，也在考试学科与非考试学科教师之间制造了裂痕。

"绩效管理导向"所形成的"效率至上、成绩至上"文化和强有力的执行文化，为建平实验中学造就了一个"规范、合格、敬业"的教师团队，塑造了教师们吃苦耐劳、竞争进取的精神。正是凭借着教师们的艰苦努力，建平实验中学不仅在平时大大小小的考试以及中考中屡创佳绩，并在短短的几年内中考成绩在浦东新区名列前茅，也成为上海市基础教育的新宠，引来广泛关注。在这样高压力、高竞争的组织氛围中，建平实验中学的教师也俨然成为在素质教育与应试教育夹缝中战斗的"育分英雄"。教师的行为以学校的目标为主导，以学校的规范为标准，以工作业绩为标尺，具有明显的外控特征。在这样的组织中，工作关系凌驾于其他社会关系，竞争关系甚于合作关系，同事之间的疏离远超亲密。“组织的人”取代了“个体的人”。在组织面前，个体显得微不足道。个体的行为只能惟组织目标是瞻，每个人如同一架机器上的零部件，不停地起舞旋转，却不是按照自己的意愿和方向，其生命的本性得不到表达，其潜在的能力和长处得不到发挥，其内心空洞感和缺失感在一天天潜滋暗长。在建平实验中学的教师一旦适应工作、脚跟站稳，职业倦怠和无意义感便会不请自来，改变组织氛围和组织行为的诉求也随着时间的推移而逐步显现。

第二节　“领导裁决式”决策模式

无论何种组织，无论学校组织处于什么发展阶段，都离不开强有力的领导和有效的决策。领导的合法性和权威性是实现强有力领导的前提，从整体上决定学校组织的运营效率。一般来说，组织的创办往往由个别灵魂人物倡导、发起、号召和组织，需要经历从无到有、从弱到强的发展历程，灵魂人物的个人魅力才干和领导风格将决定着组织的决策模式、发展走向、运行效率和整体风貌。

建平实验中学在发展初期，将绩效作为学校发展重心，以迅速获得社会认可、赢得社会声誉，并且学校生源猛增、教师队伍规模迅速扩大，具有很多不确定性因素。在这样的背景下，更需要一个强有力的中心灵魂人物。此时学校的领导、组织和决策基本上是由中心灵魂人物为主导，中心灵魂人物在学校成员中具有很强的权威性，学校组织的领导决策模式可称为“领袖裁决式决策”。

一、办学思想的高度统一

为了更加准确地提炼概括学校不同发展时期，不同管理导向下，不同校长的管理风格,笔者组织开展了一次关于历任校长管理风格和对话机制的访谈。为了访谈更加客观、真实,委托了“U-S”合作伙伴大学X老师组织访谈。

【访谈节选1】首任校长是一个有领导特质的人

访谈者X老师:请说说建平实验中学四任校长,给您留下最深刻的印象是什么,并描述一下他们在学校管理方面的突出特点,需要说明的是,这并非是评价功过,只是为了了解四任校长的领导风格、性格特质、办学理念。我们先来谈一谈首任校长J校长。

W老师:最深刻的印象是J校长严格又不失人情味,具有领导者风范,给教师美好的愿景和目标。有教育思想并注重工作细节,学校各职能部门分工明确,奖惩分明。他的管理风格是“严格+真情”,“规范+选择”,经常说的一句话是“打造浦东新区乃至上海市一流窗口学校。”

M老师:记忆中J校长对这所学校的管理风格主要是两个字:“严”和“实”。对于教学常规的落实特别严格。举个小小的例子,例如,对于“两分钟预备铃,老师要到教室”这条规定,当时的教导主任,经常在每节课两分钟预备铃响时在教学楼里巡视,哪位老师没有按时到教室,就会提出批评。再比如,对于教案的检查,教研组长定期会收取每位老师的备课本检查教案,并且在教研组会议上会有反馈,教案好的和不足的,都会一一指出。类似这样的例子很多,让我感受到的就是“严”和“实”两个字。

Q老师:J校长是一位有魄力,有闯劲的校长。他经常和大家说的一句话是:“叩开名流之门,共度锦绣人生”,他说“有人口袋里有1000万,给老师用10万;我口袋里有10万,就给老师用10万”。他几乎每次会议都强调:“静坐常思自己过,闲谈莫论他人非!”这些言语记忆犹新。

Z老师:J校长不苟言笑,令人敬仰。他的管理,透过所有的中层干部,直达教师。他非常关注管理的细节。平时会在校园兜来兜去,发现问题,严厉批评。对学校、对老师、对学生的要求非常高,让老师们(至少是我)非常紧张,唯恐没有做好,没有达到学校的要求。但同时他对老师也是关心的。无论是经常挂在嘴边的“叩开名流之门,共度锦绣人生”,还有比同类学校高出一截的结构工资，都是有说服力的。

从上述访谈案例可以看出，建平实验中学首任校长J校长是一个有着坚定信念、远见卓识、敢作敢为、勇于开拓、善于激发团队斗志的具有领导特质的领导者和组织者。他以精益求精、追求卓越的坚定信念将来自五湖四海的教师群体拧成一股绳，激励着全体成员在学校创办初期艰苦努力、披荆斩棘，使建平实验中学迅速崛起，进入发展的快车道。

J校长善于通过报告、会议等形式向学校成员宣讲阐述学校办学思想、描绘学校发展愿景。“教育的最大魅力是让每一个学生都拥有希望”的育人信念，使得J校长的宣讲总是激情洋溢，充满感召力，总能触动学校成员内心，点燃他们内心的热情，在他们之间引起同频共振，使他们愿意与学校同呼吸、共命运，艰苦奋斗，砥砺前行。同时，学校美好的发展愿景，让学校成员之间产生强烈的归属感和依恋感，给了他们奋斗的底气和前行的力量。J校长经常利用教师暑期集中培训的时机，通过报告形式，将建平实验中学的办学方案和对教师素质的要求进行宣讲，使教师明白自己在这一方案实施过程中的职责和使命之所在，使学校的办学主张、校长的办学思想被每一个教师所了解。例如，在学校创办后的第一次集中培训中，校长便以“弘扬特色，争创一流”为主题聚焦、凝练发展愿景和价值追求，将“特色”、“一流”等关键字眼深深地嵌入教师群体心中。当时，许多教师也许对于“特色”、“一流”的内涵尚没有很清晰的领会和认识，但是学校成员因为校长经常挂在嘴边的那句“叩开名流之门，共度锦绣人生”的豪言壮语，那份激情、那份坚定而看到了希望所在，感受到了将来属于学校也属于自己的那份自豪和荣耀，从而唤起他们内心的无限向往。既然思想上和情感上对学校办学方案和发展愿景产生了高度认同，那么为实现方案和愿景而对教师的素质所提出的要求也很容易为教师所认同和接受。

J校长不仅善于通过宣讲和报告在学校群体中统一思想、赢得认同，还善于从生活上关心教工，乐于为教工谋福利。不仅物质奖励上毫不吝啬，也在具体事务中，真诚地为教工提供服务和帮助。在教师访谈时，当年J校长虽然要求严格，但是当教师生活、家庭遇到困难时，J校长总会调动一切可以调动的资源帮助教师化解困难、渡过难关。很多教师因此被校长的人格魅力所感染、所激励，产生了使命感，愿意为学校的发展效忠效力，甘愿与学校同舟共济。

二、干部选拔的不拘一格

J校长雷厉风行、果敢坚决的领导风格，也决定了他在用人方面的不拘一格，他看准了的人，果敢任用。与学校绩效导向的发展战略相匹配，J校长的用人标准是“教而优则仕”。在他看来，课教得好，班带得好，管理能力便不会差，便会毫不犹豫地加以重用。也就是说，带兵打仗的人首先应该是那些自身战斗能力强的人。建平实验中学的干部基本上都是那些在教学比武中表现抢眼的、课堂教学出色的、班级管理井井有条的，而很少受到资质、年龄或其他方面的限制。选拔上来的干部根据能力大小、能力特点则相应委以重任，搭舞台、赋担子、施压力，并不断给予言语上的激励。访谈中，A老师谈到，当年因为教学能力突出和班级管理到位突然被通知提拔到重要岗位而自认为不堪重任心存忐忑时，J校长一句“不用考虑了，学校正是用人之际，你要做的是很快进入角色，相信你一定能做好”这句命令式的鼓励给了她莫大的鼓舞。正是在这样的鼓舞下，这位被选拔的教师在以后的管理岗位上勇挑重担、不断创新，带领着其他组织成员攻克了学校发展道路上一道道难题，成功攀上一座座高峰。其个人不仅管理能力得到了历练，今日成为出色的学校领导者，在教学上也不断获得新的突破，成长为有一定影响力的知名教师。在建平实验中学，类似于A教师经历的干部不在少数，他们大多在没有任何心理准备的情况下，被校长委以重任，不容犹豫，不容退缩。后来的实践证明，J校长的用人法则是有用的，他的眼光是独到的，他所看准的干部都能在各自的岗位上独当一面，大多能成为学校的中流砥柱，甚至成为校长的左膀右臂。正是在这样一批干部的带动下，无论是常规性工作还是改革创新性工作都能很好地推进,学校的各项规章制度都能严格执行,学校成功应对规模不断扩大而带来的各种挑战。时至今日,"教而优则仕"早已成为建平实验中学选拔干部的传统。

三、行政意志的增值执行

在建平实验中学创办初期,校长是学校灵魂人物,是学校工作第一责任人,主导着学校办学方向,其影响力渗透到学校工作各个方面。学校重大决策主要源于校长自身对学校现实的认识、对教育的领悟、对当时发展形势的把握。这种认识、领悟和把握首先通过校务会、行政会等形式传递给学校管理团队,在学校管理团队中取得共识,达成一致,形成行政意志和组织决策。行政意志和组织决策以行政领导为中坚力量,层层向下推进。建平实验中学的每一个行政干部大多以"教而优则仕"的标准选拔出来,不仅是教育教学上的精兵强将,也是管理工作的能手,他们的吃苦肯干和甘于奉献在教师群体中起着积极的垂范表率作用,保证了领导决策得到一丝不苟、甚至不断加码增值的贯彻执行。

在教工心目中,J 校长是严厉的,是不苟言笑的,非常关注管理的细节。为了保持校园的整洁有序,德育主任每天不停地在校园巡视检查,一旦发现问题,严厉责令整改。不仅如此,还动员各年级、各班级相互监督,开展多种形式的检查评比活动。做得出色的予以类似于流动红旗的形式加以精神上的奖励,也有一定的物质奖励。每个班级为了争红旗、争奖励,也为了逃避批评惩罚而对卫生清洁不敢有丝毫怠慢,有时为了除去一块难以除去的污渍可谓倾尽全力。

又如,当年建平实验中学自发开展的校本培训,也是源于校长对学校发展需要的清醒认识而做出的既前瞻又务实的决策,反映出校长强烈的教育使命感和高度责任感。校长是培训的第一责任人,更是培训的灵魂,是培训的策划者、组织者和引领者。与一些为了应付上级要求、随潮流而动的培训相比,建平实验中学的教师培训表现出"针对现实、内容充实,过程扎实、效果真实”的特点，其目标达成度很高，这主要得益于强有力的行政化管理。培训集中体现了学校管理者的行政意志，是一种自上而下的垂直的行政化领导。校长如同一支部队的最高指挥官，他的主张如同命令一样能够层层传递到管理的终端。命令传递的过程也是一个任务传递、压力传递的过程。培训过程中严格考勤、严肃纪律，中层干部、教研组长深入到各个备课组层层把关，检查规范达成度。每一天培训结束，主管领导召集“碰头会”，总结得失，以便第二天调整。严格的培训管理制度是顺利完成各项培训任务的重要保证。培训组织的职能部门能够不折不扣地执行领导布置的任务，是受到校长强势领导风格、结构工资（现称绩效工资）奖励制度和争先恐后组织氛围的影响，这对于一所新建学校的教师队伍在短时期内形成共同价值观、养成规范的教学行为、提高教学质量等做出了不可磨灭的贡献。

第三节　绩效中心氛围下的对话萌芽

在绩效管理为导向的学校初创期，虽然学校的文化整体上呈现自上而下而非自下而上的生成方式，但对于每个教师的课堂来说，却有着探索对话的可能性。对话与教育、对话与教学本身、对话与课改的要求，对话与教研等专业活动本身具有内在的一致性。应该说，完全不存在对话的教学和管理都是不存在的。

一、师生之间自发的对话

初创期的学校，也可以称为生存期的学校，虽然很快建立了品牌，并且呈现良好的发展态势，实现了跨越式发展，但是，如何回应课程改革的需要，特别是作为研究主题的对话，在学校初创阶段中是否存在，则是一个值得探讨的问题。

身处当时的背景下，笔者由于自己自身的教学风格，在自己的课堂教学实践中自然有着一定的对话教学实践。对话管理，本身是对话哲学在管理领域中的一种演绎和应用，而新课改所倡导的自主学习、合作学习、探究学习方式的变化，都预示着对话、互动、安全、宽容、平等理念在课堂教学中应加以倡导。从灌输到对话本身也是一种课堂绩效的表现，虽然是否与学业质量直接挂钩、一一对应，还有待于收集可靠的证据。但就教育教学的本质来说，对话是其原点，师生关系本身就需要对话和交往互动。

可以说，这个阶段的对话实践状态，是处于对话萌芽的状态，相对于"绩效"课题，对话处于一种背景状态。应该说，背景与课题之间的关系是互相支撑的，存在着内在的冲突和矛盾张力，在具体的学校部门、个体以及各个层面的教育领域中，背景和课题，有的时候是相一致的，有的时候是相平行的，有的时候是矛盾甚至冲突的，呈现出复杂状态。在以"绩效"为导向的管理中，对话潜力处于背景之中，还没有走到学校发展的前台，但在其潜移默化的过程中，为今后对话机制的探索孕育了发展的可能。

二、同侪之间零散的对话

在多年的语文教学实践中，笔者坚守的是以学生为本、互动生成、民主开放的语文课堂教学理念，在自身的课堂实践中，自觉实践着对话教学，班级建设中实践着对话教育。在教育教学的理论中穿行，笔者深刻地意识到如下四点：第一，教育需要对话。第二，课堂教学需要对话。第三，语文学科的教学有着得天独厚的对话优势。第四，自身的个性特点和教学风格要自觉地走向对话。但在学校整体上的管理取向为绩效导向的大气候中，这种对话主要存在于个人和语文教研组同仁的教学实践中，也一定程度存在于担任政教主任的管理团队之中，在与年级组长、班主任以及部分家长之间在展开管理与组织活动的过程中都存在着零散的对话。回溯学校初创期的管理实践，发现有一部分教师和本人有一定的相似之处，那就是作为一个教育自然人，教育工作者本身自带着、内隐着对话资质和对话潜质。

三、干群之间少量的对话

建平实验中学的首任校长思维敏锐，善于审时度势，凡事有自己独到的见解，善于决断，在学校发展初期，由于他本人这种突出的领导气质，也由于追求绩效、效率至上的导向，校长很少与管理团队、教师开展对话。只和极少数的干部商议一些重要的、敏感的问题。

在对干部、教师的访谈中，不少教师都表示，在自己的课堂上有着对话的实践，但在校长与领导班子之间、干部与群众之间的对话还只是少量的存在。

【访谈节选 2】“对话”在不知不觉间的萌芽

访谈者 X 老师：您在建平实验中学听说过对话这个概念吗？什么时候听说的？从哪里听说的？

S 老师：我所知道的对话概念是我们现在的校长在最近几年提出的，我多次在学校教工大会、行政例会、教研活动中听到这一概念，也在校长的文章和书籍里看到这一概念。其实在自己的教学实践中这种对话教学的某些要素却一直存在着。缺少的是一种意识和提炼。

L 老师：明确地提出对话概念，我记得是从 2016 年以来，学校开展绿色指标评价指数研究，校长提出了对话课堂，由课堂上的对话，引申到了对话管理。

W 老师：对话概念，其实老早就一直存在了，我们校长在她任副校长主抓教学的时候她就已经提出过了。她当了校长后，更是重视这个主题，几次在会议上提到“对话管理”“对话课堂”，事实上，我也觉得对话很重要，在很多课堂里，学生不敢不能也不习惯于表达，他们习惯了“听话”，因此特别需要我们用“对话”来培养学生的表达能力和理解力，对话对学生将来的生活绝对是有益的。

通过访谈2我们可以看出,对话,作为一种机制,从无意识到有意识,从个人的零散实践到聚焦课题和专题的团队实践,从意识的唤醒到能力的提升,从萌芽到成熟乃至系统地有意识地进行理论学习和实践转化等等,需要一个长期培育、逐步转换的过程。

小结:绩效管理及决策模式的局限性

通过回溯性研究得出结论,现代学校教育需要从基于对话机制建设实现从管理到治理的转型发展。而在学校初创期,关于对话,当时则仍然处于一种模糊的不确定性的自发的摸索之中。

建平实验中学初创期形成的绩效导向的管理模式,实现了预期的管理目标,产生了良好的管理效应,是与学校发展的阶段特征相适应的管理。而就绩效管理的特点来看,其局限性也比较明显:

第一,确定性的任务和可检测的目标一般比较可行,但是,对于不确定性以及隐性的目标就难以管理。

第二,以任务为导向,难以人尽其才。在博弈中,理性人假设会导致"偷懒人"的假设,迫于外在的压力大于来自内在的激发所释放出来的效益,绩效最大化并非为绩效管理所能够完全做到。

第三,难以应对教育的公益性和"良心活"。只讲效率,只讲成绩面前人人平等,缺少差异化的平等理念,不利于组织生态的和谐营造,组织的可持续性发展容易面临瓶颈。绩效管理虽然带来了学校的高水平快速发展,但就绩效管理本质上还是一种"底线"管理思想,忽视了教育的公益性,忽视了教师这个职业干的是"良心话",不利于人的创造性的发挥。

第四,领导裁决式的决策机制,是一种"克里斯马型"的领导决策风格,有其局限性。采用这种决策风格的学校,学校办学思想、办学目标和发展愿景,主要源于学校第一领导的明确思考。这种决策模式是一种个人式的决策,第一领导在学校具有绝对话语权,拥有绝对决策权威。当然，这并不是说，这种决策机制完全排除下属的意见和参与。这种决策模式与绩效目标管理相结合，演变出的是以“成绩——结果——使用”中的技术驱动化为特征的管理文化。这种决策模式一般具有效率高、成本低的优点。在学校创办初期，迫于外在的生存压力，以及内部秩序规范形成的需要，这种决策模式经常被采用。但是，管理中以自上而下的单向信息和指令传递为主，而信息的自上而下与自下而上的双向流动比较缺乏。虽然学校整体彰显了突出的执行力，但是教师群体主体意志受到抑制，蕴藏在教师群体内部的创造力和主动性难以发挥，产生诸如执行中的被动、效率导向下的主体抑制、行政效率与专业自主的矛盾等等，这些都不利于学校的长久发展。

不可否认的是，在学校办学的初级阶段，“绩效需求”和“供给不足”之间的突出矛盾，导致学校在办学初期采取的各种强势措施，在促进学校快速发展中取得了很大的成效。但是，基于对话机制建设的角度，对这个阶段的管理取向需要进行反思。如果说真正的教育是爱的唤醒，是激情的感染，是生命的传递，那么，追求这种教育理想所需要的管理方式和组织氛围，就值得思考。在这个意义上，对话能否成为化解负面情绪与正面情绪之间的矛盾反差的一种机制，一种平衡器，是值得探索的问题。

我们相信，对话理论借助于对话机制的建设，一经找到了自己的土壤、气候、原料之后，就会生根发芽，茁壮成长。对话作为教育教学的一种内在尺度，就如同一粒种子，一颗火种，只要有机会，只要精心培育，这颗火种会变成火炬，一旦品牌战略和管理者的课题意识觉醒，就可以成为灯塔。对话课题需要的是时代呼唤，特别是治理时代精神的召唤，学校的对话课题就可以持续拓展生长，也必将在更大的范围内成为一座灯塔，激励教师在教育教学的实践中，倡导对话，践行对话，执著对话，提升对话。

第四章

专业发展导向下的对话培育

教师专业发展不仅是教育变革对教师教育教学行为转变提出的要求，也是教师作为自由生命个体的内在诉求。专业发展要成为教师有意义的生活，教师教育教学行为的动力应该来源于教师的内在自觉，绩效管理是促发教师内在自觉的外部力量，将规范要求转化为教师自觉的行为准则是教师有意义的教育人生的必然要求。如果说，绩效管理导向是每个学校初创阶段的生存必需，也是“质量是生命线”在管理中的体现，那么，专业导向下的项目管理手段的变革，则是深化质量内涵，加强团队建设，提升学校品质，促进“成事”向“成人”发展的转变，度过初创期后的现实需要。本章主要研究建平实验中学发展期专业发展导向的学校管理模式以及与之相伴的“项目统领式”决策模式，并揭示在这样的学校发展阶段，在专业发展导向的背景下，对话得以培育的状态以及对学校办学产生的相关影响。

第一节　专业发展导向的学校管理模式研究

进入发展期后，建平实验中学开始关注教师专业成长的个性化需求，将教师专业素养的提升作为学校内涵建设的重要内容。结合现实的办学背景，学校进一步重构“专业发展导向”的教育关系，努力超越绩效管理的消极限制，将教师从束缚和捆绑中解放出来，通过创设分层、多元的项目平台，为教师的专业成长创造了机会，极大地调动了教师自主发展的积极性。

一、转向专业发展的办学背景

随着教育改革的深入推进，建平实验中学面临着发展转型的现实压力，教育政策的具体要求、教师的专业成长、学生的主动发展、家长的多元诉求以及校长的代际传承，这些因素促使学校开始转向专业发展，在规范与稳定中逐步推进内涵建设。

（一）丰富学校内涵建设的需要

建平实验中学在成立初期就以“成为人民群众心目中理想的学校，成为浦东新区、上海市的一流窗口学校”作为办学目标，而评价一所学校的标准并不仅仅是资源、校舍、师资、课程，更在于这所学校的特色、理念和价值观。在定位高、规模大、名气响的压力之下，学校的提升自然有更大的动力。建校初期追求卓越的使命感和规范管理的责任感给学校的进一步发展奠定了扎实的根基，经过几年的艰苦奋斗，已经逐步由创业期步入发展期。建平实验中学在完成了规模扩张之后，急需解决内涵发展问题。

（二）落实课改实验基地任务的需要

建平实验中学的创建也是与上海市二期课改同时起步的，二期课改的核心思想是“以学生发展为本”，教学目标由重视基础知识、基本能力转变为“知识、技能，过程、方法，情感、态度与价值观”的三维目标，要求重视学生的学习经历和已有经验，关注学生体验、感悟和探究的过程。作为首批课改实验基地，建平实验中学在课改实验项目的推动下，自身也必须主动迎接变革，积极践行先进的教育理论和理念，在以考分量化考核为主的管理文化中突围，努力提升课程领导力，以适应课改的要求。

（三）促进教师专业发展的需要

虽然二期课改的理念能够在很大范围内为管理团队及广大教师所知晓，但尚未普遍内化，新的教与学的方式更多地是在公开课上的展示，多数老师多数情况下的课堂“依然重复着昨天的故事”，依然存在着各种各样的实际问题；课程建设方面，国家课程的落实力度不够，对校本课程功能理解与开发的数量与质量都很有限，课程缺少特色，不能很好地满足学生成长发展的需要。教育教学方面，教育形式单调、说教过多，“重分数、轻素质”的偏向依然普遍存在，学生主动体验感悟少，学业负担重。教学的改变，尤其是日常教学的改变，距离深化课改的要求还有很长的一段距离，教师的教学理念有待于进一步更新，教师的专业发展动力也急需外力推动。

（四）促进学生主动发展的需要

建平实验中学学生总体行为规范和学习习惯养成良好，但学生个体差异比较明显，一部分学生行规、习惯较差，学习内动力严重不足，缺乏集体观念、合作精神和自我调控能力等。归根结底，是学生的主体意识不够，对自身发展缺少自我认知、自主规划、自行约束。根据新时代的学生成长需要和建平实验中学学生的特色发展需求，学校需要出台针对性强、富有实效的先进理念和落地措施，需要尊重学生身心发展特点和教育规律，使学生生动活泼、积极主动地得到发展，这就从学校内部对学校管理提出了转型的要求。

（五）满足家长多元诉求的需要

班级过多、生源整体素质参差不齐，造成教师的教育教学难以面向每个学生，班主任的评价机制还缺乏过程性评价，德育科研的力度不够，社区、家庭、学校的联动教育资源还有待于进一步开发和整合。随着社会的进步，大部分有识之士对孩子的教育抱着理性的态度，他们固然有"望子成龙"之心，但是，他们更希望孩子能够健康成长、主动发展、快乐生活。家长对学校的诉求最终都会在教师那里得以体现，这也是推动管理向"专业发展导向"转变的一个不可忽视的力量。

（六）顺应校长代际传承的需要

建平实验中学建校之初形成的绩效管理导向下领导裁决式决策模式为初步建立起科学化的管理奠定了基础，整个学校的管理和教学活动都在一个高效有序的框架中进行，这样的管理为学校在短期内实现冲击一流学校的目标提供了良好的大环境，但是学校再进一步的发展必须依靠内涵的不断提升。校长的更换和学校发展的需要必然带来管理风格的转变，建平实验中学第二任校长接任时面临着多重压力，首先是原有的管理岗位与现在的学校存在差别，个人的性格与管理风格与建平实验中学的首任校长截然不同，接任一位颇具领导型人格特质的校长，其挑战是可想而知的。第二任校长上任后面临着教师的信任危机，他审时度势，适时地提出了由信任替代权威，推行人性化管理，注意倾听和满足教师的愿望，也使得他尽快被教师们接受和认同，获得广泛支持。第三任校长接任第二任校长时，浦东新区的经济社会大背景与管理政策发生了更加深刻的变化，在规范与稳定中稳步推进内涵建设成了学校发展的自然选择。

二、关注专业发展的管理理念

教师专业化发展是指教师作为专业人员，在专业思想、专业知识、专业能力等方面不断发展和完善的过程，即教学新手到专家型教师的过程。专业发展导向可以理解为在专业管理意义上的一种发展思路或发展策略。

（一）教师专业发展的概念内涵

教师专业发展的内涵主要包括：1. 教师专业发展首先强调教师是潜力无穷、持续发展的个体；2. 教师的专业发展要求把教师视为“专业人员”；3. 教师的专业发展要求教师成为学习者、研究者和合作者；4. 教师的专业发展要求教师具有发展的自主性。教师的自主发展强调的是发展教师个体的个性和特长，使个体的潜质充分发挥出来。①

教师发展与教师专业发展一直处于关系探讨中。一般来说，教师专业发展的提出，是指向于教师专业发展不充分、不平衡的问题。而具体到教师专业发展实践来说，则包括着“个体的发展”和“团队的发展”两个层面的问题。建平实验中学从管理角度提出的专业发展导向，是基于团队建设意义上提出的专业发展导向，这样的一种专业发展导向，也可以说是一种专业管理意义上的实践探索。而突出专业发展导向，某种意义上是绩效管理的一种延续，或者说，是在专业意义上突出了学校发展的管理导向。比如，建平实验中学不断接到一些挑战性的任务：上海市二期课改成果展，浦东新区素质教育实验校创建启动会，浦东新区校长沙龙，浦东新区教育内涵发展项目，浦东新区教研室各学科的大型教研活动等等，有些任务本身就是对教师专业发展成果的检验，而有些任务则对教师专业发展提出了新要求。

（二）“专业发展导向”的关系重塑

建平实验中学从变革干群沟通、转换专家功能、再构培训模式、改进同侪互动、更新教师角色这五个方面着手，逐步推进“专业发展导向”关系的重塑。

1. 干群沟通变革

步入发展期，第二任校长在学校发展规划中提出，学校管理要从“发

---

① 胡惠闵，王建军著. 教师专业化发展[M]. 华东师范大学出版社，2014.

展”(师生的共同发展)、“服务”两方面做出合理的机构设置,从教师发展、学生发展、教育教学服务、行政总务、校长事务五个方面理顺管理机构,从而实现学校发展目标和育人目标。虽说只是勾画的一种蓝图,没有来得及完全变成现实,但不难发现,学校领导班子成员正在逐渐改变管理的价值观。干部逐渐由发号施令转向共同协商,不仅在思想上改变、不容置疑的意识,还在努力培育一种协调能力,即以平等的而不是高高在上的方式处理各方关系的能力,以确保干群之间的顺畅沟通。

2. 专家功能转换

虽然在建校初期,建平实验中学就成立了导师团,聘请市区级教研员等专家指导,但老师们对专家普遍存在畏惧感,专家的反馈多是为学校领导者代言,来自权威的教学诊断带给老师们很大的压力。而专业导向的学校管理的期待是建立一支创新型的、有活力的教师队伍,管理者利用社会的各种教育资源,希望让教师有较多的机会聆听名师的声音、与专家对话,唤起教师专业发展的需求。

3. 培训模式再构

随着办学外部环境与内部环境的变化,为实现绩效目标而进行的岗位练兵式的校本培训也面临着必须再构的紧迫形势。取而代之的是专业发展导向的培训。培训更加关注教师们的成长需求,试图唤醒教师的问题意识,期待提升教师的研究能力。学校逐步引导教师在以课题和项目为驱动的学习浸润中,在以课堂教学为主导的研讨交流中,发现问题,叙述问题,讨论问题,确定问题,尝试解决问题。这个阶段,学校还建立校级课题申报制度,开展年终教科研论文评奖活动,作为评估教师的一个依据。

4. 同侪互动改进

建平实验中学年轻的教师队伍能以学校为荣,爱岗敬业、勤奋踏实,但激烈的竞争氛围和严格的绩效管理,让同侪之间成为相互戒备、彼此警惕的对手,老师们情绪焦虑、患得患失、自信不足。项目统领机制努力为教师的规范发展、和谐发展、自主发展创造平台,骨干教师的引领和辐射

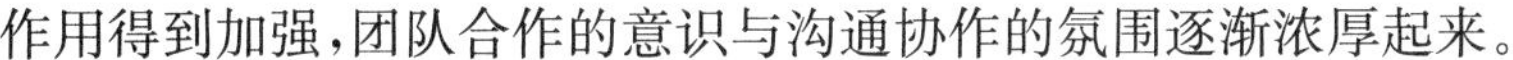

作用得到加强，团队合作的意识与沟通协作的氛围逐渐浓厚起来。

5. 教师角色更新

在“以分数论英雄”的绩效管理阶段，教师参与教学改革、研究教学、学习新理念的自主性不强，一部分教师应试教育的积习浓厚，对新的教育理念、教改的精神只了解皮毛，难以与教学实践相结合。专业发展导向的管理阶段，学校提倡重塑职业观，引导老师们有意识更新观念，以实现教师角色的转变：教师由传统的教书匠向创造者转化、由传统的课程被动执行者向研究者转化、由传统的专业个人主义向合作者转化、由教学中的“唯一主角”向“平等中的首席”转化。

三、促进专业发展的项目平台

建平实验中学先后通过市、区、校不同层次的平台，为教师创设了分层、多元、丰富的专业发展项目，包括市区教师专业发展项目、浦东新区教育内涵项目和“主体参与”校本研修项目等，在一定程度上满足了不同教师的个性化发展需求，促进了教师专业素养的提升。

（一）市区教师专业发展项目推动个体自主发展

打造一流的师资队伍，加快推进教育现代化、办好人民满意的教育、建成与具有世界影响力的社会主义现代化国际大都市相匹配的一流教育，成为新时代上海教育改革发展的主要目标。在上海市委、市政府的领导下，上海市教卫工作党委、上海市教委不断推出教育改革的新举措，基础教育领域在不断推进课程改革的同时，相继推出教师专业发展的若干项目，全面提升教师专业素养和综合能力，取得积极成效。比如精心实施的“基础教育领军人才”培养计划，推进名师名校长后备人员培养工程（“双名”工程）、中青年骨干教师团队发展计划、“讲台上的名师”、特级教师培养等项目。

上海市历来重视教育领军人才的培养，教育领军人才是干部教师队伍的标杆，是广大教师专业成长的目标，其规模与质量往往在一定程度上代表着当时当地教育水平的高下。2005年启动的第一期“上海市普教系统名校长名教师培养工程”，展开了长达十余年的教育高端领军人才科学化、规模化、制度化培养的实践探索，“双名工程”以培养教育领军人才为目标，坚持结果导向、任务驱动、问题中心，建立了“市区联动，多方互动”的组织机制，将“做项目”和“做研究”结合起来，将学习共同体、参与式学习、情境学习、行动学习等理论融入培养工作，开发了专业素养与师德修养并重，通识培训、学科培训与自主研修相结合的“德业双修、三位一体”的课程体系，创建了“打破局限、挑战极限”的培养方式，形成了“实训教研、实战检验”的评价理念，走出了规模化培养教育领军人才之路。在这样的政策导向下，建平实验中学也同步重视教师的专业发展，出台了相应的举措。

（二）浦东新区教育内涵项目促进团队共同发展

2004年，是浦东教育发展史上的重要年份。这一年，在基本完成以数量扩充为特征的第一次跨越后，浦东教育踏上了以均衡发展、内涵发展为特征的二次跨越的征程。面对“摊子大、底子薄、力量弱”的现状，浦东大胆探索制度创新，启动了教育内涵项目的研究与管理，将项目管理思想和方法引入教育，用项目推进的方式解决教育改革发展中的问题和矛盾。

浦东教育内涵项目是在浦东新区特有的教育资源和教育改革、发展要求的约束下，为实现浦东教育内涵发展的既定目标，以教育研究与培训为主要内容，一般以一年为时间界限，有预定项目经费的一项综合性任务。① 项目不同于一般的日常教育工作，也与教育科研课题在研究目的、研究方法和最终成果等方面有明显的不同。

建平实验中学当时申请的项目名称是“新基础教育”推广性实验，是

---

① 浦东新区项目办.浦东新区教育内涵项目管理自评报告[E培训/OL]. http://epm.pudong-edu.sh.cn/show.教师spx? id=173，2009—11.

当时申请成功的为数不多的学校之一。叶澜教授主持的“新基础教育”实验以中国文化为背景，主张创建一种能够促进人的生命主动展现、主动发展的校园文化，使学校成为生命发展与创造、社会文化发展与创造的创生性舞台。建平实验中学第二任校长自从参加新基础教育校长研修班以来，在学校办学过程中逐步渗透新基础教育的理念和做法，在课堂教学和班级建设两个方面尝试实践，得到了大部分教师的理解、认同和支持。学校新制定的第二个四年发展规划，明确了“以建设优秀学校文化为主线，走内涵发展之路”的办学方向，提出“教育的核心是为了学生在未来能拥有幸福的生活，卓越的工作和顺畅的事业”的主张，倡导关注学生，以学生健康、主动的发展为本。学校决定要抓住新一轮课程改革的机遇，主动融入到新基础教育改革实践中来，通过这项整体改革解决学校在发展过程中存在的受教育者思想道德培养实效弱、部分干部和教师教育教学观念陈旧等一些问题。

内涵项目管理制度和运作机制强调了项目负责人要对项目进行整体设计和高位思考，更为重要的是，随着内涵项目在基层学校的深入推进，项目管理的理念和模式对越来越多的老师的思想认识、思维方式和行为方式产生了影响。经过几年的项目实施，建平实验中学教师的理念与行为发生了一些改变，他们开始关注学生主动发展和健康成长。通过项目管理，部分教师的工作方式也发生了变化。教师在项目组团队合作的氛围中，获得了一定的自由空间，从“单独做”转变为“一起做”，有了共享和互助的意识。

（三）“主体参与”校本研修项目促进学校特色发展

建平实验中学近十年的建校历程，使学校拥有了一支能吃苦、肯奉献的教师群体，为学校的发展打下了坚实的基础。但学校也到了一个无法回避的高原区，学校该怎样实现可持续发展？新的突破口在哪里？学校要培养高素质的人才什么样的途径、方法最有效？教师该如何树立充分的自信心，彰显特色、各显其能？学校该如何在延续、传承的基础上创新，树立自己的品牌、形成独有的特色？这些都是学校新时期面临的急需解决的问题。

2007学年伊始，学校制定了新四年发展规划，明确提出建成“让人民满意的优质学校”是学校未来四年的办学目标，“规范、和谐、自主、发展”是学校未来四年发展的核心理念，并诠释了优质学校的主要特质就是培养优质人才，所谓优质人才就是“健康、自主、智慧”的学生。为了有效实施新一轮的四年发展规划，学校必须有针对性地开展系列研究，最好围绕一个龙头项目来开展深入研究。为了找到实施素质教育的突破口，学校决定开展“促进学生‘健康、自主、智慧’发展的教育实践研究”，期待通过开展项目研究，在三个方面有所突破，一是培养出具有建平实验中学特色的“健康、自主、智慧”的高素质学生，为未来的社会发展做出更多的贡献奠定基础；二是造就出高素质的教师队伍、为学校争创优质初中的特色学校奠定坚实基础；三是为公办初中有效实施素质教育提供实践指导。也希望通过深入开展“促进学生‘健康、自主、智慧’发展的教育实践研究”，积累经验，提供操作框架，丰富素质教育理论，尤其是丰富初中教育阶段实施素质教育的理论。

学校在积极创建素质教育实验校，推进规划、项目顺利实施的过程中，在探索如何让学生“主体参与”到学校管理与教育教学的过程中，摸索出了一些符合学校实际的途径与方法，初步形成了“主体参与”式的、具有建平实验中学特色的办学经验。

第二节 “项目统领式”决策模式

随着教育改革的深入推进与学校各领域工作的整体转型，学校的教育决策也必须向规范科学、民主决策转变。学校的制度建设，应该定位合理，条款规范，有适当的弹性，形成系统，具有形成秩序和推进变革的双重意义。同时，更重要的是，应尽可能让制度所蕴涵的办学思想，被所有教师和学生理解、体悟、认同，成为内心秩序和自觉追求，形成制度自觉。这就需要改革学校的管理机制，在这一时期的建平实验中学发展规划中，曾提出要完成四大机制的系统建构：一是“校长广泛听取意见后提议，校务会决议，教代会审议、议事会协议”的决策系统；二是“部门策划调控，教研组推进实施，备课组有效操作，师生共同参与”的执行系统；三是“注意和上级沟通，解读专家的指导，集聚群体智慧，提供内外资源”的支持系统；四是“党支部监督把关，教代会定期核查，多渠道快速反应，多元化评价”的反馈系统。

四大机制的系统建构虽说还只是一种初步构想，但在决策模式上有了明显的改变与调整。前一阶段的领导裁决模式，总体上来说是一种以“命令”、“控制”、“领导裁决”为基本特点的管理方略，但由于决策的正确性，发挥了这种集中管理在学校初创期的重要功能，对学校的快速发展，并且形成学校务实作风和“打硬仗”的士气和氛围有着极大的作用。这种决策本质上是一种内生于学校发展的内部力量，而进入新的发展阶段，由于学校所属环境的变化，借力“项目”，促进发展，就成为了新任校长的一种谋略和策划。

项目作为转化管理模式的一个策略，在引领学校发展中，是一种普遍策略。在建平实验中学的发展历程中，曾经开展了市、区两层面的内涵项目建设，这种项目课题模式逐步进入到学校决策中，也就是对于那些学校发展的关键环节，或者是对学校发展具有前瞻性和挑战性，存在着一定程度的不确定性的，需要解决的重大问题，往往通过凝练项目或课题的方式，进入决策机制。因此，项目或课题引领的决策模式，比较注重科研，注重探索。这对于一所学校的内涵发展是比较有效的手段。建平实验中学作为有着良好的发展基础的学校，自然积极适应这一政策导向下的决策模式，进行了项目聚焦方式的探索。通过亲身经历和深度观察，加之回溯性研究，发现项目统领决策模式对于学校整体上的内涵式发展，特别是教师的专业发展有着较好的效果。

建平实验中学第二任校长上任之后，建平实验中学适应政府“项目—

拨款”机制改革，以“专款专用”，“配套和自筹”相结合的策略，配以专门财务管理制度，通过项目引领的方式促进专业发展，在项目管理的规范下进行了项目式的学校发展方式的变革。项目虽然是以探索学校改革为目的，但是其动因是政策以及其他外力的推动，并以目的和结果为导向，从管理的本质上属于手段性管理改革，还是绩效管理发展方式的一种延续，只是追求的目标有所变化。由于政府对学校管理政策的导向发生了变化，逐步地由鼓励追求绩效转向倡导追求内涵发展、均衡发展，刚刚崛起的建平实验中学在办学过程中面临着办学策略的调整，加之在这一背景下学校校长的更换，第二任、第三任校长通过项目使学校以平稳发展的方式进入专业发展导向的转型式变革，帮助学校渡过了波动期。

【访谈节选 3】

访谈者 X 老师：各位老师前面谈了对第一任 J 校长的印象，接下来再谈一谈对第二任校长 S 校长、第三任 Z 校长管理期间给您留下了哪些深刻印象？

W 老师：S 校长宽厚温和，平易近人，在任期间，引领大家一起学习了新基础教育理论，并且在实践中开展各项活动。有一段时间，记得关于新基础教育的教学实践、理论学习、教研活动比较多。我们在学校里能够经常碰到大学里的教授、专家。他曾要求在学校的大型活动中，让尽可能多的学生参与其中，给学生更多的舞台和空间。

Z 老师：Z 校长是一位沉稳的长者，他经验丰富，谨慎细致，对浦东教育面上的情况特别了解。他关注具体事务性工作，规范是他任职期间最明显的特色。

F 老师：S 校长平易近人，注重学校文化建设，强调打造良好的文化氛围以影响熏陶师生；Z 校长提出了“主体参与式”课堂，让我收获很多，这期间，我积极参加教学评比，正好赶上市里、区里有了名师工作室，我主动报名，通过了评审，专业上取得了很大的进步。这期间，我也成功地从中教二级走到中教高级，并成为区骨干教师。

通过以上访谈记录可以看出，建平实验中学于发展期的两次关键时间节点，在分析了基础教育改革不断深化的外部环境和学校发展的内部环境的基础上，对当时的学校状态冷静研判，顺势而为，选择了通过内涵项目驱动教师专业发展，从而带动教师和学生发展。第二任校长和领导班子决定新一轮发展的重点定位在于引进先进的教育理论，建设先进的管理文化，通过校本培训来推广“新基础教育”实验。第三任校长在规范办学的基础上，借助学校创建素质教育实验校的契机，开展“主体参与式的实践研究”，使得学校在较长的一段时期内在项目统领下，关注教师的专业发展，“专业发展”成为学校管理的导向。

一、项目驱动下的学校内涵建设

学校注重发挥项目的统领功能，在项目驱动下追求管理规范、氛围和谐、发展主动的办学环境，在较长的一段时期内保持了专业发展导向的管理模式，保持了学校的平稳发展。

（一）依法办学与人性化管理

学校重视依法办学，实施校长负责制，领导班子开始梳理、修改和完善学校相关规章制度，为了保障项目的实施，在原有基础上制定并出台了《上海市建平实验中学管理制度》和《上海市建平实验中学岗位职责》。

建平实验中学第二任校长审时度势，顺势而为，对教师管理注重以人为本，以项目促进教师专业发展，并逐渐营造出和谐的氛围。几次校级、中层干部提任，学校拟聘的干部，无论是座谈会还是民意测评，支持的票数都很高。正因为有了广大教职员工的支持和信任，学校的平稳过渡才能够顺利完成，项目也得以推进，学校赢得了进一步发展的机会。

（二）规范管理与管理团队建设

学校开始重视管理的规范，为了有效实施项目，避免在决策、执行过程中因人为失误而导致学校发展停滞甚至出现偏差，学校关注管理团队的建设和管理人员素质的提升。党政工抓好中心组学习、每学期都开展干部寒暑假专题培训研讨，并扩大到教研组长层面，邀请专家进行针对性指导，用以强化干部的责任、岗位、策划、服务、团队意识。

（三）扁平化模式与自主管理

建平实验中学一个年级就有十六个班，近七百学生，相当于一所普通规模的学校，管理难度可想而知。针对这一现状，学校积极探索扁平化管理模式，将年级组升格为年级部。年级主任参加行政例会，负责本年级管理工作并协助教导处、学生处开展各项工作。

设立年级部的初衷在于管理重心下移，这一扁平化管理的优势在于：首先，各年级能够根据本年级学生的年龄特点和实际情况，进行有针对性的管理。比如预备年级的工作重点放在行为规范的养成教育上，初三年级的工作重点放在学习品质的教育激励上。其次，各年级能够围绕规划中的培养目标，独立开展符合本年级学生认知水平的文化、娱乐、艺术、体育等丰富多彩的活动，创建年级特色。再次，年级主任上对校长负责，下对班主任、科任老师负责，本年级出现的各种问题，年级主任有权直接解决处理，减少了层层汇报请示的中间环节。

二、专家引领下的骨干教师发展

丰富的专家资源一直是建平实验中学建平实验中学办学的宝贵财富，这一时期，学校集聚了一批来自华东师大、上海师大、上海市教研室和浦东教育发展研究院等单位的专家团队，他们提供的不仅是最前沿最先进的教育教学的理论，也不仅是一整套可作为衡量学校各方面工作质量的评估体系，更是他们深厚的文化底蕴和教育教学中的真知灼见。老师们近距离地得到前辈的浇灌与培育，在职业生涯中获得了有效的帮助与支持。专家团队指导下的校本研修，以项目研究为引领，加强以课堂教学研究为主的活动开展，注重互助合作，成果共享，促进了教师的专业发展，营造了浓郁的专业研究氛围。

自始至终全力投入二期课改与“新基础教育”的骨干教师，亲身体验着变革性实践，每个人都有着颇具个性的经验和可以共享的默会知识。他们的知识体系与教育观念的自觉更新与自主建构，呈现出一种积极的状态，普遍有进一步加强自身理论素养的迫切需要，有提高教育教学水平、促进自身专业发展的共同愿望。在多年的教育教学实践中，具有了教学反思意识，通过教学案例或课例分析，积累了一定的经验，有利于推进新一轮的教学和课程改革的实践探索。这些教师经历了几年时间的积淀与酝酿，在学校为他们创造的加速度发展的空间与平台上，脱颖而出，崭露头角。

三、平台助推下的课程教学改革

学校在项目统领和专家引领下，展开了一系列的创新探索，通过传承初创期的暑期教师培训平台、质量分析会平台、“建平实验中学杯”课堂教学大赛平台，搭建全新的“家长体验课堂”开放日平台、学科教学论坛平台、优秀案例展示平台、“共享・互助・成长”交流平台等，力图让教师们构建新的教育教学观，使课堂焕发生命的活力。

师生主体参与的主阵地在课堂，减负增效落实的关键在课堂。基于这样的认识，学校把建设高效、开放的课堂作为推进项目实施，实现办学培养目标的重要举措。

第一，是进行有效的课堂教学调研。校长、副校长及各部门条线负责人深入到教学第一线听课调研，从常态课到开放课的实施，促使教师每节课都精心设计，同时也把问题解决在萌芽状态。每次调研不以分数成败论英雄，而是探究课堂策略，改进课堂状况，受到教师欢迎。

第二，是注重扎实的教学常规管理。加强最基础的备课组团队建设，把每一届备课组的资料包括课件、教案、作业、测试、反思等，整体打包上传，年年积累，集合教师群体智慧，形成团队开发的教研模式。

第三，是人性化的教学质量监控。每学期重要考试后，各年级都要召开质量分析会。质量分析不仅仅关注分数，更关注如何提高课堂教学效率，如何促进教师专业发展的成功和学生自主学习的进步。就教学质量而言，教师是有压力的，就教学心态而言，教师是相对轻松的。

四、主体参与式的学生健康发展

项目实施以来，学校重视学生综合素质的培育，以“健康、智慧、自主”型学生为培养目标，积极探索学生“主体参与”学校管理与教育教学的途径与方法，让学生乐于参与、善于参与、有效参与，促进学生的自主发展。

（一）自主管理与学生自我教育

学校重视发挥学生主体作用，培养学生自我教育能力。在原有基础上，进一步完善学生自主管理委员会机制，制定修改了《学生自主管理委员会章程》。成立了自主管理文员会新闻部、纪检部、卫生部，让学生参与学校常规管理，增强责任意识，培养学生自主管理能力。此外在建立班级公约、岗位制度等过程中，引导学生全员参与、积极践行，为学生创造了自我规范、约束的条件。

如每周各班轮换的值周班工作，由学生全面负责全校的行规、卫生、值勤等工作，教师由主导转变成辅导。由于岗位多，要求高，需要整班学生参与其中，因此，几乎每个学生都有机会在监督、检查、管理他人的过程中，实现自我监督和教育。

（二）丰富活动与培养主动参与意识

学校把每一项学生活动，都作为学生“主体参与”的舞台，因此，在策划、组织、开展的全过程中，都有意识地吸引学生主动参与，每一项活动，都要招募大批学生志愿者，并发动尽可能多的学生参与其中，借此锻炼他们的组织协调能力，并充分展示他们的才华。

例如每年的"超越杯"系列竞赛活动，如"三对三"篮球、羽毛球、乒乓球赛、校运会，不仅是体育竞赛，更有摄影、征文、服装设计等 10 项关联活动；"放飞梦想"五月系列文化活动有歌会、课本剧、朗诵等形式；既培养了学生的自主策划、组织能力，又丰富了学生的课余生活。"梦想与团队"活动，定期与澳洲、新加坡、英国、台湾等地姊妹学校开展交流互访，拓展了学生的国际视野。

（三）学生社团与学生自主发展平台

为了更好地实现培养目标，学校创造性地引进以往只有高中才有的学生社团。通过学生自主发起、成立各种学生社团，来培养学生的自主发展和自主管理能力。社团组织者在前期筹划、海报宣传、选拔社员、组织活动等过程中，意识、能力得到了充分锻炼。他们自己聘请指导教师，制定学期社团计划，每周开展社团活动。

第三节　专业团队建设中的对话培育

纵观建平实验中学的发展历史，实际上就是不断追求变革、追求创新的历史，这一历史已经为学校的发展奠定了扎实的基础。在追求新价值、建立与时代精神相适应的新规划和新准则的过程中，学校机构改革的过程，就是创建新的教育理念、新的教师专业发展形式，进而创建一种新的生活方式的过程。校长的角色要由"学校管理者"转化为"学校专业和道德愿景的领导者"。建平实验中学以成为"让人民满意的优质学校"为办学目标，以"建设优秀学校文化，增强学校核心竞争力"作为新一轮发展的战略，以二期课改和"新基础教育"为理论指导，全方位、深层次开发学校教育教学资源和功能，努力做到"以学生健康、主动、发展为本"，"让课堂焕发生命的活力"。有了项目的统领、专家的引领、实践的探索，各种平台上的对话在专业团队建设中开始培育。

一、学习研讨平台上的开放对话

在建平实验中学发展期，老师们意识到，做好教育教学工作，不仅有赖于强烈的事业心、责任心和使命感，更有赖于不懈的探索精神、扎实的知识功底、精湛的教学艺术和高超的教学能力。对教育教学目标的深刻认识、对教育教学规律的科学把握、对教学内容的融会贯通、对教学方法和策略的恰当选择、对教学情境的有效掌控、对师生关系的正确理解，唯有通过不断的学习与实践，持续提升自身的教学基本功，才能成就最优秀的“职业表达”。

1. 理论导航。建平实验中学利用教工大会时间统一组织教师学习《基础教育课程改革纲要》《义务教育课程标准》《新基础教育论丛》以及教育期刊上有关课改的文章，从而了解改革动态、领会改革精神。此外还通过教研组活动，学习有关“主体参与”的教育教学论文，交流分享学习心得，切身的体会从各位教师的口中娓娓道来，有的抒发自己在读书后教学的改进与经验的丰富，有的叙述在教育专家的引领下观念的更新、精神的洗礼。大家在读书学习中切磋碰撞，既有教育经典、人生哲理的分享，又有真实鲜活的实际链接。

2. 名师引领。建平实验中学在暑期培训和日常研修中邀请大批专家、全国著名特级教师、市、区教研室教研员来校作报告，指导教学、科研和项目研究管理。有很多学校的老师专业成长的主要推动力量靠自己，教研交流也止于校际交流，高端的区域教研和观摩活动比较稀缺。建平实验中学却有着得天独厚的发展优势，大型教研活动频繁举行，每次都有名师专家引领航向、指点迷津，在学习中老师们拓展了视界，丰厚了积淀。

3. 实践反思。引导教师边学习，边实践，制定“骨干教师研究课”制度，要求每位骨干教师每学期上一节“有主张、有突破、有效率”的研究课。新老教师相互学习，取长补短，共同进步，专家在听课后也给出了颇具针对性的建议，引导执教教师发现问题，从而进行反思和修正。执教老师经过精心细致的研课试讲与修改调整，在专家的悉心指导下，在教研组同仁的认真切磋中，获得了不同程度的成长。教研组老师之间也营造了切磋琢磨、共生共长的良好氛围，来自同伴的经验和教训更具共鸣点和借鉴性，观摩教师也在实践学习中获益匪浅。

【档案2】给我一方舞台，还你一份精彩

刚踏入工作岗位，觉得英语课堂就该是欢乐的，所以总是让孩子们在游戏中度过一节又一节英语课。

课例1：在牛津英语中，有一篇是说如何做小饼干的。为了让学生有更好的体验过程，我拿来了做饼干的一系列工具。原本我设想的是学生在做饼干的时候，就会自然而然对于书上那些材料的名字，以及所涉及到的动词有一个充分的理解。但是在实际操作过程中，学生都非常兴奋，结果没有人在意书上的表达，只是在埋头做自己的饼干，甚至还会因为争抢材料而吵起来。

这样的课堂，看似热热闹闹，但是一节课下来，学生什么都没有掌握。经过专业论文的阅读，反思自己的教学失败：我没有遵循语言课堂的规律！一堂有效的课，应该遵循我们英语教学中"input"和"output"的规律，有输入，才有产出。一堂完整的课，起码要有单词的引入，句型的操练，然后学生才有可能运用学到的语言来进行交流。如果连一堂课基本的环节都把握不好，那么这样的课堂当然是无效的。

于是，遵循这样的规律，我又改变方法，进行了实践。

课例2：预备年级的时候，我开了一堂公开课 My possible future. 那节课的重点应该是在教授学生如何运用一些形容词和简单的将来时，来描述自己的未来。当时我精心设计情境引入生词，然后进行将来时的简单操练，在最后一个环节，我为了达到吸引孩子们注意力的效果，特别去找了当时几个任课老师的照片，让孩子们通过形容词来猜到底是哪个老师。

那堂课下来，孩子们很开心，因为他们看到了很多平时看不到的老师的照片。

教研组评课时，同仁们指出我这堂课最大的问题：我的教学目标和课堂环节不符合，学生基本没有操练到将来时。在教研员老师的引导下，我又进行了反思：为什么一堂我认为比较完整的课，却没有真正的效果。答案就在于对文本的剖析不够。在备课的时候，没有抓住本课的重点。另外，为了保证一堂课的完整与流畅，我是"为了环节而想环节"，而没有真正通过环节来让学生掌握重点。根据这些问题，我又进行了思考，怎么样让一堂课可以落到实处：首先我在备课的时候，就应当认真解读文本，确定本堂课的重点与难点。第二，备课的时候，应该由教学目标入手，以教学目标为核心，然后通过一系列的活动或者练习，让学生扎实掌握。并且，并非是活动形式多样才是最好的，而是如何通过不同的活动，让学生掌握不同的技能。此后，我备课时把精力花在仔细研读课文，备好一堂实实在在的英语课上。

上学期，我有幸开了一节区公开课，也就是这节课，让我对教学又有了新的理解。

案例3：那节课的课题是Mr Wind and Mr Sun.是一篇非常有趣的寓言故事，作为一堂听说课，我将文本认真地进行剖析，运用不同的策略：比如听录音填空，回答问题等，引导学生理解这个故事。那堂课下来，学生对于这个故事有了比较深入的掌握。特别是最后一个环节，我想到了用当时大热的电影：少年派的奇幻漂流，来和课文进行整合，引导学生用本堂课所学到的东西，编成一段对话。

那节公开课上下来之后，许多听课的老师都来拷我的课件。这是一件值得高兴的事情，因为大家认可我对于课文的解读和剖析。那么是不是有了精心的准备，就是一堂完美的课呢？

经过仔细的思考，我认为其实我可以把这堂课上得更加出彩。因为上课不是根据教案走流程，而是根据学生的反映来及时调整自己的策略。比如那堂课第一个环节"what do you think of them?"，我的设计是想让学生通过看视频，说出几个形容词，但是在gentle这个词上，学生一下子难以想出来，当时我只是直接告诉学生答案，而且也显得很慌张。后来我反思了一下，其实我可以引导学生想到 gentleman，那么自然而然 gentle 也就跃入脑海中了。

因此，我又有了全新的思考：首先课堂提问的有效性尤为重要，如何通过课堂有效的问答，来让学生在体验中收获知识，是老师需要思考的。另外，一节设计精妙的课，更需要一个充满激情和自信，同时又关注学生的老师去"演绎"。毕竟，倾听和交流才是语言课堂最大的魅力之处！

我想，我现在只是停留在表面的水平，把一堂课力争备完整，流畅。这也是所谓的"把课备在本上"。但是，一堂真正有内涵的课，是要求老师"把课备在心中"。环节固然重要，重要的是如何通过环节，让学生真正学到知识。新基础教育的教授每次来学校指导都强调要巧妙地利用课堂生成，这一次的实践，让我看到了实际的效果，尊重学生，关注学生的学习状态，进入学生的逻辑世界，课堂就会出现不曾预约的精彩。

（说明：此项档案资料摘自建平实验中学内部材料"共享·互助·成长"教师专业发展经验交流会发言稿）

档案 2 中这位老师在与书本、专家和实践对话的过程中提升、发展、成长的心得，揭示出学习先进理念、直面教育现场、躬身实践反思的重要性。学问是硬碰硬的执着，吸收借鉴别人的思想要加上自己的独立思考。教师从来就不应是一个孤独的职业，他们的痛苦与欢乐需要有人来分享，他们的探索与追求需要有人来支撑。老师们将所学的理论知识、经历的教育实践、梳理的教育困惑、撰写的教学反思积累下来，切磋琢磨，不断深化对教育教学规律的认识，不断调整自己的教育教学行为。

在这一时期，笔者作为学校分管教学与教育科研的副校长，既是校本研修活动的策划者、组织者，也是参与者、受益者。在开展各项校本研修活动中，本着与日常教育教学工作紧密结合的思路，努力形成常态化制度，如教研例会制度，"六个一"教研制度等。其中"六个一"教研制度（一节研究课、一门探究课、一项学生成果、一次学科论坛或主题教研活动、一个科研课题、一个资料包）促使教师进行行动研究，加强专业反思、专业积累的意识。一线教师通过研修解决工作中遇到的实际问题，而日常教育教学工作也同时在促进校本研修水平的提升。

【档案3】努力打造“对话、合作、探究”的课堂文化

我有幸参与了学校“构建‘主体参与式’课堂的深化研究”的课题，作为实验教师，以“主体参与”为策略，以“课堂改进”为抓手，以“对话、合作、探究”的课堂文化为指向，让学生化被动学习为主动学习，真正成为学习的主人。就简单聊聊我以此为目标在课程中的设计过程，和碰到的一些困难和疑惑。

上个学期教材中有一节美术设计应用课程——“邮票”。在如今信息交流如此发达的今日，邮票对于现在的学生来说比较陌生，所以我觉得更有必要让孩子们好好学习了解一下。我的课程设计为：小组为单位开展学习，人人参与，体现“主体参与”的策略，在课堂教学过程中，让学生讲为主，老师适当进行引导，开展对话，以达到学生真正成为课堂学习的主人之目的。

课前准备过程：

课前我把全班36个学生分为6个小组，围绕“邮票”这一课题布置了任务。如：邮票的概念和由来、组成要素、种类、邮票艺术表现形式——形状、图案内容、图案绘制的表现形式等。每组领一份任务单，开展收集相关资料活动。由于现在的初中生有较强的通过多媒体来收集资料的能力，又加上进入初中生活后一年多来一直以小组为单位开展学习，他们有较强的合作能力，很快地收集到相关资料。

在这个过程设计中，我是希望同学们能人人参与，合作完成任务。当然大多小组都是会有分配任务来合作完成，不过还是会有个别孩子会有偷懒的情况。以往小组合作的时候，我是按照小组来打分的，同一个小组的同学成绩是一样的。但这次做了一些小小的调整，让组员们一起打分，根据在完成任务中的贡献不同成绩不同。这样能激励那些想偷懒的孩子也动起来。

课堂教学活动过程：

课堂教学中，在老师引导下，由各小组派1—2名学生介绍自己组收集到的资料，在介绍的过程中，鼓励坐在下面的同学大胆提问，让介绍的同学和听的同学之间能有个对话的过程。当然老师也做些补充和拓展。如：补充些邮票要素之一"铭记"的内容，引导学生对世界第一张邮票和中国第一张邮票进行比较等。在拓展方面，提供一组"为孩子们发行的童趣邮票"，如：DIY 填色邮票、DIY 拼贴邮票、魔术邮票、异形邮票、卡通邮票。让学生看到了更多不同图案内容和各种不同的艺术表现形式的邮票，打开了眼界，对邮票有了更全面的认识，也有了想要对邮票有更深入的探究兴趣。

最后以小组为单位对其他 5 个小组的学生在课堂上的表现作个评价，并填好评分表，老师在课堂上对分数高的小组进行表扬，激励他们更好地学习。

这种教学方法是在我以往的教学方法基础上做了很大改进的结果，以往上这类课程时，我会把所有的相关资料做到课件里，让学生看课件，以小组为单位进行讨论、交流、绘制作品，进行评比等。虽然看上去在课堂教学上也是以学生为主，但区别较大，关键的区别是以往的教学方法是把老师获得的知识"喂"给学生，让学生来消化。现在的教学方法是让学生自己去找知识，自己消化，这样把课堂真正让给了学生，使学生真正成为了课堂学习的主人。

这是我作为实验教师做的初步尝试，还有很多不足之处需要改进。当今社会是知识爆炸、快速发展的年代，这一切也给当前的中学美术教学带了许多前所未有的问题，同时也向我们提出了严峻挑战。作为一名新时期的美术教师，应积极转变教学思路，树立新的教育观念，尝试各种新的教学方法。对于当前教学中存在的各种问题要及时觉醒，加大思考的力度，认真寻求解决问题的办法。加快知识更新的力度，科学的安排好教学过程的各个环节和要素，更好的做到以"主体参与"为策略，以"课堂改进"为抓手，以"对话、合作、探究"的课堂文化为指向，让学生化被动学习为主动学习，真正成为学习的主人。

（说明：此项档案材料摘自建平实验中学内部材料"共享·互助·成

长"教师专业发展经验交流会发言稿）

从档案3中的实验教师的分享，我们不难发现此时建平实验中学的部分老师开始营造一种课堂文化，一部分教师勤于积累、勇于探索、养成了爱动笔的优秀习惯。在研讨平台上的开放对话让老师们意识到虽然日常的教学工作琐碎而纷杂，但努力成为一名眼光有高度、思想有深度、生命有厚度的教师应该是每个从教者的责任与使命。老师们感恩自己遇上了一个重视教师发展的好时代，感恩自己拥有建平实验中学的发展高平台，他们不断提升科研意识与文本撰写能力，努力朝着学习型教师、研究型教师、专家型教师的道路迈进。

二、交流展示平台上的延伸对话

建平实验中学在开展全员培训的过程中，重视搭建校际、国内、国外的交流研修平台，以期让更多的教师能够脱颖而出，加速专业成长。建平实验中学注重校际互动交流，扩大辐射效应。充分利用已形成的品牌资源和品牌效应，与国内外兄弟姐妹学校进行多种形式的互动交流，坚持针对性、连续性、有效性、发展性地发挥校际互动作用。对外交流的项目有：香港友好学校交流，台湾教育文化交流，新加坡友好学校交流，女篮国外交流项目，学生乐团国外交流项目等。国内的交流项目也很多，"走进来"的有浙江省台州市名师代培项目，华师大校长培训中心教学考察定点单位，各省市教育考察团等。"走出去"的主要是市内名校交流，课改基地学校交流，参加全国教育学会各学科专业委员会的学术会议等。校内的交流项目有"共享·互助·成长"经验交流会，通过开展"经验介绍"或"同行观察"的交流活动，挖掘实践智慧，倡导同伴互助，培育团队精神，每次推出五、六位优秀教师，教师们或讲述自己的经历，或研究同伴的经验，共同分享成长的经历，互相取长补短，共同成长。已成为学校的品牌研修项目。

【档案4】一路助教一路歌

刚下飞机，我们便被新疆那响晴的天气与炫目的阳光震慑住了！心中不禁感慨：教育是光，带领人类走向智慧的殿堂；教师是光，引导学生步入美好的人生。新疆博州一行，也是一个追光的旅程，追求奉献的快乐、追求自我的蜕变、追求教育的真谛。

助教之旅意味着一场相遇、一次洗礼、一种萌发、一轮撞击，赋予生命以新的索引、新的知觉与新的启迪，我们与当地同仁共铸了博州教育的精彩与辉煌。在新疆的9天，大家分秒必争，废寝忘食：无数繁星点点、万籁俱寂的夜晚，无数灯火阑珊、月挂树梢的清晨，我们如饥似渴地灯下拾豆、眉飞色舞地案前切磋，一对一、点对点的碰撞与交流，不管是沉思的静默还是研讨的激昂，每个人都陶醉其中，乐此不疲。我们感受着志趣情谊的契合相投、团队协作的强大力量与自我更新的幸福成果，我们收获着教育思想的发展、教育理念的更新、教育感悟力的提升。人生中最有力的激励因素不是金钱，而是那些在付出中学习的机会、在责任中成长的机会、被他人所需要的机会以及自己的价值得到认可的机会。这大概就是做公益的魅力吧！每一节授课，每一次讲座，都会发现一束束焦灼的目光、一张张兴奋的笑脸，都会收获一次次等待与倾听，一份份信赖与虔诚。

（说明：此项档案资料摘自建平实验中学内部材料"共享.互助.成长"教师专业发展经验交流会发言稿）

档案4中助教老师的分享反映出建平实验中学的老师作为上海志愿者团队去新疆支教的真实体验，建平实验中学定期选派一些教学骨干、或是赴境外学校短期访学、或是对兄弟学校的教师进行带教，或是面向自己的同行分享成长体会。交流开阔了教师的视野，激活了教师的思想，共享丰富了教师的经验，消解了教师的职业孤独，也对教师成为"研究者"起到了促进作用。

建平实验中学每年举办"建平实验中学杯"课堂教学大赛暨学科论坛，"家长走进课堂"教学开放日等大型展示、研讨活动，邀请学科专家和家长共同参与"主体参与"课堂教学模式研究，以赛事促研修。

【档案5】情景体验式教学法渗透思品学科教学

初涉讲台的我满腔热情，面对一双双求知的眼睛，难免有些许胆怯和紧张。幸好我身在建平实验中学这个大家庭中,备课组的每一位老师都给予了我很多的建议和帮助,他们无私地和我分享自己的经验,在我沮丧担忧的时候给我温暖和鼓励。在前辈老师们的指导下,我的教育教学渐渐走上了正轨。每一节课前,我都精心选取材料,创设情景,让学生们在体验式教学模式下感悟生活、吸取知识。在我踏上工作岗位的第一个学期我迎来了建平实验中学杯教学比赛。

课前我做了充分的准备,根据七年级第四课第一框《现代家庭的物质生活》的内容,选取了近几十年来在我们上海、在浦东衣食住行上所发生的变化,用身边的例子来说明我们的家庭的物质生活条件正在不断改善。同时,在课中我结合学校的宣传板、同学们中的调查数据等等请同学们议一议什么才是科学文明的生活习惯。最后,我创设了一个技能技巧大考场请同学们比一比、赛一赛,看看谁掌握了更多的现代居家生活的技能和常识。整节课内容非常的丰富,图文并茂,课中同学们的讨论也很热烈,特别是最后模拟厨房,关于如何做好番茄炒蛋,先炒蛋还是先炒番茄,大家也是议论纷纷。下课铃响起了,我的心里却总觉得缺了什么。这看似热闹丰富的课堂,真的达到了我的教学目标吗?我创设的情景、运用的数据真的起到了该有的作用了吗?

课后,在区教研员Z老师和师傅Y老师、备课组的各位老师的指点下我反思了自己的这节课和我平日的教学。情景体验式教学是指将教材、教师、学生的情感统一在特定的情境之中,使学生置身于可感知的环境中观察,这样就能较好地从心理上接受正确的道德价值观念,进而自觉地将之内化为自己的行为准则。因此,如何创设一个真实、有效的教学情景是开展"体验式"教学的关键。虽然我结合了学校、社会方方面面的情景,搜集了很多的资料,但是过于丰富的内容却让我的问题流于形式,没有很好地挖掘每个情景背后的价值,过于杂乱的数据和环节之后留给学生们思考的空间并不大。和前辈老师们相比,我找到了我的问题和差距。

在接下来的见习期中,我听取优秀前辈教师们的课,结合教材内容不断地深入思考,尝试创设各种有效的教学情景使学生们在体验中学习,在学习中领悟。在师傅们的精心指导下，在同伴老师们的支持下，我顺利完成了见习教师的培训并获得了优秀学员的称号。

（说明：此项档案资料摘自建平实验中学内部材料“共享.互助.成长”教师专业发展经验交流会发言稿）

以建平实验中学杯课堂教学大赛为例，这一阶段的教学展示活动由骨干教师的示范课转为青年教师的成长课，突出问题意识，淡化比赛色彩，将轰轰烈烈的运动式研讨日常化、平常化。每届赛事，都有中青年教师从中受益，迅速成长，成为学科中坚力量。教师在学生既有经验的基础上，通过搭设台阶和提供工具等恰切的策略实现学生经验的积累、认知的提升。在课堂活动场域中，师生的参与热情越高涨，获得的信息就越丰富、成就感也就越强烈。重视课堂观摩、更重视课前打磨与课后研讨成为“建平实验中学杯”活动的特色，交流展示平台很好地抓住课堂教学研究的本质和方向，呈现出具有对话特质的开放样态，培育了一批优秀教师和品牌教研组。

三、信息技术平台上的自由对话

“工欲善其事，必先利其器”，为了加强教学质量的科学管理，建平实验中学与软件公司合作开发了教学管理系统进行教学质量监控。但是好的工具也是一把双刃剑，工具谁用？工具何用？是值得思考的问题。常识而言，外部压力可以迫使教师达到最低的标准，但很难使他们达到优良的水平。根据内部动力比外部动力更为有用的原则，尊重教师的主体地位，重视教师的专业权力，强调教师的自我诊断与自我调整、自我改进。如同“教是为了不教”、从“他律”走向“自律”一样，教学质量监控的理想境界是教师的自我监控。在使用质量监控工具的过程中，建平实验中学改变以管理者为单一主体的监控思路，确立教师质量监控的主体地位，培养教师自觉进行教学质量监控的意识与能力，根据内容，分层授予教师权限，指导教师自己去分析比较，根据自己任教班级的实际情况进行创造性的分析。教师有了自我监控的意识，他就会主动地去分析、反思自己的教学，主动地去了解同伴的教学，学习同伴的经验。① 这样，学校的教学管理系统不仅是监控教师的简单的工具，而且是教师专业发展的信息技术平台，整个团队共享的教育资源。

建平实验中学还进一步健全和提高专用教室配置水平和使用效率，努力探讨信息技术与教学整合的有效途径，提高课堂教学效率；进一步开发信息技术资源，建立学校网站，为教师提供教学信息，开辟师生论坛，使师生能利用现代技术进行互动；进一步改善、美化教学楼、办公楼、教师办公室、有关专用教室的条件，营造浓厚的文化氛围，体现个性化和人性化的要素。

【档案6】借助信息技术突显学生主体，提高学习效果

曾经看过一篇访谈，对象是埃里克-詹森，他是《超级教学》的作家，也是美国超级营地创建人之一，他相信影响学习的两个核心因素是：状态和策略。“状态”即创造学习的适当精神状态；“策略”代表授课风格和方式。第三个，当然是内容，即主题。而“学习状态”是三者中最重要的。为了打开学生的“学习之门”，我会根据学生的年龄特点，由易到难，精心创设最佳的学习情境，激发学生思维，让学生有话可说。

多媒体辅助教学可把静止的文字变为动态的图像，使教学内容立体化。电脑多媒体的运用关键在于如何妙用、巧用。在“家长进课堂”开放日那天，我上课的主题是“What will I be like?”有关职业的一节课程，我也同样运用一段视频(视频呈现)，学生们个个兴趣高涨，个个主动参与，自然而然地加深了对单词的理解。在区级公开课上，主题是 Travelling in 10 years' time 交通，我只通过几个简单提问作为导入，然后插入了一段歌曲曲调朗朗上口，歌词贴切主题，学生跟着音乐一同哼唱，兴趣浓厚，自然而然打开“学习之门”。在此，我找到了教材内容与教学媒体的最佳结合点。

---

① 李百艳. 从质量监控走向质量自觉[J]. 基础教育，2009，(6)：47.

（说明：此项档案资料摘自建平实验中学内部材料“共享.互助.成长”教师专业发展经验交流会）

平台的改善让老师们意识到信息技术绝不仅仅是一种形式，一种辅助，而是为教与学的方式带来革命性变化。信息技术与课堂教学的有效整合，为学生提供了丰富和个性化的学习内容与资源、真实有吸引力的学习体验。教学设备对教学的影响越来越大，高科技的力量正在日益深入地影响着课堂教学的方方面面，老师们开始对信息技术萌发了更加浓厚的兴趣。

小结：专业导向管理及决策模式的利与弊

项目统领的管理策略，在建平实验中学的发展期起到了非常重要的作用。由于项目管理本身的专业导向，特别是一些优质项目的介入，使得这个阶段的学校发展在专业内涵和教育理念上有了突破和发展。但是，项目式管理作为引领学校发展的一种自上而下的运作模式，尽管在学校发展中起到了很大的作用，由于其本身还是一种变形后的绩效导向的管理机制，因此，对于项目管理的作用也需要一分为二的分析。

首先，从利的角度来看：

第一，项目统领更多的是一种问题决策式的管理模式。引入项目遵循的是项目运作的逻辑，作为项目管理或以项目为抓手促进学校发展，属于重点解决问题式的管理方略。项目的遴选和引入，带有鲜明的问题针对性和问题聚焦性的管理意识。

第二，项目统领更多的是一种专家参与的决策机制。大凡项目都是一种外部植入的方式，这种项目引入学校中，总体上是一种外在的项目推动的方式，一般都会是有着多年经验的专家或高校团队进行了长期研究，有着非常成熟的理念甚至具体实践操作的实施路径的内容，这样，在老师接受这种项目中，主要是依靠专家引领的方式，从理念到实践的不断转化提升的过程。

第三，项目统领更多的是一种理性的或专业化的决策模式。项目的推动作为一种学校管理方略，本身就内含着科学理性，内涵着科学决策的意识和理念。项目工作的方式，一般是先选点试验，取得了经验再予以推广的逐步发展的过程，因此，在项目推进过程中，管理者也是在参与项目研究的过程中，对项目效应的判断有着逐步清晰化的过程，是否在全校推开以及项目本身对于学校是否适合是一种“摸着石头过河”的尝试过程。

第四，项目统领更多的是一种共同体的团队建设方式。行政管理中的对话是践行民主管理理念的一个重要机制。专业管理中的对话是促进教师专业发展文化生成，促进教师专业发展的重要机制。两种管理方式中的对话所起到的效能逻辑上有所不同。作为专业人士的专业活动，本身不能靠“管理”，而更需要靠“治理”。

其次，从弊的方面来看：

第一，项目驱动毕竟是一种外部进入的方式，这种外部进入的方式，不是一种内生的方式，项目引入本质上是外来的，而非本土的。深层次的落地实践需要源于教育教学实践中的真实困境，需要唤醒教师成长的内在动力源，需要来自命运共同体的一致愿景。脱离了校本化实际的拿来主义，即使是最知名的课程专家培训，即使是最优质的课堂模式引入，也会使教师失去向心力和学习力。

第二，项目实施的质量本质上取决于专家的指导力量和教师的接受能力和接受程度，因此，专家水平的不平衡，投入精力的不确定，教师接受力的不同都会带来学校在项目推动中的不平衡。

第三，由于项目统领是专家和科研引领的一种推动发展的方式，其共同体文化与学校行政文化是否匹配，大学文化、科研院所文化与中小学文化之间是否统一，是项目推动中的问题。比如在大班额、课时紧、学业负担重、中考压力大的现实情境中，不同的价值取向使项目在校本建构过程中其逻辑特征和情境适切性遭遇了严峻的现实挑战。

第四，由于项目本身属于专家引领型的，因此，学校在考评教师发展中如何取得平衡，既要关注能力和发展，又要维持组织的基本和谐融洽，这也是项目推动中所遇到的问题。一般来说，在项目推动中的问题，一是教师之间产生分化，接受力强的老师被专家青睐，能够赢得更多的成长机会，自然进步快。另一方面，也有不适应项目引领式的发展的教师，要么游离，要么产生认同危机。如何在繁忙紧张的教学日常中让教师拥有持续的研究热情，如何分层分类地兼顾不同层次教师的差异发展，是项目统领模式不可规避的瓶颈问题。

同时，项目实施的效果往往有着时间上的滞后性，所以，项目管理或以项目为基础的决策本身有着时间的后置性，一般来说，发展比较平稳的学校适应性更好，而遇到多种项目，特别是来自多项课题研究和项目之间在理念、内容、性质都不同时，学校项目统领决策中的零散性和短期性方面就暴露出了问题。

基于人本管理的“专业发展导向”的学校管理模式，如同麦格雷戈的Y理论所主张的，学校对教师充分信任，对作为“社会人”的教师给予足够的尊重，相信他们对学校的感情，对工作的责任心和热情，对自身专业发展的渴望，尽可能地为教师的工作、发展创造宽松的环境，为教师的成长搭建平台，在管理机制上推行民主管理，教师对学校发展、教师专业发展等享有充分的知情权、参与权和决策权，对管理者和学校的决策层发挥很大的影响。然而，人性的复杂对这种管理模式、培训模式提出了极大的挑战，总会有一部分人与管理者的预期存在差距，甚至相去甚远。缺少了绩效评估的过于柔性宽松的氛围，助长了一部分教师的自我为中心的意识，与组织目标发生了的间离，造成了学校的管理漏洞和对积极文化的消解。

“专业发展导向”倡导“专业自觉，自我更新”，在评价上倾向于“发展性评价”，尊重教师的主体地位，热衷于为教师专业发展提供机会、创造条件、搭建平台、营造氛围。管理者信奉的是“海阔凭鱼跃，天高任鸟飞”，但是至于教师能够“跃”多高，“飞”多高，其中有很多的不确定性。比如项目的质量和项目的成果缺少强有力的管理体系和评价机制，建平实验中学“新基础教育”推广性实验项目与大学终止合作，课程领导力项目的无疾而终，就是学校行政执行力削弱的一个例证，因此在不同程度上也影响了学校的管理效率和整体发展。此外，项目管理还存在着两极分化、机会主义、表面繁荣、资源浪费、项目异化等可能出现的弊端。

第五章

治理导向下的对话机制探寻

从“管理”到“治理”的理念转换意味着什么？这种理念的转换将对学校的领导与管理带来怎样的变化？对教育教学实践产生怎样的影响？这是本章所要聚焦探讨的问题。二、三、四章分别从历史演变、绩效导向以及专业导向三个方面对建平实验中学发展演变中的管理形态、领导决策以及利弊得失进行了分析。既分析了不同导向给学校带来的发展和变化以及形成的历史积淀和传统，也客观地分析了不同管理导向的局限性。在前面三章中，我们通过理论与实践、历史与现实、定性与定量相结合的研究方式，透视学校发展的阶段特征，既看到实践对话机制的复杂性，也看到对话机制建设从理论到实践还有很长的路要走。

本书不是对话课题在理论框架下的应然问题的演绎式研究，而是基于治理实践意义上的对话课题的研究，从对话机制建设的可能性、必要性和可行性出发，描述学校发展不同阶段中所孕伏的对话机制建设的过程。其中，有建平实验中学的实践探索，也有理论的推导，更有理论与实践之间的相互转化与建构。对相关对话实践问题进行聚焦式的剖析，从一个实然的具体案例意义上，解释了“对话机制是什么？为什么要建立？怎样建立？”等基本问题。

本章处于承上启下的地位，治理与对话机制的关系探讨，以前面几章为基础，在实践上，既是对前面论述问题的一种延伸和发展，在一定意义上也是对前两个阶段的“绩效导向”和“专业导向”的一种超越。相对于某些研究者针对独白管理而提出对话管理超越科学化和人本化的管理观点而言，在对话机制建设的现实性上，本书中的对话机制是对“绩效”和“专业”的超越，但超越不是“抛弃”，而是“扬弃”。在绩效管理的技术手段、管理工具等方面，并非是没有继承的“断裂式”或“跳跃式”的超越，而是在兼容意义上对前面二者的继承与创新。本章突出治理与对话机制的建立，也是对后续课程教学中的对话以及家校共育的一个引导性的概念框架性的建构。

第一节 治理导向的学校管理转型

“治理导向”区别于“绩效导向”和“专业导向”，在于治理是从整体关系形态上带来的学校人际关系的根本变化。对话实践带来关系思维的变化，治理实践则直接就是一种关系调整。走向治理阶段，意味着学校走向一种新的、更高追求的管理阶段，突出尊重差异、承认尊严、宽容错误、内化价值、认同思想、协商对话、和谐共处等价值概念，本质上是一种生态式的管理哲学与实践的重建。

一、从“管理”到“治理”的转变

“治理”本身相对于“统治”与“管理”，其内蕴着的是一种新型关系理念和操作技巧的变化，其核心关系就是合作伙伴关系，这种关系如果上升为哲学概念则可以追溯为关系理性、关系思维或关系哲学等哲学上的起点。

（一）治理的主要特征

现代治理应该说产生于西方社会，是在西方的市场自由主义、政府凯恩斯主义以及“第三条道路”的背景下提出的。总体上来说,治理相对于管理、统治概念而提出。其理论背景是西方提出的新公共管理理论、政府角色理论以及公共理论重构等。在继市场失灵、政府失灵之后,突出在政府、社会、市场和企业之间形成一种更加多元、更多主体参与的一种新型公共治理关系形态。从产品理论来说,主要是针对公共产品由政府提供这一传统认识,提出了公共产品提供的市场供给机制,但为了避免市场失败,在市场、政府和社会机构之间建立了更多的契约关系。

一般来说,以网络理论、授权理论和社会解释理论为主要理论背景。网络理论认为治理就是由多个主体和组织混合而成的网络;授权理论,顾名思义,即建立恰当的授权机制,包括纵向放权、横向分权两个维度;而社会解释理论则强调治理是一种具有开放、反思特性的沟通关系。某种意义上,后一种理论就是本文所关注的对话机制问题。

就主体关系形态来看,管理概念形成的是管理者与被管理者的关系,在这个意义上,管理关系实际上一种主客关系,其形式往往表现为命令服从关系和冲突对抗关系。从统治的关系来看,也一样是突破统治者与被统治者之间的关系。为此,治理关系本质上是一种合作伙伴关系,是一种理想的关系形态。一般而言,治理或者教育治理,主要具有多元主体、权力多中心性、治理结构的扁平化和组织网络化、机制弹性化这样一些基本特征。

就其涉及的内容来看,一般治理体系由治理主体、治理结构、治理路径、治理功能以及治理体系建构的方式组成;从主体来说,则包括公司治理、法人治理、社区治理等内容。就教育领域中,目前比较多的有学区治理、集团治理,而就实践语境转换来看,则是从现代学校制度的建设向现代教育治理的转变。

20 世纪 90 年代,治理被赋予新的定义,并逐渐与管理、统治区分开来。治理与管理的区别,从目的来看,管理的目的主要是实现既定目标,尤其是绩效目标;而治理的目的则意在通过多元主体的参与和利益协调达于平衡。从权力运作方式来看,管理主要是自上而下的垂直性的运行路线;治理的运行方向是横向的且有多种方向。从运作性质来看,管理的手段一般偏于刚性,以强制性的方式实现预期目标;而治理的手段一般比较柔性,偏于协作分享。就治理与统治的区别来看,一般将统治看做是权威性支配方式,政府单一主体和行政性的自上而下的方式;而治理则是通过利益协调方式来解决。

总之,管理和统治比较重视权力执行,一般短期效率较高,比较适合于突击性的短期性和突发性的公共事务的处理;而治理则更有利于那些触及到多方面的利益主体且是一种长期需要协调的利益平衡问题。比如教育,就比较强调在政府、市场、公民社会、学校、家长、社区等之间建立合作关系,有利于教育问题的根本解决。

(二)学校治理的特点

学校治理,某种意义上,就是一种法人治理。其类型分为学校内部治理和学校外部治理。在法人治理,依法办学,依法享有办学自主权的框架下,学校内部治理涉及到一系列关系的理顺,这些关系包括管理者与被管理者的关系,管理者中层与教师之间的管理、教师与教师以及师生和家校之间的关系问题。在这些关系中,涉及到的治理事项则包括人、事、财等方面的职责权利等关系;就治理的方向则包括横向的权力结构和纵向的权力结构关系;就治理的系统来看,则包括信息、能量和资源的上下和纵横的流向和集聚问题。如果说从管理向治理的转变,本质上是一种资源,包括时空、人与人之间的位置以及价值的重新分配方式的变革,而联结这种关系之间的链条是一种线性的强制的单向输出或输入,还是谈判的、协商的、论证的循环回路,循环递进等,则是治理所需要释放出来的组织发展能量。

而外部治理关系,则涉及到学校与相关主体之间的关系。就学校与政府来说,学校治理一般包括章程办学、规划机制和分权治理等;就学校与社会的关系来说,一般包括学校与具体的当事人如家长、学生以及社会、社区等相关主体的交涉。当然,当我们提到学校治理的时候,除了从治理结构角度进行静态分析之外，还从动态的角度，提出了治理能力的建设问题。由于治理概念提出主要是一种带有价值引导和改革意向的概念。因此，治理研究往往不是一种现象研究，而更多的是一种价值建构和实践研究。就治理的一般概念研究来看，可以说，形成了不同的概念框架，这在前面文献综述中有所涉及，而我们通常意义上理解的学校治理，则包括领导决策体制机制、组织架构和职能以及学校系统与外部系统之间的信息、能量和资源的互动交换机制等方面的内容。

（三）对话治理的定位

从管理到治理的转变，相对于建平实验中学来说，就是要在前期绩效管理和专业导向的项目管理基础上，通过治理概念的引入，实现对绩效和专业的超越。在这个意义上，实现治理的回归生活、关系重构与制度公正的意义和价值。对话作为追求现代化学校治理之境的必经阶梯，其本质是回归有意义的生活，某种意义上是一种生活重建。对话是人们交往的主要方式，缺少了对话的生活是难以想象的，缺少对话的管理一定不是最理想的管理。建平实验中学通过对话机制的建设，探索现代学校从管理到治理的转变，这种转变，在对话主题上，特别重视针对学校行政事务所进行的信息、态度、意见、观点等的口语交流历程，重视管理主体间全身心地创造平等和谐、互惠互利、积极健康、真诚交谈、彼此欣赏的管理氛围。对话双方只有作为有着完整个性、有着独特地位和尊严的人而对话，才能揭开管理的真正奥秘，发现管理的价值和意义。因此，治理本质上是民主合作的，是互利共赢的，是开放探究的，是真诚理解的，是批判反思的，是以互主体性的假设为指向的管理。同时，治理中的对话方式、对话精神、对话资质等学校治理能力的提升，也是学校从管理到治理发展的必然诉求。

学校"对话治理"的本质就是管理者与管理对象之间以互主体性的现实关系为基础，尊重彼此的主体权利，平等对话交流，积极协商理解，促进观点立场的融通，实现人与组织和谐共进的管理目标。对话治理是一种民主、合作的管理方式，具体是指学校管理者与管理对象本着对话理念，充分尊重对话方的主体地位和权利，积极营造开放、民主、平等、合作、共赢的对话氛围，建立教师与领导、学生、家长、专家、自我之间的多元对话机制，开展立体的、多维的、丰富的对话活动，就管理和专业问题，进行交流、诊断、劝诫、鼓励、引导、支持与改进。

前文对建平实验中学在过去的办学历程中出现过的对话已经有所论述，在建平实验中学发展的历史过程中，在课堂教学、教学管理、校本研修、专业团队开展项目的过程中自觉或不自觉地进行的对话，使得很多问题、难题迎刃而解，收到了较好的管理效果，为学校新的发展时期全面推行走向现代学校治理的对话机制建设奠定了基础。

在通常的管理观中，学校负责某项工作的人就是领导，参与同项工作的人是群众。领导与群众的区别在于前者决策、后者执行。他们的关系是决策者与执行者的关系。尽管在强调民主管理的重要性的同时，补充了群众参与决策和反馈评价决策的权力，但只是从决策机制的角度提出关系性质并不会带来太大的实质性变化。应该说，这种关系是管理过程中不可缺少的一面，但不是十分充足的，难以构成“成人成事”价值观为指导的人际关系。若要想使学校工作中每个人能在“成事”中“成人”，那么学校的人际关系应向责任人与合作者的方向更新，而且每个人在不同层面和不同方面，都分别承担着责任人与合作者的双重角色。人们意识到并承担这样的双重角色，学校中的个体和群体的积极性和效率会发挥到可能条件下的最佳状态。实行对话治理首要的是管理者和被管理者角色的转变，管理者要改变管理就是“管人”的思想观念，改变“以权力为中心”的自我意识，改变自上而下发号施令的管理方式，代之以“管理就是促进合作”，“管理就是服务”，“管理要学会换位思考”“管理就是对话”等治理的思想和方法。管理者应该主动向被管理者授权，激发被管理者的对话资质，使他们在拥有权力的同时真正负起参与学校治理的责任。被管理者也要改变过去的被动执行的下属角色，要主动参与管理对话，行使自己的话语权，以主人翁、合作伙伴的姿态主动承担起学校发展的责任，主动与其他主体合作，完成自己的使命。“对话管理导向”强调实现教师与领导的对话，打破原来领导的“自说自话”，在对话中发现教师真实的、深层的需要，通过对话使教师成为责任者与合作者，激发教师的积极性。[①] 在学校建设“对话协商”的议事制度，在规范建设中使各种关系达于和谐与平衡。

二、对话治理的前提和条件

建平实验中学办学 20 多年来，作为亲历者，笔者经历了学校的诞生、快速发展、波折与徘徊到再次快速发展的过程。在这样一个快速发展、波动滞缓以及再次崛起的过程中，影响学校发展的因素是复杂的。走过初创期与发展期，站在学校发展转型期的历史关口，面对现实的困惑，聚焦对话这一课题，回溯对话思想与实践的发展演变过程，发现对话并非一个刻意打造的教育品牌，而是一个从初步尝试、个人实践、群体实践到文化实践，逐步上升为一种学校办学品牌的自然而然、水到渠成的价值追求过程。对话对于学校发展来说，既不是“以一技托全盘”或“以一隅托全盘”，也并非外在于学校的外置或外部植入的话语或观念，而是一个逐步酝酿的基因转变的过程。在这样一个发展过程中，在每个阶段，对话对学校管理与发展产生的影响都是不同的。

在这种长时段的发展过程中，从“绩效”到“专业”的发展背景下，对话课题化过程所处于的不同状态，所释放出来的功能，都有不同的表现。对话作为一种思想，作为一种方法，作为一种价值取向，作为一种自觉的哲学追求，经历了一个从萌芽到内生、到逐步长大进而形成统领学校的领导管理、引领学校文化的思想提升式的发展过程。

首先，社会的前提和学校内部的条件孕育了对话。建平实验中学初

---

① 李百艳. 对话：教师核心素养的本质与未来[J]. 中小学管理，2017，(6)：15—17.

创期有着特殊的社会与教育背景,作为一所公办学校,要实现办学的跨越式发展的定位,抓住机遇,大胆决策,锐意改革,狠抓质量是办学必须解决的问题。管理取向的选择,既有来自学校内部,包括校长的领导风格、不同阶段发展所需要的紧迫任务;也有来自外部的压力和环境因素的影响。正是因为有了良好的开端,才可能有后来的学校办学的管理取向的超越,"叠罗汉式"的学校发展状态。虽然办学过程中有各种发展中的波动、阵痛、停滞,但学校始终能够朝向更加美好的方向发展,营造一种更加积极的、良善的环境,产生一种超越公办初中困境的可能。"对话"与学校的相遇,可以用三个关键词来概括,那就是"绩效"、"专业"、"治理"。就现实的逻辑来看,对话主题是在学校的阶段发展中,在不同阶段背景下的孕育、发展而来的。这个背景既有学校内部发展的背景,也有社会发展的宏观和微观各种变革背景,区域发展的背景。可以说,不同的背景为对话机制课题研究提供的定位和参照,也赋予了不同阶段中对话实践所不同的价值和意义。

其次,课题化为突显主题提供了研究条件。在一个学校具体的真实的发展过程中,对话的在场和出场,抑或离场,都与学校的具体发展情况和条件相关。在这样一个过程中,可能揭示的是一种规律性的意义解释。作为一种常态下的学校存在,一般来说,对话作为一种潜在的可能总是蕴藏于学校管理和教育教学实践中,或者作为一种点状的存在,或者作为一种教师个体的自觉追求,在学校教育管理的格局中也常常是一种局部性的存在状态。对话理性的潜能释放作为一种潜在因素蕴藏于教师的思想中,缄默于管理者的内在追求中,呈现于教师课堂上点滴的自觉实践中,而要放到更大的学校整体变革中,需要基础和契机。因此,对话机制从意识到能力,再到自觉上升为一种引领或统领学校的管理价值和方法、内容与形式、手段与目的相统一的哲学,是伴随着学校发展阶段性特点而出现的。做出这样的判断或实践总结,本身也符合作为交往理性存在的一个先验性的条件。交往理性是人的一种理性潜能,有人的存在,有社会的存在就有着这种交往理性,也可以叫做对话理性,在一定的意义上,是处于被压抑的状态之中的。但一旦有条件和可能的存在，对话理性潜能就会被激发而得到开掘，释放对话理性，本身就是一种组织解放和个人解放的可能，其本质达于自由。

第三，挖掘教育的内在基因为拓展加深对话研究提供了可能。需要说明的是，主体性、对话管理范式、对话理想、协商民主、交往理性等理论预设，作为一种反对独白、反对控制、反对效率主义等的概念，本身具有先进性和理想性。但是，当我们进入每一个实践情境中时，对于每个具体的学校来说，往往对话潜能或对话理性处于一种潜在的可能的状态，绝对没有任何对话基因的学校状态几乎是不可能的。从绩效导向到专业导向、再到治理导向的演变过程中，对话机制的建设从点状到块状再到整体逐步完善，对话以及对话机制所释放出来的功能与文化，诸如平等、融洽、共生、和谐、沟通、协商、参与等，渗透在学校发展的各个层面，包括决策中的对话、教育教学实施中的对话、评价中的对话以及多元共治协商中的对话等。

就个人而言，关于对话的行动研究也是一种从自发的、无意识的状态到有意识的、自觉的追求的状态转变。

第一，学校实际提供了探讨对话机制建设的可能性和可行性。对话机制建设不能脱离一所学校的具体发展情境和发展实际。其中，一个重要的参照维度就是学校发展的阶段特点。良好的愿望不能代替真实的发展现实和实际问题，而任何一种先进的管理理论遇到具体的学校发展时，都会面临着极其复杂的情况。理论的抽象不能代替实践的自觉，更不能代替实践的逻辑。但实践发展本身却需要学理逻辑的支撑，否则，也会迷失方向，缺少实践信念和理性的支撑。对话机制的建立，真实的在某一所学校的应用或实践都不是一件简单的事情，真实的对话机制建设的逻辑往往和不同学校的发展阶段，组织发展中的个人追求，以及组织变革的某种机遇、契机和偶然性相关。它虽然带有一定的不确定性，但在某种意义上，揭示清楚一个学校对话机制建设的实践逻辑，能更好地对对话管理和对话机制建设的逻辑有着一个具体的

理解。

第二，理论的探讨及方法论的选择是前提。就本书所探讨的对话机制而言，在管理学理论中，可以看做是对教科书管理学范畴，即管理沟通的一个提升。在教育管理学中，沟通是管理过程的一个主要内容，在对话意义上来看管理过程的沟通，则是将沟通与理性关联起来预设为“沟通理性”，将行动与“对话实践”关联起来预设为一种目的论行为，作为学校管理变革的一种价值追求。在这个意义上，教育管理变革中的从“沟通”到“对话”是一种全方位的超越尝试。同时，在本书的运思路线中，也是对已有方法论的一种突破尝试，因为理论的自洽不能代替实践的复杂和演变逻辑。

第三，思维方式是理论转化为现实的前提。在已有的对话管理研究中，大多是一种演绎的思路，表现在两个方面：一种演绎的思路是将一种对话哲学或对数种对话理论的综合后形成的关于对话哲学的基本认识，然后，按照应然的方式，将对话理论演绎式的推导到学校管理的各个过程中，包括管理理念、价值取向、目标、过程和评价等环节。另一种则是基于学校管理实践经验，通过对话管理的某种理论概括，以套路的方式套在了学校实践经验上，一定程度上存在着“泛对话”和掩盖学校管理真实问题的可能。但无论如何，这两种演绎方式为我们的研究提供了借鉴和基础。对话机制抑或其他管理模式和理论，其管理理念、方法、工具、框架，是由一所学校特定的、具体的条件所决定的，这也印证了从实际出发，实事求是，具体问题具体分析的基本的方法论原则。理想的对话机制的培育和建立本身也是一种理想境界的追求，是一种价值理性实现的保证。这既有外部提供的环境，也存在基于个体实践信念的内在的对话实践追求。从外在的他律到内在的自律有赖于对话，从他组织到自组织有赖于对话。治理导向下的对话管理，对过去的两种管理导向，不是非此即彼的抛弃，而是一种思维转向的超越。

第四，管理者本身的超越性引领也是重要条件。在对话机制建设中实现超越。在学校管理中，对于一个管理者来说，总是需要处理，诸如刚性管理与柔性管理的关系、行政管理与专业管理的关系、任务管理与知识管理的关系、科学管理与人文管理的复杂关系问题。权变管理的思维往往指引管理者在不同的情境中需要明确先后、强弱、主次、中心与边缘、重点和非重点等策略性选择问题。伴随着学校的生存阶段、发展阶段、转折阶段或再次崛起阶段的演变，我们看到的是各种管理观念、方式、风格的选择和演变。有的学校换了校长后，学校得到了快速的发展，有的学校换了校长后，却未能扭转困局。在新管理方格的分析框架中，不同发展阶段中的管理抉择，所呈现出的组织发展状态往往产生不同的发展结果。就学校现实来看，学校的发展资源是一种有限和稀缺的状态，所有的管理成本相对于每个学校来说，又会产生不同的发展效应，投入产出总是在一定范围内，产生不同的效应。学校发展的不同阶段，背景化和课题化的处理方式是不同的。背景和课题转换为学校管理重心，其合法性与合理性、权威性受学校领导和学校发展状态的影响。作为对话管理或对话机制的课题，往往在每个学校潜伏着、存在着，是否从背景中突出显示为课题，则看学校发展的内外部条件，这可能是"阶段"在对话机制建设中所具有的背景效应和课题化效应的价值。但是，决定一个学校发展阶段背景中所显示出来的课题能否凸显出来，往往会受到来自外部和内部、个体和集体、必然和偶然、直接和间接等各种因素的影响。有时候，也可能是一种"场域"下的"相遇"。

因此，对话治理的前提和条件，至少包括上述分析中所提到的，诸如对话治理的萌芽状态、方法论的前提、理论储备以及实践尝试的勇气等，既有主观条件，也有客观条件。

三、学校治理的实践框架

目前，学校治理相比政府其他领域的公共治理显得非常薄弱，大部分学校治理意识欠缺，缺乏对教育现代化大背景的观照，跟不上教育现代化的步伐，为数不少的公办初中办学治校还停留于传统的经验主义管理阶段，学校难以走出当下的办学困境。近年来，在集团化办学、学区化办学的推动之下，部分学校的管理形态开始有了变化，露出了现代学校治理的端倪，但是学校领导对治理的内涵、治理的机制、治理的效应缺乏清晰的认识，更缺乏可操作的路径。

（一）学校治理的价值取向

从社会解释理论角度出发，治理本质上是一种沟通关系的营建，也就是本书所强调的对话机制建设与治理具有一致性。而就对话沟通关系意义上的治理，其价值追求、价值选择、价值取向都可以看做是一系列价值词汇的排列，诸如：平等、尊重、信任、包容、合作、承认、协商等等。从学校由管理到治理的转型来看，当前学校管理变革的发展走势，是从封闭到开放，从行政到专业，从自上而下到上下结合，从结果到过程，从控制集权到民主协商等带有现代价值引导下的整体形态的转变。

第一，开放性。治理的弹性和多元性的特征，决定了走向治理的学校办学一定要开放办学。这种开放包括内部的开放和外部的开放，所谓内部的开放，改变的是单向度的信息传递方向，对于学校来说，不仅是信息传递的问题，更多是学校领导的风格、管理策略和运行方式的变革。作为对话本身的灵动性所要求的动态开放性，是对话管理相比于其他管理概念的不同之处。只有在动态开放的过程中，对话才能保持新鲜的活力，对话才能持续下去，不断生成意义性和价值性。

第二，动态性。治理既然需要的是弹性，实际上突出的是学校办学的复杂性和面对外部环境变化所能够产生的灵活性和权变性。学校面对日新月异的社会发展环境变化，包括政策环境、利益环境、信息环境、资源环境等等，已经不同于过去的比较稳定、刻板和稳态的现实，更多的是一种变动的环境，因此，学校治理本身就需要有动态调整意识和能力，这是治理能力中应有的一个基本内容。

第三，多元性。治理的本性是因为利益的多元所导致的差异性。利益多元是由价值差异、文化差异、观念差异、趣味差异等多种差异造成的。

因此，治理本质上是多样性的统一，是一种生态意义上的协调和归位，多元性是治理应有的基本内涵之一。对话机制建设本身的交互性，决定了对话机制建设过程是一种互动共生性。互动式对话的基本样式、网络化的互动形式是保证对话机制建设中所需要的生成性的功能，在互动中实现不断的意义增生，在意义生成中达于人与人之间的共生，走向共同体治理是对话管理机制的本体价值。在这个意义上，克服初中学段目前处于过度的竞争和甄别的功能，而促进一种共存与共生的状态，才是根本上解决初中困境的一种出路。

第四，对话性。作为教育本质性存在的治理本身就具有内在的对话性质。正因为教育是在人与人的交往中发生的，而对话是人类交往的基本方式，因此，教育从产生之日起就须臾不能离开对话，教育活动主要是通过对话来实现的。苏格拉底的"产婆术"也是对话，他的教学法本质上是一种师生通过对话平等辩论以揭露矛盾、克服矛盾、最终获得知识、发展能力、催生智慧、提升精神境界的教学方法。人通过对话理解他人、理解世界、也能更好地理解自己。一个人的对话质量常常决定了他的生命质量。① 缺少了对话的教学如同缺少了对话的生活一样，都是难以想象的。因此，就治理与对话关系而言，可以说，没有对话的治理是空泛的，没有治理的对话是盲目的。无论是政策上、理论上还是各种价值定位上，都需要公办初中办学者必须在自己的办学管理，特别是文化建设中吸纳治理的理念，引进生态的观念，站在文化高度，适应角色转换，关注人际对话。治理的对话性和对话的治理性本质上是一而二与二而一的关系。只有一个具有自育能力的人，才能最终创造教育的新生活，对话的根本还是聚焦于自我对话。外部对话收敛于自我教育意义上的反思性个体的存在假设，建立一种基于自我对话的内部性的自我反思机制，是促使人、促使生命个体不断创生能力的有效机制。

---

①　李百艳.对话：教师核心素养的本质、传统与未来[J].中小学管理，2017，(6)：15—17.

【档案7】让我们携手建设命运共同体

无论一个单位，还是一个人，成功、成才的基本前提是树立正确的价值观。一个学校办学首先要有价值追求，尤其作为培养价值观形成阶段的初中生的学校，正确的价值取向对于端正办学思想，发挥育人功能至关重要。今天，我来解释一下我校的核心价值观"建德建业，惟实惟新"的内涵。

首先说"建德建业"。教师的职业是立德树人，建德建业就是立德树人目标的具体落实。教育的使命就是育人，育人可以有多种维度，但是"品德"与"学业"是两个基本的维度，作为建平实验中学的老师一定要在教育教学中重视学生品德的培养，但同时还要培养学生的能力和素养，既要教学生做人又要教学生做事，努力促进教学生求知成才，既成人又成才。"德"与"业"既是指向学生培养的，也是指向教师发展的。"学高为师，身正为范"，习总书记提出的"四有教师"，就是强调教师既要有高尚师德，也要有建功立业之志、之能。教师要通过言传身教来培养出有正确价值观，高尚道德情操的学生。

再来说说"脚踏实地育真人，千方百计创未来"的办学理念，这两句话和核心价值都是对学校历史的传承与发展。从首任校长提出的"脚踏实地，异想天开"，到第二任校长提出的"脚踏实地育真人，异想天开创未来"，到第三任校长提出的"一切为了学生健康、主动的发展"，我们的办学理念几代人一脉相承，办学实践弦歌不辍。学校的办学价值追求一定要敬畏历史，也要尊重现实。今天，我们学校由当初应运而生的宠儿到回归常态化的办学，受到民办学校的挤压和"掐尖"，在后绩效工资时代面临种种困境和困难，但是只要我们肯想办法，能够千方设百计，我们就会有各种各样的办法培养出人才，甚至培养出更多的人物。我们不能拘泥于传统，要打开思路，我们既要在稳定中求发展，又要通过发展来求稳定，没有发展就不可能有长久的稳定。今天的办学困境重重，但压力也是挑战，因此也充满了无限的希望。

我们要在核心价值与办学理念的引领下，把建平实验中学办成一个命运共同体，何为共同体，一个组织就像一个人的身体一样，每个器官、每个系统都是紧密相关、互相影响的。每个人都是有尊严的，每个生命都值得被尊重，我们要建立一种彼此尊重、彼此欣赏、彼此担待、彼此谅解、彼此体恤、彼此扶持的人际关系。在这个命运共同体里，每个人都各司其职，每个人都是他所在岗位的第一责任人。这样才能群策群力，才能够把学校办好，也才能与时俱进，不断创新。

既然是共同体，就要休戚相关，荣辱与共。人与人之间就要多对话，多交流，多沟通。要营造一个良好的教育生态，开放性的人文环境。学校领导要同干部对话、同老师对话，同学生对话，同家长对话，建立一个对话体系，对话网络。使每个人都觉得被尊重，都有归属感，每个人在学校都感到有价值、有意义，都把自己当作学校的主人。老师的状态对了，学生就会学习动力充足，生机勃勃。这样就会建设一个和谐的、融洽的、多元的人际关系。在这种和谐融洽的人际关系氛围下，人与人之间就会形成合力，建平实验中学就会成为一个"生命共同体"，一个用爱建设的共同的生命家园！

（说明：此项档案摘自建平实验中学内部材料教工大会校长讲话记录）

通过档案 7 我们可以看到建平实验中学在学校规划上的顶层设计，具有鲜明的价值取向，核心价值与办学理念中呈现出的价值取向与治理、对话倡导的价值词汇具有一致性。从中可以看出，建平实验中学已经基本具备开放性、动态性、多元性、自育性等具有现代价值意蕴的现代学校基本特征，呈现出走向治理与对话机制建设的学校文化新生态。

（二）学校治理的关系重构

学校治理在学校管理变革的意义上，主要是改变了传统学校的管理者与被管理者之间的关系形态。学校治理要成为现代学校的理性选择，必须在关系上进行重新定位。在这个意义上，学校治理实践本质上是一种关系重构的实践，是组织形态意义上的关系发生变化的实践。

从教育内部来看，作为组织而存在的学校，与其他组织具有很多相似的特性,但学校又是一种特有的、极其复杂的社会组织,具有独特的组织个性。学校与其他组织最大的不同之处在于学校的主要职责是教育,所从事的是人力生产。相对而言,学校组织的专业化特征要强于行政性特征。教师作为学校专业化组织的专业工作者,拥有相应的专业自主权。学校管理者应充分尊重专业人士的专业自主权,要让专业的人做专业的事,要把专业的事交给专业的人去做,不能以简单的行政命令来处理复杂的、特殊的专业性问题,不能以单向度的行政命令取代多边多元的专业研讨,不能"以权压人",要更加注重人本化管理、心本化管理,走进管理对象、教育对象的心灵,创建有利于教师充分参与管理、发挥专业能力,有利于学生与家长积极互动的机制。

从教育外部来看,在现当代以及未来很长的一段时间里,由于现代性所导致的世界快速变迁、变化的激烈程度以及随之而来的各种关系断裂的流弊,使得人们之间的对话常常处于"断裂"的状态。都市里人与人的空间距离越来越近,然而相互的理解与共识却变得越来越难。"我"与他人的关系和"我"与客观世界的关系都变成了一种主体对客体的认识和利用的关系,一种征服与被征服、改造与被改造的关系。这种建立在传统的"主体—客体"对立基础上的关系导致了人与人、人与自然、甚至人与自我"对话"的"断裂"。在时代的问题以及诸多复杂因素的影响下,学校的教师与各种关系之间的对话也出现了类似的"断裂"现象,近年来又普遍面临后绩效工资时代的文化重建、管理机制重建、人际关系重建等问题。①在这样的背景下,充分体现主体间理性沟通的学校治理变革,根本意义在于形成组织中人与人之间的对话关系,进而彰显对话的平等关系、尊重关系、合作伙伴关系应有的对话实践的张力。

(三) 学校治理的制度设计

对话机制虽然特别关注的是流程和规范建设,而治理的核心除了行

---

① 李百艳.发展中的教师校本培训模式[M].上海:上海教育出版社,2018:137.

政管理意义上的管理者与被管理者关系的理顺和调整之外，主要是聚焦于专业治理的机制建设。其中，引导教师参与和主动投入是对话机制建设本身所具有的发展内涵，也是学校制度建设的基本内容。就制度设计来看，需要关注的是以下几个方面的内容。

第一，领导决策的体制机制建设。设立良好的民主决策体制，建立良好的领导体制，保证学校治理的基本制度框架。建平实验中学在治理的理念下定位机构的职能，确保程序到位、流程规范、形式公正、实质合理，积极追求理想的领导决策体制。建平实验中学坚持依法办学，积极创建依法办学示范校，制定学校章程，推进民主管理。充分发挥教代会的参与监督作用、校务会的决策作用与行政例会的协调作用，认真贯彻落实“三重一大”的有关规定，并在此基础上进一步完善部门管理制度。在发挥好“老三会”的集体决策、工作协调、告知沟通重点工作的同时，定期通过召开交流会、座谈会、听证会“新三会”，开展调查研究，倾听民意，集思广益，引导教师积极参与学校管理。很多敏感的工作如绩效奖励增资均顺利完成，群众满意度高。

第二，广泛参与的制度设计。多主体参与是治理的主要特征，理想的治理境界是尊重并维护每个人的主体地位，促进组织成员积极参与、群策群力，使每个人都能主动承担学校的事情，而不是把事情推给校长一个人或几个部门领导，当然更不是领导把事情“甩”给基层的老师，自己或袖手旁观、或指手画脚。建平实验中学内部治理追求的是“人人有事做，事事有人做，人人爱做事，事事都做好”，每个人都是组织当中重要的一员，人与人之间是相互关联的对话人，是相互扶持的好伙伴，是休戚相关的共同体。即便是有了分歧和误解，也能够经由对话，达成共识，走向共治。就如同杜威所说的“如果双方凭借理智方式，交换意见，剖析利害和进行理性的探讨，就会使误会瓦解，相谅相助，化干戈为玉帛，取得和衷共济和合作共进的结果。”①建平实验中学充分利用多种管理工具，如校园网公开

① ［美］约翰·杜威. 民主主义与教育［M］. 北京：人民教育出版社，2001，(5)：13.

电子信箱、青苹果信箱、工作计划“两上两下”制度、方案策划规范、听证会、复议制度等多种决策、执行、改进制度，实现救济渠道的畅通、沟通机制的建立，发挥公共性的、应有的开放参与功能，释放出制度公正和制度公共性的治理价值和公共理性的共识潜能。

第三，议事规则和议事程序的设计。建平实验中学注重工作的科学性，作为校长，笔者大力提倡“四常”和“四精”管理，“四常”是指管理中尊重常识、形成常规、保持常态、葆有常心；“四精”是指开展活动要精心策划、精致实施、精彩呈现、精品打造。对工作的各个环节，进行多种流程设计，定标准，讲回环，求反馈，重跟进，培养规范、科学又开放、创新的工作方式，构建效率与活力兼具的组织文化氛围。

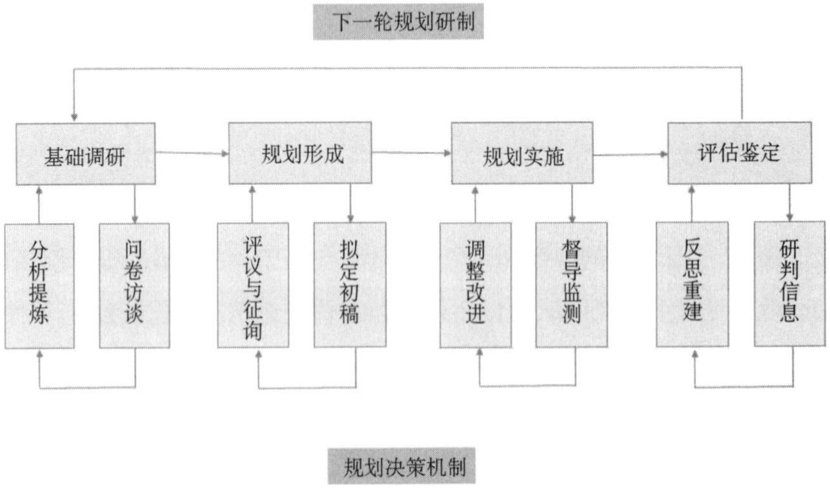

图 5.1.1　建平实验中学规划决策机制图

上图是建平实验中学规划研制的动态机制图，从中可以看出，决策过程流程清晰、把握关键，有结果导向的闭环决策思维，也有循环往复的生成决策思维。决策过程中对议事程序的规范性与对话的开放性有机统一，使决策更优化。这样的规划机制建设，不同于领导自己想规划、委托公司“买”规划、专家代笔写规划的简单的规划制定方式，更主要的目的是放大规划过程的共识凝聚的价值，并在这个过程中，不断地扩大参与、论证、认同和宣传等治理效应。

第二节　基于交往理性的对话决策模式

"群策群力"常常用来概括组织的团结力与战斗力,群策就是一种管理文化。实现群策群力需要建立一种共同谋发展的机制。通过行动研究发现,这种共同谋发展的机制有赖于对话机制的建立。通过对"领导裁决式"和"项目统领式决策"模式的研究,可以看到在基于科学理性的绩效导向的控制决策模式中与教师专业发展项目引领中所形成的团队实践探索,都蕴含着理性对话的潜能。只不过这种理性潜能还是一种科学主义的外控型的工具理性而已,这个时期的工具理性以主客思维方式为主导,强调控制和目标导向,以提高效率和效能为导向,在规范建设和教师发展方面有着高质量的效果。

在学校经历的三种决策模式中,理性对话决策模式是一种新理性决策模式的探索,它是一种基于交往理性的对话机制建设基础上的决策模式,其理想状态应表现为一种文化生成导向下的管理生态的更新。在人与人的对话过程中,所形成的交往理性是不同于以往的任何片面的理性,而是包容了认知的工具理性、实践的道德理性、表现的审美理性的整体理性。交往理性的价值合理性就在于它是真、善、美的统一。所谓交往理性的真,是指教师交往主体双方对客观事物的陈述必须符合其本来面目及其内在的规律性。理性商谈的过程是程序化的、形式化的,在交往模式得到实质性价值认可之后,主体间按照程序步骤而行事就是合理的。理性商谈所要达到的目的与结果就是主体间在分享共同利益基础上达成共识与理解,以及一致性社会正义概念的获得。对话与商谈的行为方式不但加速生成了人们的反思与批判精神,而且透过理性的言说达成了主体间的共同接受与一致协议,形成了社会生活里的协作与团结。共通、合作与团结是生活世界合理化与社会伦理秩序形成的重要因素。真理往往体现于主体间持续不断的对话过程中所达成的共识,如同苏格拉底认为,真实是通过对话的展开而实现的。对话的一方作出陈述，另一方提出怀疑与反驳，前者对此提出理据辩护，在矛盾的不断展开过程中，人们意识到自己陈述内容的局限性，并加以修正。当双方都没有诘问之时，也就是对话的终结，对话所达成的一致性结论才是真实、正确的。当代思想家哈贝马斯也主张真理共识论，认为真实是“话语主体通过语言交往而达成的共识”。真实与真理的检验尺度是主体间性。人们通过情理沟通与理性商谈达成了理解与共识，克服了普遍性伦理原则形成的困难。主体间对话的必然归宿是人类自身完整的理性能力施展的结果，主体间依据交往理性进行商谈与对话的过程，是主体不断打破封闭的自我，走向主体间的过程。

一、对话决策模式的特点

建平实验中学的初步实践表明：只要有着对话的萌芽和种子，就可以基于种子和萌芽将对话启蒙扩展为一种释放潜能和具有解放力量的学校变革能量；只要校长能够主动作为对话的理解者、文化的引领者、研究的推动者以及对话的践行者，确立这样的角色定位，在治理意义上的管理决策模式即对话决策模式的探索就有可能不断推进，作为实践理性的交往理性的主体间性就不是一种理论假设的乌托邦。而作为教育基本形态的对话，本质上也是一种家庭、学校甚至社会达成教育共识的机制。这些改革的预想和预设表明，在功利主义弥漫的教育环境中，过度的竞争关系不利于学校生态的良性发展，公办初中普遍面临的“掐尖”问题、“减负”问题、教师的生存压力与职业倦怠以及家校冲突等问题，只有通过全方位的利益协调的对话机制的建立，才有望走出当前教育改革中的“悖论”和“误区”，达到治理的理想境界。

在当前公办初中生态环境恶劣的背景之下，要将教育现代化的教育治理理念落实到学校的办学中去，最具可行性的现代治理文化生成的路径就是对话机制。对话是一种现代学校教育教学文化所需要的取向，也是现代学校治理文化所需要的取向。“在对话中，通过对话，并且为了对话”的表述方式，意在实现手段与目的、过程与结果、绩效与专业的关系统一的对话治理文化之境。初中学校文化变革中的自我超越和价值更新，建设学校文化新生态都离不开对话，离不开对话机制的建设。

当然，对于学校的不同发展阶段，同一阶段的不同学校工作部门之间，不同组织的人员之间，学科之间都存在着不同的发展状态，对话机制建设的程度和深度高低不一，也存在着认识理解上的深浅不一和现实中的不充分不平衡问题。但是，对话机制建设的意义和价值，作为治理功能的对话机制则是本书始终追求的主题。就所论及的主题而言，借鉴的是交往理性的概念，探讨的是对话决策模式，之所以定位于决策模式的改变，是因为就学校治理格局的演变来看，达于治理之境界，首先应该从决策模式的变革开始。

（一）交往理性的治理潜能

交往理性是相对于工具理性而提出的批判性概念，一般认为是德国哲学家哈贝马斯所提出。交往理性作为一种回归生活实践，弘扬实践理性，探索克服交往异化，进而实现达于理解和共识的交往理性，是交往行为理论的核心。交往理性的概念对社会科学界产生了很大的影响，也为治理提供了理论拓展的空间。哈贝马斯认为，哲学的论题是理性。虽然他也同意工具理性给人类带来的异化的问题，但他不否定理性的价值，相反，认为现代性的拯救之路，依旧需要理性，还特别提出了交往理性的概念作为一种发展现代性的启蒙之路。针对现代化过程是一种理性化过程，而这种理性化过程带来的是一种工具理性的异化导致意义丧失和自由丧失的韦伯式的判断。哈贝马斯提出了交往理性的课题，并且建构了一个庞大的思想体系包括生活世界理性化的理论、公共领域的转型理论、晚期资本主义危机理论、商谈伦理与话语政治理论等等。概括起来说，交往理性概念或交往合理化的旨趣，在于拯救现代性，诊治意识哲学的病因以及在语言哲学转向框架中，以其普遍语用学为基础，构建了其交往行为理论。所谓交往行为，是指至少两个行为者之间通过符号协调，以语言为媒介所达成的相互理解和一致的互动行为。这种行为是区别于目的行为、规范调节的行为以及戏剧行为。以交往行为概念构建的交往理性是个综合性的概念。交往理性可以分解为理论理性表达的真实性，实践理性表达的正当性，审美理性表达的真诚性，因此，交往合理性包容了理论理性、实践理性、审美理性，是一种三者相互关联的完整理性，是一种合理性。

如果说哈贝马斯用分化程度的高低来透视社会演变的话，通过类比推理可知，一个学校在其发展过程中，组织理性也必将从理性分化的程度较低向理性分化程度不断提高的趋势发展，在这个意义上，借助于交往理性概念可以看做一个学校对话能力和对话文化建设的一个抽象原则。同时，也可以看做是一个学校治理能力和治理自觉的一个内在尺度和标准。哈贝马斯提出交往合理性或交往理性概念包含了三个层面的关系："第一，认识主体与事件的或事实的世界的关系；第二，在一个行为社会世界中，处于互动中的实践主体与其他主体的关系；第三，一个成熟而痛苦的主体（费尔巴哈意义上的）与其自身的内在本质、自身的主体性、他者的主体性的关系。"[①]简言之，交往合理性包含了主体与客观世界关系的合理性、主体与社会世界关系的合理性、主体与自己和他人的主观世界的合理性。交往理性以主体间相互承认的有效性要求为取向，其标准在于兑现命题真实性、规范正当性、主观真诚性、审美和谐性等有效性要求所使用的论证程序，不同有效性的论证理由和层次是不同的，论证逻辑也是不同的。而这种论证结构本质上就是一种交往结构，也是一种对话互动结构，也是一种语言互动结构，与其普遍语用学所要求的达于理解和一致意见的真实性、正当性和真诚性有效要求是一致的。这种基于普遍语用学的语言有效性澄清方式，意在突破语言意识形态所导致扭曲性交往，意在克

① ［德］J. 哈贝马斯（J. Habermas）著，陈学明等，译. 通向理解之路：哈贝马斯论交往［M］. 云南人民出版社，1998：16.

服生活世界为工具理性和系统殖民化而导致的系统危机,意在克服现代性仅仅停留于意识哲学的主客思维范式下,意在突破传统的符合论的真理观以及重建公共领域,建设民主政治的理论抱负。

由于哈贝马斯理论广博庞大,对其理论学习还处于不断深化的过程,因此,这里借助于其交往理性概念,阐释对于现代学校治理和决策所能够起到的启示性的价值。将交往理性与其公共领域概念相关联起来,比较赞同的定义和理解是指向于公共领域中,人们可以就有关公共利益和影响人们生活的社会规则进行讨论,在讨论中,人们不必求助于传统习俗和教条,也不屈从于政治强权,规范和合理性是通过自由辩论和理性反思解决的。正是因为在公共领域中的交往论辩生活中,能够看到交往理性潜能释放的可能,而作为教育,本质上已经不是私人事务,更是一种公共事务,因此,在教育作为公共事务中是否可以由交往理性引导而建构一种具有解放价值的教育公共事务的公共理性,树立公益理想,拯救因社会异化而带来的教育异化问题,是本书关注交往理性的一个现实理由。

第一,交往理性提供了塑造公共精神空间的可能。彰显对话文化,基于对话信念基础上的对话精神的塑造,建构文化认同的对话机制,在开放的、尊重差异和多样性的治理结构中,在超越的意义上,用交往理性兼容工具理性,用主体间性思维兼容主客思维、用"我—你"关系兼容"我—它"关系,这既是一种对话精神所形成的文化更新,也是一种释放对话的教育价值,进而与教育内在的交往、对话尺度相一致的一种有机统一的过程。

第二,交往理性带来的是领导者个人对话意识的强化。对话精神是缄默在领导者个人身上的,对话管理需要发挥对话者或对话当事人个人知识的缄默化潜能,在学校管理生活场景中,以同理心唤醒个体交流的内在冲动,以及释放自我潜能和达于自由的解放力量。在对话管理的组织学意义上,它关注的是对话精神在群体意义上,在组织文化意义上的状态变化,因此,在这个意义上,对话不能像项目一样引进,而必须有着内在的生长的可能性。由于有着自身对对话的内在追求并将对话作为育己自牧的体验,又在自己大量的教学实践中践行这一理念,实践这一原则,因此,笔者自带着这种对话的内在诉求走上领导岗位，是无法摆脱这种对话基因的。对话机制不止是一个人的机制，更应该转换为覆盖全学校的对话机制。

第三，交往理性释放的是多种价值空间。在对话精神引领下，与对话相关的一系列辅助性范畴诸如协商、合作、分享、尊重、差异、多样性、关系思维等等，此类价值范畴引入学校教育管理场景中，不但对教师有着较高挑战，而且对于基于对话精神的教育领导来说，自然进入道德领导的范畴、以德治校的自然的逻辑。但是，对话需要前提，对话需要条件，对话需要规则，对话是高质量生活的必备条件，因此，对话需要能力。尤其是在专业性组织中，组织效率对于对话的要求就有着内在的伦理要求。因此，有质量的对话，包容着多种核心价值的对话管理是对话管理文化生成的价值前提和价值预设。协商民主是对话管理的核心价值追求，而对话管理的协商性，则要求管理过程的开放性，同时，对话更加关注的是过程。在这个意义上，对话教育管理哲学的旨趣在于回归生活。回归生活世界、回归意义世界、回归人们能够达于先验约定的价值预设的理想对话情境创设，就需要有人先走一步，在这样一个过程中，在开放性的环境中，对话对于当事人来说，是相遇、是卷入、是唤醒、是自觉。因此，对话管理是一种持续的过程，对话管理更关心过程，是在过程中，通过过程并且为了过程的对话，对话关系的形成必须是在持续的开放性的环境中，通过过程生成出的对话关系。

第四，交往理性提供了理解和形成共识的可能。在具体办学情境中，对话既然是一种过程且开放，那么，要不要有共识？如何看待共识？对同一的共识还是对差异的共识？对结果的共识还是对过程的共识？相对主义意义上的价值虚无共识，还是绝对主义意义上的价值同一共识？这是对话哲学所需要思考的一个内在的悖论。基于对话管理意义上的考虑，共识是必需的，但是，共识又可以细分为重叠共识和差异共识；并且对话中断本身是一种价值开端的话，就可以有形式和实质的区别。对于学校的文化价值来说，组织文化意义上的对话机制，本质上就是一种共识机制,对教育的共识、对人生的共识、对专业的共识、对生活的共识,在工具行为、个体主义、功利主义面前,尤其是对于作为公共事务的学校教育来说,是一种真实的需求。阶段性共识作为权宜之计,也是一种理性的选择。和谐是建平实验中学的办学关键词,也是社会理想模式。关系思维以及"我—你"关系的建构,是对话所要实现的人际关系和谐、融洽所需要的境界。这种关系融合是一种合情、合理、合法的情境交融,是理性与感性的有机结合,是现实与理想的有机统一。在学校场景中,教师与学生、学生与学生、教师与家长、学生与家长、管理者与教师等都无时无刻不发生着多重的、复杂的人与人的交往关系。伙伴管理作为克服传统管理模式中所形成的命令服从关系、冲突对抗关系、管理者与被管理者的关系、甚至是教育者与被教育者的关系等等,都需要对话融合关系的超越和为其他关系化解,尽管冲突在学校发展特定时期具有一定的正面功能,而对话也许在某些意义上存在着一定的效率不高的可能,但是,对话最后所实现的合作伙伴关系,是对效率意义上的真正超越,是构建人类命运共同体的大同理想的可能路径。尽管我们仅限于组织意义上的关系探讨,但这种管理取向所蕴含的追求,却让我们看到天人合一的境界在具体学校组织境界中实现的可能性。

(二)对话决策模式的特点

管理决策是学校基本的运行机制。以建平实验中学几任校长的管理风格为依据,结合参与对同行的观察,在第三章、第四章以及本章,大致将领导决策类型概括为以下几种。

一种是领导裁决式决策。俗话说,一个好校长,就是一所好学校。在学校办学过程中,校长对一所学校起到的作用巨大,某种意义上,一个校长的优势就是一所学校的优势。同时,一个校长的缺点也可能就是一所学校的缺点。领导裁决本质上是一种魅力型领导,是一种克里斯马型的决策风格,突出的是英雄治校的特点。

另一种是目前普遍流行于学校决策中的项目统领式决策。这种决策方式是一种外部驱动,或主要以实验方式,推行某种新政,一般不是直接内嵌于学校组织主体内容上的改革,而是以项目形式或课题化策略形式,逐渐渗透、慢慢扩散的一种决策模式。这种决策模式是一种渐进式的决策,比较中庸,比较缓和,不是一种疾风暴雨式的变革。相对于学校处于常态和稳定状态下,一般大多数学校多采用这种决策模式,但是,这种追求共同体模式的决策机制,在面对学校办学的棘手事件和诸如质量滑坡等刻不容缓的生存意义上的问题时,力度和产生的影响效应就相对较弱。

而第三种决策模式称之为理性决策模式。这种理性决策模式,与下面阐述的交往理性决策模式并不相同,甚至有很多是相反的,更多的是一种工具理性模式。比如,在研制学校发展规划的意义上,我们可以利用科学理性进行科学规划,但是如果把规划机制作为一种凝聚人心、放大过程价值、促进共识形成的规划机制,这时候就有可能将工具理性意义上的规划研制过程转变为交往理性意义上的规划研制过程。在这个意义上,交往理性决策模式可以大致有以下几个特点,即“基于平等,经由对话,达于理解,形成共识”。

基于平等。纵观建平实验中学不同时期不同管理导向下的决策模式,相比于绩效和专业两种以结果与能力为基本有效性准则的管理导向,强调的是外在标准和能力为本、效率导向的工具理性和工具行为倾向。而交往理性决策模式的前提则是以尊重为准则的、人与人之间平等的关系为基本有效性标准,这种有效性标准是对话开展的前提性条件。也可以说,交往理性决策模式是一种倾向于道德治理和道德领导的基本决策方式。所以,尊重人、尊重人的人格尊严、基于人与人之间的自然平等原则是交往理性决策模式的前提条件。

经由对话。在对话中,通过对话,并且为了对话,可以将这种决策模式的特点概括其中。这种对话过程本身所蕴含的真理性原则、美学性原则和伦理性原则。具体展开过程则是有一系列的论证、商讨、协商、辩论、解释、辩护等一系列环节保证的,经由对话的过程本身就是一种语言论证和语言意义的增生和视界融合的过程。为此,经由对话所实现的是将对话在结果与过程、手段与目的、形式与实质、主客与主主的关系的有机统一。

达于理解。语言交往和对话的目的是达于理解。而阻碍交往顺利展开,导致虚假意识和错误产生的根本原因就在于误解和难于理解。交往理性决策模式之所以突出对话决策的功能和地位,就在于对话是达于理解的根本之路,真正要达于理解,没有充分性和反复性的对话是很难想象的,只有在不断的语言阐释和互译中才能达于理解。

形成共识。交往理性所蕴含的共识真理观,根本意义上改变了主客思维模式下的符合论真理观。即便这种共识是暂时性的、临时性的,还是重叠性的,但在实践意义上,从对话理性的目的和结果来看,共识是最重要的,靠外在的权威性或资源性的共识或认同,与靠内在的内生的自觉意识到的共识,其对组织和个人来说,意义非凡。主动性和投入性以及合法性的论证成本就显得非常低,对于学校组织的文化形成和执行力都有着不同于建平实验中学前两个阶段绩效和专业的功能和效果。显性的是一致性意见的形成,隐性的是一种缄默性的认同文化和理性化生活实践智慧的形成,是超越性的共识机制的形成。

(三)对话决策模式的治理效应

针对上述三种决策模式,本书提出并且在实践层面践行的对话决策模式,意在综合上述三种模式的优点,在互补的意义上,将一种外在化的工具性的决策模式,改变为一种基于交往理性、释放对话潜力的治理决策模式。基于前面的论述,在治理效应的意义上,区别于前述三种管理决策,对话决策模式在以下的几个方面可能产生治理效应。

第一,潜能释放。对话决策模式,除了在结果的意义上,达成共识性的决策成果之外,最主要的是在组织文化意义上,释放一种理性决策的潜能,提供一种决策合理性和合法性的论证过程所释放出来的理性潜能,这种理性潜能不是工具理性,不是策略行为,而是交往理性和交往行为释放出的多主体参与的机制潜能效应。

第二，能力提升。在对话中，通过对话，并且为了对话的过程，本质上是提高每个参与者的对话资质，也就是对话能力，这种能力大致包括倾听能力、人与人的交流能力以及反思自我的能力，本质上这种对话过程是一种社会学习过程。人们的道德水平和决策水平在对话学习过程中受到潜移默化的影响，而且这种对话能力一旦内化，会具有个体自带放大功能，不断辐射延伸，对话能力的提高是高成本的，而对话能力的辐射却是低成本的。

第三，意义生成。对话决策模式，某种意义上是一种意义决策模式。语言论证的交互性所产生出来的意义，是实现规则以及结果认同内化的一种自觉。意义生成本质上是一种主体承认，本质上对话机制也是一种承认机制，自由表达和原委澄清在本质上是一种认同机制的建立。为此，对话决策模式作为一种构成性的意义生成、意义赋予和获得机制，是内在化的治理效应区别于外在化的管理效应的根本标准。这种意义可以产生信念与信任、逻辑与修辞的互补、临时共识、妥协和友好接受，公平人与道德人假设的互补性等资源效应。

第四，文化培育。对话决策模式之所以作为对话机制建设的开端性理论和实践问题，就在于本质上是一种治理文化生成的逻辑起点。对话决策模式以及模式中的决策机制的建设，根本目的在于将传统学校中的自上而下的由命令到执行的线性管理改变为上下结合与横向融通的立体化的网络化的文化形态。只有这样一种立体网络化的文化才能为多主体参与提供一种治理生态，也只有在多主体参与的治理制度运作和理念认同中，这种文化才可能形成。因此，对话决策模式的治理效应还在于文化培育的可能。

二、提升主体精神的对话参与机制

参与是对话决策机制中的主要内容，参与机制本身也是对话机制的一个侧度。从管理到治理的转变，一个重要的指标就是参与，只有参与才能达于治理的状态，也可以说，参与是治理的前提，参与和投入与贡献具有内在的关联性。只有真正的多主体参与，才能实现组织氛围中的更大的拥有感、投入感、贡献感，也就是通常所说的，帮助教师建立强烈的归属感。当然，参与机制建设本质上也是一种提升参与能力的方式。在被动管理状态中，员工往往是一种“被参与”，而不是主动参与。因此，参与机制建设本质上，也是一种参与氛围的营造，在这个过程中，就个体来说，需要经历参与意识、参与能力和参与自觉的三个阶段的递增和发展变迁。好的组织可以激发多人参与，积极贡献自己的智慧，将组织视为自己的家；而他组织状态下的学校，学校组织是一种异己的存在，则往往将有参与意识的人变为逐渐淡漠参与、弱化参与甚至“反参与”，因此，参与机制本质上是一种公共公正的对话性的组织氛围形成的基本机制。如何让参与者具有一种归属感，其内在的机理是主体唤醒，而如何唤醒参与者具有主人意识，组织所有的事情都是自己的事情，我们的事情，而不是别人的事情，领导的事情，要我做的事情，完成任务的事情。在集体开展理性对话决策的过程中，还须借助有关的对话形式、对话流程、对话工具，保证每一个参与决策者的意见得到充分尊重，使对话决策得以真实地发生，产生真实的效果。对话参与机制的建立和对话基本工具的选择是保证治理格局形成的基本前提之一。

【案例 1】如何办一次经典难忘的校庆——校庆工作小结

2019 年适逢建平实验中学建校 20 周年，学校在 2017—2018 学年学校工作思路中就提出“廿载校庆筹备之年”，把校庆筹备工作列入学校主要工作之一，并着手收集、整理教育教学成果。校长提议成立校庆工作领导小组和工作小组，并建议把建国 70 周年的元素和建校 20 周年的校庆结合起来，由学校发展中心牵头制定校庆工作方案。

校庆工作领导小组和工作小组多次商讨方案的主题、主要活动安排和人员分工，校庆方案制定过程中六易其稿之后经过校务会议讨论获得通过。确定了校庆以“九个一”为主线来开展，即：一场庆典活动、一首校歌、一部宣传片、一本 20 年发展纪念册、一本学校新制度手册、一本办学经验文集、一本学生作品集、一场教学展示活动、一组教育教学成果展。方案通过后，各项筹备工作有序展开。各负责小组分工明确，团结协作，各项工作井然有序的开展。

校庆工作宣传组通过微信公众号发布校庆专辑系列。从第一份征集校友祝福的短信和视频的公告到最后的庆典，一共 10 次活动，这些活动涉及到教育教学管理的方方面面，每一期都有不同的任务和主题。专辑一：想看到你的笑容，想听到你的祝福；校庆专辑二：我为母校发展献一策；专辑三：你还认得这个地方吗？专辑四：校友风采展示，今天母校以你为荣；专辑五：2019 届学子为母校廿载华诞献礼；校庆专辑六：母校深情迎候你的到来；专辑七：风华正茂，夕阳更红；专辑八：对话——培育核心素养，迎接新中考；专辑九：校友返校——母校是你永远的心灵港湾；专辑十："春华秋实二十年"庆典。

学校聘请了传媒公司协助策划有关会务组织工作，在此期间，多次召开校庆专题协调会。校长和领导班子成员，各条线主要负责同志，教师代表等参加。各部门负责人分版块汇报思路、想法和有关校庆准备工作的推进情况。在讨论环节，围绕同一个目标，大家发扬民主、集思广益，坦诚发表意见，这其中有相互启发借鉴，也有意见相左之处，但大家发扬对话管理的精神，保留意见，再思考、沉淀，下一次再交流，力争形成更多共识，使所有工作做得更完善。校长每次参会都会针对大家的意见做出回应和点评。校长要求思想上要高度统一，以办好校庆为前提，步调一致，坚持整体性、统筹性、统一性原则，全员性考虑，不落下一个人。专项到位，流程要清晰，细节决定成败。工作上要到位加补位，及时汇报，集体决策，集思广益。

校庆工作涉及台前幕后、显性与隐性等方方面面的工作。但是，大家为了共同的目标，开展平等对话，突显了对话管理倡导的人与人之间一种新型的决策关系、伙伴关系，通过多轮、多角度、多元、多层次对话带来了智慧生成。校长并未觉得被冒犯，干部和老师觉得沟通中意见被修正很正常。

在校庆整个历程中，校长一再强调充分认识校庆的意义和价值，号召全体教职员工积极参与，为校庆贡献自己的一份力量，把校庆办成一次教育成果展，让校庆成为一节大规模的公开课，成为课程、成为文化、成为经典。最终，校庆达到了预期目标，并且是超出预期的精彩与震撼。校庆的成功有赖于强调的“四常”“四精”管理要求的落实，更有赖于人人有责任感、有使命感的组织文化氛围，有赖于对话管理中的理性沟通，每个人的勇于担当、细致入微，才使各种活动方案、活动组织与安排、活动效果达到精心策划、精致实施、精彩呈现、精品打造的几近完美的效果，获得好评如潮。

校长在总结会上对校庆总结如下：全校合力唱响建平实验中学旋律，智慧众筹献礼二十华诞。能够取得如此大的成功，有四个“突出”做得好：一是突出做好谋划部署，校庆氛围持续热烈；二是突出做好庆典活动，庆典盛况高潮迭起；三是突出做好品牌策划，发展成就生动展现；四是突出做好反响反馈，校内校外好评如潮。

（说明：以上案例摘自建平实验中学内部材料学校教工大会校庆工作总结）

上述案例可以看到，在建平实验中学，每一项活动的开展都是众人智慧、集体奋斗的结果，对话管理激发了教职员工的主体参与精神，真正实现了“众人划桨开大船”“众人拾柴火焰高”。在建平实验中学，提升主体精神和参与对话已经成为一种科学有效的机制，学校大大小小的事情都追求优化的工作流程，进行工作过程对话，进行闭合循环管理，实现特色精品打造。正因为有了这样的机制，各种活动总是求其上、求其特、求其美，给人的感觉总有新看点、新启发、新精彩。

三、践行商谈伦理的民主协商机制

学校组织文化，尤其是管理文化的变革，难的不只是让组织成员“知道”，更难的是“做到”。管理文化取向的变化是一种现实的文化力量的释放，而不是仅仅停留于理念或理论的认识，或对某种文化理论的臆想。

对话机制建设需要有制度设计，与绩效管理和项目管理阶段不同的是，建平实验中学新的发展阶段探索构建的理性对话管理模式，作为一种组织文化的对话机制建设，需要制度建设作为基础。对话管理文化取向下的制度设计，主要在于引导参与。而对话作为一种态度，本身就是一种文化意向在管理中所产生的一种效应。比如，在日常管理中，通过问卷调研，本身就是一种征求意见的方式，这种征求意见，就是在管理手段上渗透对话的一种姿态，也是一种重视事实、实事求是、从实际出发，让更多的人表达意见的一种方式。从管理机制或工具手段的运用意向来说，这种管理方式的出发点重在激励，给予每个人以表达自己意见的机会，同时，也是一种合作、协商机制的培育过程。

对话机制的建立本身要求学校的管理重心不能太高，是一种基于专业管理逻辑的实践变革。当前，学校面对的复杂性和不确定性，要提高专业人士面对不确定性的变化，有着灵活、机动、自主应对各种问题的能力。因此，对话机制的建立需要扁平化的管理模式，需要在权力决策和运作格局中重新界定权力边界。其中，激活基层组织的活力，锻炼基层管理能力和发展能力，就需要授权、分权的方式，赋予基层以决策权、管理权等。赋权主要目的在于增能，而放权的前提是需要基层能够自主策划工作，既要知道做什么，又要知道怎么做，还要知道怎么评，这样的微观权力运作机制的建立。赋权作为激发基层活力，本身就蕴含着释放横向对话的潜能，激励人员的对话能力包括协商、合作、共享等能力，也是形成集体决策机制的必要条件。

【案例 2】越是难以达成共识的事情越需要商谈对话

2015 年，教育系统又一次迎来了较大幅度的绩效增资，上级给出政策口径，由学校制定具体的实施方案。给教职工涨工资这无疑是件大好事，但是很多校长却忧心忡忡。因为，绩效工资方案的调整关系到学校发展与教职工的切身权益，常常会产生矛盾。2009 年实行的绩效工资制定方案、全体教代会代表参与投票的表决方式，很多学校方案制定后几经周折才得以通过。绩效工资施行后，又在一定程度上改变了教师群体讲奉献的职业精神，使得很多学校文化受到冲击甚至重创。有些校长甚至遭遇了职业生涯的“滑铁卢”，有些学校甚至从此一蹶不振，直到现在还没有走出阴影。

这一次绩效增资，对于一个拥有近200名员工的建平实验中学来说，对于新上任的第四任校长李校长来说，无疑更是一个巨大的挑战。

尤其是绩效增资政策出台时，几乎所有的公办初中普遍存在着紧张情绪。有些学校的氛围几乎剑拔弩张，已经在预谋绩效增资方案出台后的一场“运动”。甚至有其他学校二线教师私下联系我校二线教师，号召各校二线人员要团结一心，共谋利益，与校方对抗力争自己的利益。因此，各校校长普遍认为此项工作很难推进，方案一旦出台就像扔下一颗大能量的炸弹，其负面效应会撼动校长的权威，使学校产生动荡，甚至影响学校的整体发展。

为落实此项工作，我校召开了校务会。会上领导班子成员描述了前一次绩效增资方案通过时的紧张情形，表达了各自的忧虑。在这种背景下，到底要不要对话？怎样对话？在哪些层面对话？成为领导班子争论的焦点。

李校长接任以来一直实行对话管理，对每个干部、每个教师都本着尊重的原则，给每位教师表达权和话语权。但对话也是一种冒险，因为在对话前对对方的心理是未知的，对话的结果更是不可预测的。而且，当民主发挥到一定程度时也会产生滥用权利的现象出现。经过一番思想斗争，最后决定通过多人、多元、多轮对话来讨论制定绩效工资方案。李校长认为管理是集体智慧的汇集，管理的目的是达成共识，解决问题。因此，要想从根本上解决问题，要推行基于交往理性的对话管理模式。但对话不是蛮干，对话前要认真研究分析，确立对话层面，研究对话策略，制定对话措施，确定对话次数，圈定对话群体……同时，还要充分了解对话者的心理，理解他们的诉求并解决他们的问题，才有可能出现成功的对话。

首先，统一思想认识。学校注重教师思想的指引和引导，从思想理论上提升思想认识。在各种会议上校长不断强调干部要放大格局，教师要站高看远，用高位思想引领教师。引导教师要认清形势，不要只看个人眼前的小利益，要关注学校的整体发展，与学校同呼吸共命运，像爱护自己的眼睛一样爱护学校的荣誉，强调学校发展的良好态势对教师个人发展的助推作用。引导教师从小我走向大我，从真我走向无我。使教师走出个人利益的苑囿，将目光放远，放宽，与学校发展荣辱与共。

其次，制定对话策略。对话要走进教师的心理，急他们所急，想他们所想。要消除他们"对话就是走形式"的心理顾虑。所以校长强调：一是在政策许可范围内，尊重对方，进行理性的对话，有效的对话；二是进行换位思考，考虑到每个人的感受，提升对话的品质，通过对话真正建立命运共同体；三是鼓励教师发表个人意见并尊重个人意见，通过对话表达他们最真实的想法、感受和诉求。

第三，研究对话重点。对话是全方位的，多角度、多层面的。但一定有主次之分，一定要有侧重点，解决了主要矛盾，其他问题就会迎刃而解。学校分析到绩效增资牵涉到的最大利益群体的矛盾关系是：干部与群众(骨干与非骨干教师)、考试科目教师与非考试科目教师、一线教师与二线教师这三对矛盾关系。切中肯綮方能游刃有余，处理好这三对矛盾是绩效工资分配方案能否顺利通过并被广大教师认可的关键。

第四，确定对话层面。确立重点矛盾之后就要解决重点矛盾。调和矛盾、解决冲突必须要构建多主体、多层次、多渠道的对话平台，让每一个教职员工都有机会积极参与、充分交流。于是决定在各个层面之间召开座谈会：包括校务会校级领导班子座谈、中层干部座谈、教代会代表、党员、教研组长、年级组长、中考计分科目、非记分科目、二线人员、行政人员等等，做到座谈无死角。让老师充分表达个人想法，发表个人意见，并使老师了解学校的意图，增进彼此的了解和理解，以达成共识。

第五，真实有效对话。虽然前期做了大量的工作，花费了很多的精力。经过多方会谈、友好协商、理性论辩，管理者和普通群众之间达成了高度共识，绩效工资改革方案取得了全校老师的支持，一次性全票通过。

而且，出现了一些意想不到的局面：如会议上任课教师由衷地慨叹班主任的辛苦与操劳，一致要求提高班主任待遇；资深教师为了学校的可持续发展，提出建立年轻教师课题参与、论文发表、公开课展示的奖励制度；骨干教师和党员干部主动提出放弃增资的机会等等。从这一现象可见，长期淤积在老师心里的拥塞之处打通了，老师的心结打开了，“人人自我、斤斤计较”的无大局观、无长远眼光的文化陋习在消释，取而代之的是彼此体谅、互相尊重、追求发展、互利共生的文化重建。

（说明：以上案例来自建平实验干部培训案例交流）

案例 2 来自于建平实验中学干部培训交流，从中可以看出，在学校高利害决策中，对话机制发挥了积极的作用，收到了超出预期的好效果。关于绩效工资增资方案的对话商谈，如同给整个组织做了一次全身的经络疏通和按摩，气血通畅的组织运行起来越发顺畅。

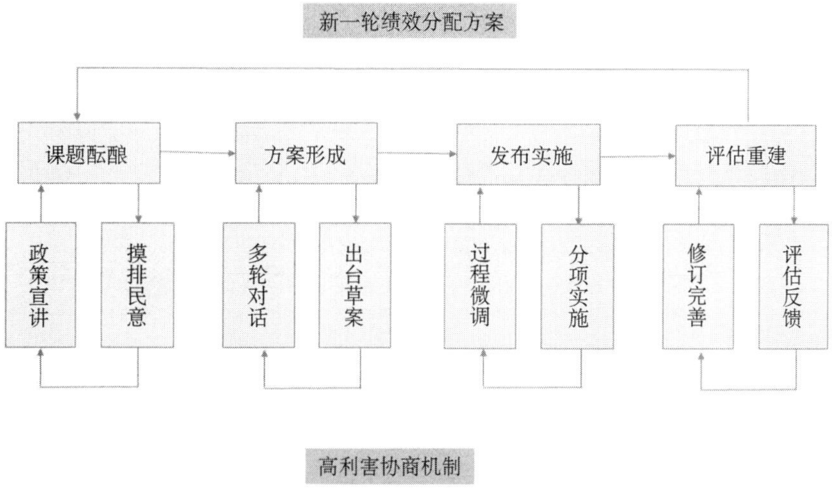

图 5.2.1　建平实验中学高利害协商机制

图 5.2.1 是根据建平实验中学绩效增资方案的运行流程总结的高利害协商机制，从课题酝酿到方案形成，再到发布实施和评估重建，这个动态的机制可以不断往复，在循环中提升、优化。这样的决策机制充分体现了领导者崇尚尊重、倡导民主、赋权增能的管理理念，让全体教师共同讨论、共同参与、共同制定学校制度的开明开放的议事过程，让教代会讨论

审定学校重大方针政策的民主决策机制，保证了方针政策的科学性和可行性，为学校制度的贯彻奠定了心理基础，减少了落实阻力。重心下沉、扁平化的对话管理，促进了学校文化的个性化、内向化和习惯化，推动了局部利益向公共利益的转化。

四、发现教育意义的共识达成机制

对话是管理技巧的表现，更是一种教育领导智慧。承认是对话中的必要成分，对话意味着对意见在一定程度上的承认，在承认机制中，有着兼容并包的诉求。承认是对话领导的一种姿态，哪怕不合理的意见都要允许别人表达。在群体决策中，承认每一种意见的合理性、以多种合理性建议为内在对话尺度，是领导群体决策的一个基本原则。对于群体决策的效率保证的一个侧度就是在群体决策中的求同机制，暂时性的形成关于问题、悖论、意见、理由的共识。对话质量的存异维度，也是群体决策中的必要策略，作为一种反思性存在对异见的保留和宽容，承认并接受差异，是群体对话决策非常重要的质量保证。

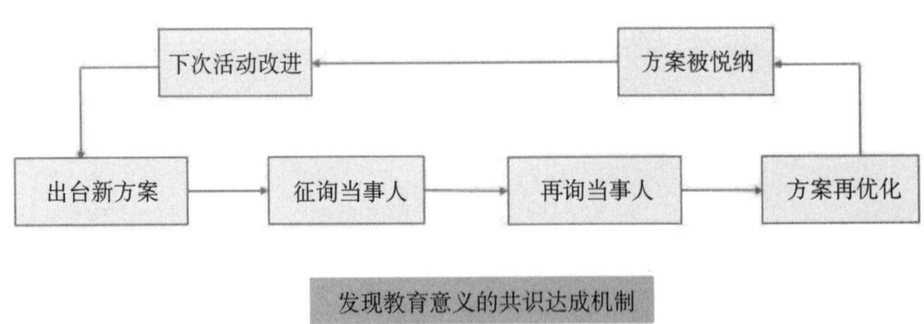

图 5.2.2　建平实验中学发现教育意义的共识达成机制图

在建平实验中学，很多教育活动方案的出台都经历了群体决策对话过程。(见图 5.2.2)在对话过程中，对话的发起者关注同一与差异两个维度。没有同一的群体决策本身就失去了群体决策的可能和前提，而没有异见的群体决策，只有高度认同则会抑制对话管理文化的生成性。对话过程就是在“求同存异”“求异存同”“同异比较”之中生成新质，达成共识。

（一）课程与教学管理中的共识达成

在学校治理中，课程治理是一个主体协同，组织运行、质量评价和反馈的过程。学校课程管理机制的创新有赖于教学管理者、师生、教学专家和社会力量等多主体的参与，形成课程建设和改革的合力。如何基于学生核心素养来构建和实施学校课程体系，需要从需求调研、资源评估、课程研发、实施评估等角度入手，建立课程管理的对话机制，促进课程资源的高质量供给，丰富学生的学习经验。建平实验中学深刻意识到开发高质量课程、优化教学方式和增强德育实效的瓶颈在于如何促使教师从传统习惯依赖转向真实对话的自觉改进。努力使优秀教师的课程开发和教学经验得以分享、流转、传播，不断产生溢出效应。正是由于对话治理贯穿始终的“保驾护航”，建平实验中学德业课程、对话教学、温馨班级、心灵港湾等项目开展得颇有声色。

基于对话的“学生学习需求调研，教师自主合作申报，专家动态审议指导”的课程开发审议机制逐步形成，学校组织专家从课程目标的正确性（是否贯彻国家教育方针政策）、课程内容的适切性（是否益于学生核心素养培育）、实施计划的可行性（是否加重学生课业负担）等方面进行审议。《五育并举引领下的初中学校“三需”课程开发与实施的研究》获批上海市教委教研室课程领导力项目。正如学者诺维奇指出：“学习需要可以分为共同需要（common needs）、特殊需要（exceptional needs）和个别需要（individual needs）。共同需要是每个人都一样的需要；特殊需要因为一部分人的特质而产生，所以对某些人来说是一样的；个别需要，则是每个人都不一样的需要。”①建平实验中学从这一观点出发，以学生的学习需求

① 蒂姆·奥布莱恩，丹尼斯·吉内.因材施教的艺术[M].陈立译，北京：北京师范大学出版社，2006：13.

为依据对学校课程进行分类，包含刚需课程、普需课程和特需课程。基于学生核心素养的培养，本着基础性、兴趣性、实践性、体验性、自主性、综合性的原则，开发了丰富的校本课程，通过项目化学习、探究课、社团活动、主题实践活动、职业生涯体验活动等融合间接经验知识与直接经验知识两种知识形态的课程优势，打通书本世界与生活世界，为学生创造跨学科学习的情境与经历，引导学生在与知识、老师、同伴和自我的对话中发现学习的意义和生活的趣味。

（二）教育活动设计中的共识达成

将共识达成机制运用到学校活动设计和实施中，以下所介绍的"满足学生心理需求的儿童节"的活动案例具有一定的代表性。学校德育团队依照惯例精心策划了"六一儿童节"的活动方案，然后召集了不同层面的学生征求意见，有的是刚步入初中校园的预备新生，有的是经民主选举产生的少先队干部、共青团员，有的是活跃在学生自主管理委员会的小干事，当然还有即将面临中考的初三学子。师生们展开了热烈的对话和讨论，学生们对方案提出了不同的意见。经过一番对话，原来单一的文艺汇演方案调整为丰富的班级冷餐会、操场巡游狂欢和高雅的艺术大餐，三场盛宴将孩子们的童心、纯真、美好、创意释放得淋漓尽致。

【案例 3】满足学生心理需求的儿童节

一年中大大小小的节日，还属六一儿童节最受孩子们欢迎，最让孩子们期待。对于大部分的学校来说，过好儿童节需要花大力气来设计和打造丰富多彩、形式多样的活动。可是，我们往往会忽略，怎样的活动才契合儿童的认识特点、情感需求，怎样的活动才能体现这个节日的主角——学生。因此，要深入挖掘活动的意义不是在过程中有多用力，而是在准备时要够用心。对于渐渐步入青春期，学业压力相对厚重一些，且自我意识日益丰满的初中生来说，就不愿再继续重蹈覆辙地按照老师安排好的形式过节日、吃"定食"，他们需要的是内容更多样、选择更自主、体验感更强烈的"自助餐"。那么，怎样的儿童节才是满足孩子们需求的，让孩子们觉得难忘、有意思的?

这个问题并不是一开始就设计在德育团队老师们的“备课”环节中,虽然“用父母心办教育”的建平实验中学每年“六一”都会千方百计创造机会让学生过得快乐、难忘、有意义。每一年,学生发展中心和大队部都会精心策划、组织一场盛大的庆典活动。今年,我们又煞费苦心地拿出了一个自认为非常完美的方案。五月初,学校各部门就开始通力合作,各司其责,依照传统开始为六一庆典活动紧锣密鼓地筹备起来。可就在这时,提供给孩子们畅所欲言的“青苹果信箱”里出现了一封被折成了爱心形状的信,这是一封来自初三学生的信,从清秀的字迹判断可能是一位女生所写,她在信中说道:

亲爱的老师,再过一个月,我们就要参加中考了,虽然现在初三“烤鸭”理应心无旁骛、埋头备战,但我每每想起去年初二时和同学们一起过儿童节就感到十分开心、无比放松,我真不希望今年的儿童节会和我们上一届的初三学长一样,在上课和刷题中度过!我好希望能否放飞自我!过有意思的儿童节……

读到这儿,大家猛然停下脚步,学生口中蹦出来的这四个字——“放飞自我”就这样毫无防备地撞进了我们的心里,把我们统统拉回到原点。我们总是免不了用成人视角来开展工作、觉得依惯例出台总不会出错。可是,儿童节究竟是谁的节日?当然是孩子们的节日。所以我们应该在最初就问问孩子们想怎么过节,想怎么“嗨皮”。带着这样的反思,建平实验中学的师生就“儿童节,怎么过才有意思?”这个问题展开了前所未有的对话。

我们召集了不同层面的学生,有的是刚步入初中校园的预备新生;有的是经民主选举产生的少先队干部、共青团员;有的是活跃在学生自主管理委员会的小干事;当然还有即将面临中考的初三学子。师生们围坐在少先队队室里的七彩桌椅旁,展开了热烈的对话和讨论。

“孩子们,你们觉得儿童节怎么过才有意思?”学校大队辅导员老师问道。

一位胖乎乎的预备小男生毫不怯场地率先发言:“儿童节我们想自己准备一顿丰盛大餐!”师生们轰然笑过,初二的学姐打趣他道:“有点儿意

思，不过，仅有美食仿佛显得层次低了一些嘛。”正在同学们纷纷点头时，一位初三学长摇着手说：“对于我来说，过节的乐趣就是你们在玩的时候，我在拼命刷题，就让我在成为学霸的路上永远走不到尽头！”“拜托！你这不叫有觉悟，这叫扫兴好吧，如果能让我打两个小时手机游戏就好了……”说到最后几个字时，虽然这个男生已经不好意思地降低了音量，却也得到了旁边一位“志趣相投”的孩子的支持的眼神。“老师，我们想举办不同形式的精彩纷呈的活动，我们想要大声歌唱，释放自我，我们想和老师们一起大狂欢。”

就在孩子们相互对话，自由表达各家想法的同时，我们可以观察到，他们既是在彼此沟通，也是在自我沟通，当他们内在信息与外在信息得到统一的连结点时，他们在群体中会收获一种自我认可。可当他们内在信息与外在信息出现碰撞，他们也会停下脚步，跳出“庐山”，反观自己。就当孩子们表达得差不多的时候，学生发展中心主任W老师娓娓道来：“孩子们，你们都是很有想法的中学生，说得都很棒。欢度六一，抛开作业，停课狂欢是必需的；欢度六一，尽情歌唱，精彩展演是肯定的；欢度六一：“大吃一顿”饕餮美食当然也是必不可少的。但是，若你们觉得刷题很扫兴，那埋头打游戏是不是也很煞风景？我们能否再进一步琢磨琢磨，怎么把自己想过的儿童节过得更有意思、有意义？”

大家若有所思地看向彼此，初三年级学姐不紧不慢地说：“我们不能做刷题的机器，更不能做游戏的奴隶。”“没错，我们要沉迷健康与正能量的狂欢，我们要Work hard，play hard！”看着大家带着疑惑的目光，这位初二时曾非常叛逆的孩子补充道：“就是既要静心学习，也要尽情放松！”

老师们赞许地看着大家。“没错，这就是我们初中学生应有的生活态度。学习要有学习的态度，过节也要有过节的态度，但不论学习还是过节，我们都要真学、真玩，也要学做真人，玩出真我。这样才能算是过了充实美好的六一儿童节，才能给自己初中生活增添难忘的一笔！”……

这开诚布公的生生之间、师生之间的对话持续了近一个小时，学生充分表达了自己的心声与需求。老师们与孩子们敞开心扉，平等交流，打破常规，达成共识，就这样，重新策划起今年的六一庆典活动。

最后，基于充分的对话基础，丰富的物质大餐，多样的精神大餐和高雅的艺术大餐构成我校今年“追梦艺术，唱响真我”六一大狂欢的三大要素。三场盛宴将建平实验中学孩子们的童心、美好、创意与真爱呈现得淋漓尽致。

我们过六一，但我们过不一样的儿童节。我们打破传统套路，我们定位不同起点，我们不畏矛盾冲突，我们寻求殊途同归。我们通过对话来传递彼此的意见、观点、思想、情感与愿望；我们通过对话来倾听孩子诉求，满足孩子需求，鼓励孩子们主体参与；我们通过对话来把学生请上舞台，让自己退到幕后，这也正是以学生为本的直接体现，同时，我们也通过对话对学生进行正向地引导与自省的开启，带领孩子以内在沟通解决外在问题，在追求真理、活出真我的道路上渐行渐明朗。这个六一，主角们过得尽兴尽情，留下难忘回忆，这缘于主角有了自己的发言权，主角成为了真正的主角。这样的教育教学活动才真正抛开了形式主义的外衣，才真正以学生为本，助力学生的终身成长。

（说明：以上案例来自建平实验干部培训案例交流）

从案例3中我们可以看到，对话在达成共识方面的重要作用。学校领导、老师与学生之间在具体的教育教学活动中尤其需要展开对话，老师们“想当然”的给予，学生未必乐于接受。尽管对话中可能会出现莫衷一是的局面，但是学校管理者要不畏矛盾冲突，寻求殊途同归，经过彼此倾听、耐心沟通，最终达成理解与共识，实现教学相长。

（三）多元对话评价中的共识达成

在教育评价方面，坚决克服“唯分数、唯升学”的倾向，紧紧围绕“探索真知、追求真理，学做真人、活出真我”的培养目标，改进结果评价，注重过程评价，探索增值评价，健全综合评价。① 综合运用观察量表、成长档案

---

① 李百艳．实施《上海市中小学学业质量绿色指标（试行）》的实践探索[J]．上海教育科研，2018(3)：71—75.

袋、创作、展示、测试、演讲表演、自评互评等方式评价学生。比如“真善少年”之“每周一星”的评选，摈弃了“分数至上”的评价标准，以对话为主线引领评价体系逐步实现多元化。

1. 多个体对话，使评价主体多元化。“每周一星”评选过程中倡导学生与自我对话、与同伴对话、与家长对话、与任课教师对话、与班主任对话等等，从身边人不同的视角出发，发现被评价个体在不同人眼中不同方面的闪光点，体现孩子身上不曾被发现的优势和特质，发现每一个孩子独特的闪光点，并以榜样展示的形式，激励更多的孩子建立自信。

2. 多角度对话，使评价维度多元化。“每周一星”着重与学生所学的各类特长进行对话，与孩子们丰富多彩的课余爱好进行对话，从“德、智、体、美、劳”不同的视角出发，“五育并举”全方位入手，向学校、家庭和社会展现出孩子身上更加多姿多彩的一面，以孩子的多面性评价标准取代原有的以分数论高低的单面性评价标准，力求建立多维度的评价体系。

3. 多时点对话，使评价时间多元化。“每周一星”将每个学生各方面各阶段的经历都视为一笔宝贵的财富，与学生的过去对话，与学生的现在对话，与学生的未来对话，记录学生一路成长的足迹，突显学生隐而未发、不为人知的“潜力”，将学生在不同学段取得的各方面的成果和作品展现出来，连点成线，以线性和发展性的评价标准取代点状的单一评价标准。

4. 多形式对话，使评价媒介多元化。“每周一星”的对话从不拘泥于某种形式，除了与学生身边的人进行对话，还与学生的文字对话，与学生的手绘对话，与学生的歌唱对话，与学生的舞蹈对话，与学生的演奏对话，与学生的运动对话，与学生各种形式的作品进行对话。依托学校公众号特色栏目，借由文字、图片、歌曲、乐曲、舞蹈、绘画等多种形式，通过不同载体对学生进行评价，尝试评价的多元化探索。

这种多个体、多维度、多时点的对话评价，正如学校中心庭院的“钻石苹果”雕塑所诠释的一样，处于能力和人格形成期的初中生，每一个人都有自己独特的个性，每个人都可以闪耀不同的光芒，正是每一个“小苹果”的微光汇聚成了新时代少年的多姿多彩的风景。经过上百期的评选，通过对话评价来赏识每一个孩子、关爱每一个孩子、激励每一个孩子，已经成为师生家长的普遍共识。

第三节 植根对话的学校文化品牌创建

对于学校工作来说，诸如规划机制建设中的对话、制度建设中的对话、教育教学中的对话以及学校公共关系中的对话等等，都包含着对话机制所需要探讨的问题。可以说，走向现代化治理的学校，时时、刻刻、处处都存在着对话，存在着对话机制的建设问题。但是否能够将对话作为一种学校的文化品牌来建设则是一个值得思考的课题。

教育品牌在一所学校的创建过程，往往经历了孕育、孵化、诞生、维护、强化、更新、再造等过程。对于对话机制建设这个课题来说，在学校发展的不同阶段，特别是经历了项目驱动式发展中各种大大小小的学校课题和项目以后，如何凝练自己学校的品牌是一个战略决策的问题。对话机制建设，是在对前面项目推动的阶段，对各种项目运行以及项目管理和项目效应的分析评估后，进行的一种品牌再造过程。这既有来自已有项目实践的经验，比如教师发展项目、教师研修项目、“新基础教育”中的课堂教学改革中诸如重心下移、互动生成等概念的实践和体悟等，也有来自时代的需要。新的时代精神，诸如现代教育治理所要求的对话精神，使学校经历了项目运作再到品牌探索、品牌再造的过程。

一、对话品牌的孕育

建平实验中学是得到社会认可，家长满意，政府放心的正在朝着集团化办学方向发展的一个品牌学校，享有较高的社会美誉度，在家长的心目中有很好的口碑。诸如“用父母心办教育”、真善少年“小苹果”、仁爱教师等学校文化品牌已经家喻户晓，并受到媒体的宣传报道。这样的品牌基于办学质量的提升，是美誉度、知晓度、满意度、认可度等的外在评价。而对于学校基于内涵发展和专业发展意义上的品牌，则仍然需要聚焦到一个核心课题上来。很多中小学通过一个课题的研究逐渐提升，使教师及管理者在教育管理专业上获得发展，逐渐形成一种品牌。有的学校在办学过程中，通过几轮课题的长周期滚动发展，逐渐在行业内得到了专业认可。有的学校将课题策划与品牌建设捆绑进行，统一推进，成为一种品牌策划。建平实验中学的对话课题研究就经历了一个品牌孕育、品牌策划的从无到有的过程。所谓品牌孕育，是指一种品牌或以课题形式存在着的项目，处于一种设计、个别实验或个体实践的过程，作为一种潜伏期存在着的品牌诞生过程。这个孕育过程，有时是有意识的状态，有时是无意识的状态。而对话课题在建平实验中学发展中的绩效管理阶段就处于一种无意识的孕育状态，而走向治理境界的对话机制建设则成为一种有意识的课题化形式的品牌策划。

二、对话课题的选择

借助本书的系统梳理，不仅对于对话机制研究的基本问题系统深化，也是对建平实验中学已有对话实践经验和基础的大梳理、大检阅，更是对未来基于“治理”意义上的对话机制建设的一个系统谋划。这样一个品牌建设路径本身就是一种学校现代治理文化建设路径，也是回归教育本源，突破学校局部改革、散点式改革瓶颈的一次尝试，更是对学校整体办学境界的一种整体提升。本书可以看做是对建平实验中学未来对话治理文化的一个理论策划，而在个体学校、教育集团乃至区域层面的大规模实践探索，则可以看做是一种未来实践层面的实验性研究。

三、对话文化的重铸

课题化、品牌化、背景化是一个办学者应有的决策思维策略，而策划意识则是现代学校发展的一个基本内容。长期以来,学校文化作为一种缄默化的存在方式,在显与隐的交错中,学校文化反思和文化建设常常变得若有若无、难以言喻。但是,现代学校办学已经不是靠习惯、习俗、习气、习见来治理的时代,随着信息化社会的到来,各种信息以及专业化水平的不断提升,包括家长和孩子的见识、见解、学识都在提升,对学校教育的要求、需求、渴求也日益提升,这都给现代办学者提出了在办学中增强策划意识的要求。品牌策划就是学校发展策划的内涵之一。办老百姓满意的家门口的好学校、办人民满意的教育、办适合的教育、办高质量的教育、办优质均衡的教育等等,都是办学者的追求和使命。但是,学校不能忽视从专业意义上定位自己学校品牌的问题。

【访谈节选4】要不要开展对话

访谈者X老师:请各位根据自己在建平实验中学的工作经历,回忆一下"对话"的概念是在什么时候提出来的?

Z老师:"对话"的概念,感觉被明确提出还是在现任校长李校长到任后,先是在课堂教学改革中,提出探索"对话教学",然后在绩效工资改革、组织机构调整等事关学校发展的重大工作中,采用"对话"的方式,广泛征求民意、阐释理念、求得理解共识。在实践的过程中,慢慢地开始明确"对话"的概念。

M老师:应该是三四年前。

访谈者X老师:那在这之前主要是你在课堂上去做?

M老师:对,其实我们以前可能只是做,一两年前我们把它提炼,往这方面思考,去写一写文章。

W老师:我印象最深的是,在几年前的一次教工大会上,校长当时说了一句挺让人感动的话,她说要尊重每一个老师的专业自主权,她说我们要深入推行一种对话管理。

访谈者X老师:您觉得学校中推行对话管理会遇到什么障碍?最困难的是什么?

Z老师:个人认为,当小部分老师(还包括学生及家长)长久以来养成

的与学校价值观相左的习惯以及相当顽固的观念需要改变的时候，当小部分落后的文化及组织氛围需要改变的时候，就是管理将要遇到阻碍的时候，也往往是最困难的时候。因为这个时候，是制度、规范和人性的碰撞。如何在坚持制度、规范的同时持有人文关怀，是个难题。

C老师：在一个频道上对话管理效率是非常高的，但各自站位不同，这种对话就失去意义，变成吵架了。

S老师：所有的对话应该是能够促进学校、教师和学生的发展，让人心能够凝聚的。不是一旦对话了，把思想全都散开了，各自朝着不同的方向，谈到后来，各谈各的，负能量全部堆积，那这个对话也没有价值，所以我们这个对话应该是积极的对话。

访谈者X老师：大家说得很好，对话需要制度的保证以及必要的关于对话素养方面的培训，还有要考虑到对话的前提和条件。

访谈者X老师：就您自己工作范围您觉得建平实验中学是否需要对话管理？

Z老师：非常需要，非常需要，非常需要。学校办学理念与核心价值追求的认同，办学目标和培养目标的落实，是需要通过一件一件具体的工作来渗透、落实的。这个时候，尤其需要通过对话，针对具体的工作，和上下进行沟通交流，阐释明白自己的出发点和意图，面对不同的个体和群体，针对性地阐述，寻得理解，寻得支持，并且对问题、障碍进行各个击破。最后达成共识，形成向上的氛围，形成合力。

当然，对话的前提是一心为公、以身作则、身先士卒、真诚待人。把自己的位置摆正了，把自己的态度端正了，带头干、积极干正确的事，是能够得到大家的支持的。

W老师：我们各个部门会和学生进行会谈、和家长进行座谈，这个其实都是对话管理，包括像我们学生自主管理委员会其实也是对话管理。各个部门之间，大家提出要求，需要支持，然后协商，这些都是通过对话来进行的。对话以后使得我们的工作效率可以更高。现在既然提出了这个对话管理，我们就要制度化，然后把某些机制明确下来，这样的话就更完备了，我觉得这个是完全具有操作性的。

Y老师：我也觉得对话管理应该是可行的，因为我们这个团队，整个学校的老师都还是比较平等、比较民主的。

访谈者X老师：建平实验中学所提倡的对话管理能否成为学校品牌？如果要成为品牌您觉得还需要进行什么样的努力？

Z老师：我觉得能够，并且也应该成为学校的管理品牌。因为对话代表着人与人之间的关系。这种关系是平等的、真诚的、和谐的，代表着一种先进的价值观，是对学校"建德建业、惟实惟新"价值追求的具体化、可操作化；是摈弃私心杂念，携手共进的抓手；是大禹治水式的疏导，是去芜存菁的纯化。而要真正成为学校的品牌，还需要更多的人，尤其是干部，在日常工作中，始终坚持，始终践行，把每一件工作做得更加规范、更加精细，让更多的老师、家长和学生感受到强大的正能量。

W老师：需要各个层面的老师真正理解对话的内涵，理解校长的管理理念，将对话做到实处，真正把自己当作学校的主人，从学校发展出发发表真知灼见。

L老师：对话管理的障碍主要在于人，需要个人的努力进取，也在于团队协作，在于同心同德齐心协力，在于心灵的共鸣，在于深入人心，让教师、学生、学校共赢。

通过访谈可以看出，"对话"在教师群体中有很高的认同度，建平实验中学能够选择"对话"作为学校当下以及未来发展的战略与品牌是有着扎实基础的。教师作为学校组织的核心要素，既是学校文化品牌创建的重要内容，也是学校文化品牌创建的重要参与者。从对话品牌的孕育到对话课题的选择，再到对话文化的重铸，教师在其中发挥着举足轻重的作用。

教师专业发展是当今世界教师教育的主流，教师专业发展的模式逐步由注重知识补偿教育的"理智"取向转变为主张反思性实践的"实践——反思"取向，主张构建合作的教师文化的"生态"取向。建设教师专业发展的

对话生态成为建平实验中学文化品牌塑造的重要维度，而基于对话的校本研修成为学校教师专业发展的重要路径，通过“对话”关注每一位教师的成长需求，改善学校的文化氛围，促进学校的“成事”与“成人”。

第四节　建设教师专业发展的对话生态

在学校管理的实践中，历来视教师管理为核心内容。这是因为教师是学校组织的最基本要素，是最重要的教育资源。教师最直接地面对学生，承担最为基础的教育学生的任务。可以说，学校教育学生主要是通过教师实现的。教师素质的高低，教师能否持续发展，决定了学校组织目标的达成与否，也从根本上决定了教育的成败。叶澜教授认为“教师是教育改革的中坚力量，也是学校教育在实践层面取得成功的命脉所系。”①可以说，教师与学校是相互影响、相互锁定的一种唇齿相依的关系。现代教师管理的任务不仅是对教师的任用、使用、管辖与考核，更重要的是促进教师的专业发展、不断成长。

一、以对话破解教师发展难题

建平实验中学经过初创期、发展期两个阶段的积淀，教师队伍不断壮大，教师专业水平迅速提升。随着学校内部环境与外部条件的深刻变化，转型期的教师专业发展出现了不同层面的分化，需要通过对话机制破解教师发展所面临的难题。

（一）转变教育观念需要对话

近年来，为了解决新时期纷繁复杂的教育问题，党和政府陆续出台

---

① 叶澜．"新基础教育"论：关于当代中国学校变革的探究与认识[M]．北京：北京：教育科学出版社，2006：354.

了一系列新的教育政策，用以指导、规范教育改革。仅2020年，就密集出台了《关于进一步激发中小学办学活力的若干意见》《中共中央 国务院关于全面加强新时代大中小学劳动教育的意见》《深化新时代教育评价改革总体方案》等多个文件，力度之大，规格之高，前所未有。在当前基础教育改革力度加大、政策密集出台的大背景下，提高政策的认识水平，加强教育观念的转变，对于教师显得尤为重要。然而，学校部分教师对于政策和理论的学习、教育理念的更新发展等缺乏自觉意识，课程开发、课题研究的专业迭代能力有待加强，未能实现"高质量、轻负担、可持续质量观"的全员践行，这就需要学校积极探索以促进对话为核心的校本培训，通过促进教师的多元对话，转变教师的教育观念，提升教师的政策把握能力。

（二）共享教育资源需要对话

建平实验中学目前拥有三个校区，校区间师资分布不均。总校枣庄路校区建校时间长，资深教师占比高，高级职称教师占比高，但是很多老教师存在精力与动力不足的问题；地杰国际城校区的教师队伍偏年轻化，处于职业生涯生存关注和知识关注期，教师忙于学科教学与应试过关，科研型教师较少；张江校区以新进教师为主，专家型教师的引领和建平实验中学的文化浸润比较欠缺。学校规模过大在一定程度上导致了教师管理在不同层面、不同领域出现了不同幅度的真空地带，很难做到对每一个教师个体的关注，教师的专业发展状况参差不齐。为此，学校需要在不同校区、不同学科、不同年龄层次、不同岗位、不同个体的师资差异中发掘资源、激活资源、共享资源，通过建立多维、多元、多层次的对话机制，使不同层面的教师互相借力、彼此促进。将不均衡的师资队伍构建成反哺与共进的带教梯队，以促进职业精神、默会知识和同行经验的传承与发展。

（三）孕育学校品牌需要对话

学校品牌的打造，组织氛围的营造，需要建设优秀的教师团队，而优秀团队的建设需要有效的路径。高质量的对话管理和校本研修,有助于加强教师之间的专业对话,构建沟通、协调与合作的氛围,促进教师的专业发展。建平实验中学以对话机制建设为突破口,有意识地进行课题化形式的品牌孕育。在持续的对话与实践中,引导每一位教师争做"有理想信念,有道德情操,有扎实学识,有仁爱之心"的"四有"好老师,想法设法激发每一位教师的教书育人的动力,达成"人人都是第一责任人"的学校治理状态,从而打造"师生才智充分涌流,学校活力竞相迸发"的良好局面。

为此,根据不同类型不同层面教师的需求,构建了"分层对话,纵向打通"的专业发展体系:严把入口关,引得进"活水";狠抓见习期,培得好"后浪";打造生力军,蓄得住"肥水";力推带头人,立得稳"中流";厚植常青树,汇得成"大海"。同时,也构建了"高质量对话,横向打开"的校本研修格局:依托专业机构指导,高水准理念引领;构建三环培养模式,高级别名校结盟;聘请特级导师团队,高境界专家护航;研发课程任务驱动,高层次成果物化;提供共享交流平台,高质量协同发展。

二、构建民主平等的对话场域

建平实验中学通过构建纵横交错的对话场域,为不同需求的教师营造对话氛围、校准对话频道、搭建对话平台,充分唤醒、契合、提升教师的对话需求,在开放融合中增强教育活力。学校借助集团化、学区化办学、强校工程学校结对等改革试点的东风,进一步发挥引领辐射作用,各校资源共享、精诚合作,校际联动项目为不同类型的教师营造了对话氛围,活跃了文化生活,提升了教师的思想境界。

基于平等、经由沟通、达于理解、形成共识的对话氛围的形成是敞开心怀的沟通交流的先决条件,激活了教师的内在能量场,唤醒了教师潜藏的驱动力,实现了学校和教师的同频脉动和共同发展。学校领导团队用心用情用智慧体察教师成长需要，助力教师突破成长困境，发掘教师成长潜势，帮助教师做强专业优势。基于已有知识和经验，努力为教师提供更有针对性和适切性的指导。例如，学校每年都会开展针对见习教师的问卷调查和学情调研，既对见习教师的需求和困惑进行排摸，还会收集他们的研修建议和改进方法，为见习教师的规范化培养的研修目标、实施规划、运行机制及考核制度等工作的制定提供了依据。培训开始前的问卷、课程进行中的测试以及研修结束后的调研，这些环节的设计充分体现了主体性参与、形成性评价、交互性教学等教育理念的运用与传递。

【档案8】迈好职业第一步　上好开学第一课——建平实验中学2020年新进教师系列培训

随着信息技术的迅猛发展和日益普及，教师的地位遭遇了历史上从未有过的挑战，但在新时代的新教育体系中，面对多元、复杂、真实的教育目标和教育情境，教师的作用将会更加突出，影响定会更为深远，因而上海市建平实验中学始终坚持把教师队伍建设作为最核心的关注。

根据校长的高位要求和切实指导，依靠各校区各部门领导的全力配合，本学年面向37名新进教师的培训活动，内容更加充实，形式也越发丰富。近十日的研修中既有现场培训，又有线上培训；既有总校集中培训，又有枣庄路、地杰、张江3个校区个性化培训；既有学校领导所做的关于办学理念、规章制度、常规工作等方面的介绍，又有资深教师的经验辐射和优秀同仁的智慧分享；既有班主任建班育人的专题培训，又有学科教学备课上课的精准指导。混融培训拓展了培训时空，丰富了培训内涵，开发了培训资源，创新了培训样态，提升了培训效益。

一、线上培训

在线上研修中，老师们需要完成9项研修内容（见图5.4.1），形式分为：问卷调研、自主研修和团队合作三种。

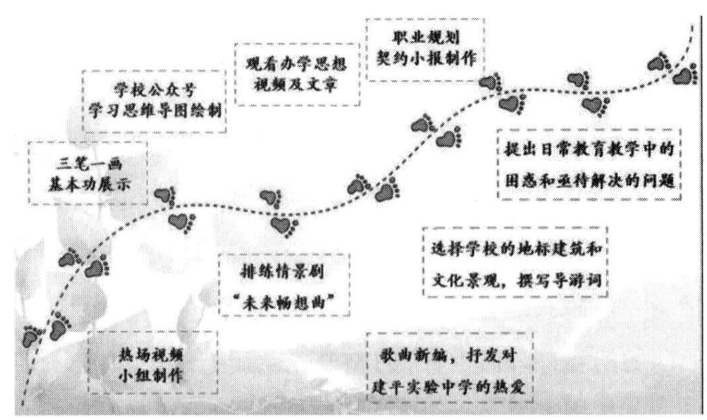

图 5.4.1　建平实验中学新进教师线上研修内容

二、现场培训

在设计现场培训的过程中校长特别指出：聚焦教学常规，指导新教师站稳三尺讲台，应该是本次培训的焦点和重点。因而 27 日的研修活动将充分展开新老教师之间的对话，并请正高级名师周丽君老师为新进教师们示例精心准备、设计、执教一节课的全过程。

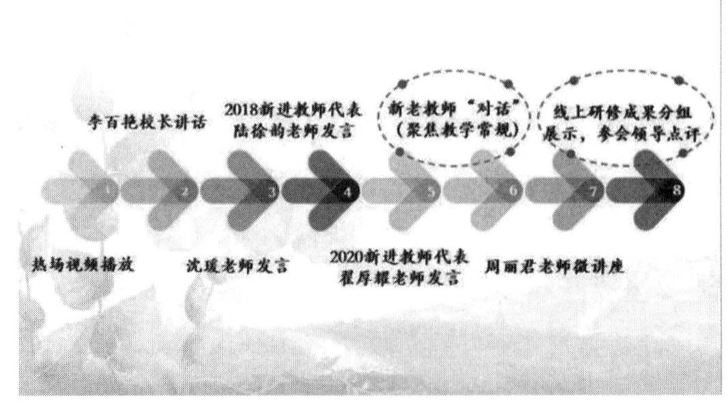

图 5.4.2　建平实验中学新进教师现场培训活动流程

三、分组培训

回到教研组和备课组的第二阶段培训，主要是针对开学第一课的认真打磨、细致说课和全组共研。校长要求新教师人人公开试教、个个模拟演练，在备课组的精准诊断和精细指导下不断调整和完善教学设计。

虽然对教育教学目标的深刻认识、对教育教学规律的科学把握、对教学内容的融会贯通、对教学方法和策略的恰当选择、对教学情境的有效掌控、对师生对话的正确理解，是一个漫长的研修过程，但丰富的培训内容一定会助力新进教师缩短摸索期、夯实教学基本功、提升课堂的胜任力；多元的研修形式也将推动新进教师萌生归属感、践行育人父母心、增强修炼的自觉性。

（说明：此项档案摘自建平实验中学微信公众号“教师发展”有关报道）

从上述档案资料可以看出，建平实验中学对见习教师规范化培训始终高度重视，精心设计丰富充实的培训内容，采用线上线下融合的培训方式，拓展了培训时空，提升了培训成效。通过充分宣讲、积极动员，不仅注重激发学员的内生价值与自我愿力，也在导师团队中形成了价值认同：将带教工作视为提供梳理实践经验的契机，铺设个人专业成长的道路，铸就服务区域教育的进阶。师徒在“老我”和“新我”的碰撞中，在愿景与现实的对话里，促进了协同发展和专业成长。

三、优化系统丰富的对话课程

建平实验中学通过课程改革引领教师专业成长，不同学科的教师跨界发展，助推教师的课程理解力、课程执行力、课程重构力不断提升，全面提升学校整体课程领导力。在校本研修课程建设方面，加强顶层设计，进行学科统整，注重精细实施，充分体察教师的工学矛盾，科学认识教师的成长方式，准确把握成人的学习特点，强化立德树人意识，规范培训要求，建立系统的培训机制；融入时代育德内涵，更新研修内容；构建了丰富的对话课程，形成了规范化、主题化、系列化的校本研修课程，涵盖了师德修养与育德能力、学科素养与教学实践、学科素养与教学实践、信息技术与创新发展四大课程模块，开发了近 20 门课程项目。（见表 5.4.1）

表 5.4.1 建平实验中学校本研修系列课程

课程模块	课程内容	负责部门
一、师德修养与育德能力	1. “书香支部”品牌建设 2. “仁爱教师”队伍建设 3. 对话教学，学科育德能力提升 4. 温馨班级建设，育德能力提升 5. “真善少年”生涯规划辅导 6. 心灵港湾建设，心理咨询辅导 7. 智慧家长，行为契约教育项目	党支部、工会 教师发展中心 课程教学中心 学生发展中心
二、学科素养与教学实践	1. 提升学习动力，探索对话课堂 2. 五育并举引领下的初中学校“三需”课程开发与实施的研究 3. 特需导向的校本课程再优化研究 4. 义务教育均衡发展背景下因材施教的教学策略研究 5. 核心素养视野下的心理校本课程实践研究	教师发展中心 课程教学中心
三、学科素养与教学实践	1. “对话课例”研修活动 2. 培育初中生对话素养的实践研究 3. 教研组“对话”主题教研	教师发展中心 课程教学中心 学生发展中心
四、信息技术与创新发展	1. 中考改革背景下初中跨学科教学与课程研究 2. 项目化学习行动研究 3. 线上线下混融教学探索 4. “教育戏剧”培训	教师发展中心 课程教学中心 学生发展中心

校本研修课程建设本着日常化与项目化紧密结合的思路，努力做到笔者倡导的“四常”与“四精”，即常识、常规、常态、常心；精心策划、精致实施，精彩呈现，精品打造。如“六个一”教研制度（一节研究课、一门探究课、一项学生成果、一次学科论坛或主题教研活动、一个科研课题、一个资料包）对工作的各个环节，进行流程设计，定标准，讲回环，求反馈，重跟进。各种制度的确立培养了规范科学又开放创新的工作方式，构建了效率与活力兼具的组织氛围。教、研、修一体化方式，促使教师在行动研究中加强专业反思、专业积累、专业进阶的意识，这也是建平实验中学全体教师准确识变、科学应变、主动求变的具体诠释。

【档案 9】探寻对话课堂机制的课例精修

为促使传统课堂样貌真实改变，引领科研骨干力量茁实发展，保障教育过程公平扎实推进，我校把“对话课例精修工作坊”作为课堂实践变革的突破口和发力点，2020 学年开启了围绕“对话教学”的课例研究活动，在课堂话语互动方式取径的课例研究中探索高质量的对话课堂。

对话课例精修工作坊以学校龙头课题为引领，以满足校本研修的实际需求为逻辑起点，以探索有学科特质的高质量对话课堂为推进重点，集合三个校区不同学科的近20位教师，涵盖语文、数学、英语、物理、化学、道法、历史、地理、科学、体育、美术、音乐等12个学科，青年骨干率先，成员以职初教师为主、中坚力量协同；优势学科当先，开课以语文教学为主、多门学科共研；专家扶持创先，精修以真实有效为要，科研团队助力，确定了跨学科、典型引路式的整体推进策略。

2020学年，对话课例精修工作坊历经四个阶段："入门学习"线上预热、"上路体验"现场初试、"理论进补"寒假共读和"行动升级"工坊精修。围绕主题，着眼于研究，呈现出相对完整的校本研修过程。

第一阶段，L老师执教《记承天寺夜游》一课，经过精心设计、反复打磨，她努力创设对话情境、激发对话兴趣，让学生以苏轼的视角撰写朋友圈文案这一言语实践任务，体现了L老师在对话教学过程中的理念更新和行为改进。在观看开课视频后完成的研修作业中，老师们具体描述了体现对话思想与对话策略的教学片段，他们用准确的数据和详实的细节呈现出自己对于课堂的观察和思考，归纳分析了影响师生对话质量的原因，并结合今后的研究方向和改进路径分享了自己的心得和规划。

第二阶段，L老师分别执教《在柏林》和《桥》两篇微型小说，对比前后两次课，L老师的课堂教学逐步打开，第二节课由于执教者给予学生较为开放的空间，学生回答踊跃、生成丰富，生生之间的碰撞、师生之间的交流，直至下课铃声响起还意犹未尽。虽然教学任务并没全部完成，但学生们真正沉浸在了文本之中，拥有了自己的发现和体验，参与的广度、思维的深度、对话的维度相较前一次有了较大提升。老师们秉持着"课例研究重在研学而非评教"的宗旨，听课时都会深入各学习小组，近距离接触其中的成员，对学生的学习兴趣、学习习惯和学习效果展开了细致而深入的观察与研究。研讨环节中，不同学科的老师基于证据进行描述，结合切身感受展开充分的交流，不同学科的视角融入了耳目一新的发现和启迪。在这一阶段的研修活动中，老师们更为科学地观察课堂，更为专业地改进教学，更为自觉地关注学生，逐步深入对话教学的内核。

第三阶段，“对话课例”精修工作坊的所有成员于寒假认真研读了安桂清教授的《课例研究》一书，完成了读书心得的撰写，并将自己在阅读中的困惑摘录出来。在安桂清教授《课例研究的课堂话语分析取径：回顾与前瞻》讲座中，老师们对课堂话语分析的理论框架、国际课堂视频研究中的话语分析、话语分析取径的最新进展有了一定的了解，并结合读书中的困惑与专家进行现场互动。专业知识的滋养让一线教师萌生了理论进补的诉求和教育研究的自觉。

第四阶段，D老师执教的基础课与改进课均为朱自清先生的名篇《匆匆》，任教班级预备(12)班和预备(16)班的学习风格有所不同。本阶段课例研修活动侧重在学生的对话意识、对话情意和对话能力的培育，工作坊成员着力考察课堂上高质量的对话是否真实发生，学生的思维品质和互动能力有无提升，师生是否实现了双向成长等，老师们各自确立了自己的观察点和报告主题。为了调研真需求、发现真问题，以实现真对话和真学习，工作坊成员成立《匆匆》一文集体备课组，经过线上研讨，几位语文老师合力完成了包含四种题型的前后测问卷，并将演读活动作为本课开展对话教学的核心任务，非语文学科老师设计了课堂观察表。课前工作坊负责人预先将研修目标和观察重点以及学生的兴趣点和困惑点提示给同仁们，老师们有的放矢地深入小组观察、记录、并于课前课后展开访谈，在研讨中针对各自的研究方向展开多视点、全方位的分享与交流。

经过课例研修四个阶段的探索实践，参与工作坊的老师们开展了“对话教学”主题教研，构建了“合作伙伴关系”，实践了“共享·互助·成长”的对话研修模式，提升了自身的专业素养，实现了更高水平的专业对话。

(说明：此项档案摘自建平实验中学“对话课例精修工作坊”工作总结)

上述对话课例精修工作坊这一课程，是建平实验中学校本研修系列课程中的特色之一。经过课例研修活动的持续推进，学校形成了灵活的跨学科共同体，促进了主体之间的互动沟通，建构了相互支持的伙伴关系，骨干前辈引领和青年先锋反哺相辅相成，特色学科先行和跨学科融合相得益彰。校本研修系列课程的实施，让教师在进德修业和实践反思中提升自己，在优秀的专业生态圈中汲取动力，加速了教师群体的融合和创新，凝聚了集体智慧，共享了优质资源，不同程度地实现了教师课堂行为的改善，推动了教育关系的变化，更促进了主体之间的高质量的协同对话。

此外，学校的校本研修课程定位不仅是专业的引领，更是理念的更新、智慧的启迪、精神的提振以及境界的拓宽。比如作为于漪教育教学思想研究实践学校，校本研修中通过学习这位身边教育家的教学艺术、育人情怀和人格魅力，推进五育并举、情境濡染、启智润德、践行内化的德智融合项目，凝练智慧、积聚能量，老师们牢记为党育人、为国育才的使命，胸怀“父母心”、共铸“建实魂”。校本研修增值的不仅是培训过程和结果，更是老师们丰富的教育人生，更是所能影响到的每一个美好的生命。

四、实施多元科学的对话反馈

在培训评价方面，建平实验中学紧紧围绕“敬业、专业、乐业的仁爱教师”的培养目标，强调教师持续深入的反思、专家精准有效的指导、团队及时适切的切磋。在校本研修中，设立了多元化奖项，比如“主动成长、独立思想、生命自觉、积极创新”等奖项；建立了成长档案袋，囊括培训记录、教学展示、读书活动、参观交流、学术论坛、所获荣誉等；丰富了评价的维度，综合导师、同伴、自身、学生、家长等不同对象的调研问卷；开发了诊断的工具，比如教师专业发展三年规划、教育教学个人日志、课例研究互评表等，从而改进结果评价，注重过程评价，探索增值评价，健全综合评价。

【档案 10】专业阅读每日打卡——于漪教育教学思想实践基地学校德智融合项目组共读动态

一个自己不读书的教师，若想点燃学生阅读的热情，无异于缘木求鱼、升山采珠。为践行李百艳校长“让校园具有书香气，让教师具有书卷气，让学生具有书生气”的倡导，认真学习和深入领会改革先锋、人民教育家于漪老师的人格魅力和学术造诣，我校教师发展中心组建共读团队，创新阅读方式，聚焦一个主题，精研一位名家，修炼一项对话，同读一套书籍，完成一日打卡，共享一份成长，努力让专业阅读成为教师们的生活方式，而不是一种奢侈的学术追求。

共读活动不为狂风暴雨般的突变，立竿见影式的功用，而是期待这份阅读的力量春风化雨、润物无声，在老师们心中种下一颗种子，满怀希望与热爱，葆有恒定和坚守，萌芽滋长、成熟茁壮……

不足一个月的时间，24 名教师每天坚持打卡，全部读完《红烛于漪》、《穿行于基础教育森林》两本书。《于漪教育教学思想概要》一书共读之旅的开启，标志着共读小组都已完成从“人物传记”到“教育对话”再到“思想研究”的阅读进阶。

共读小组是一个弹性灵活的跨学科学习共同体，24 名成员分布于枣庄路、地杰国际城、张江 3 个校区，既有资深的正高级教师、年级部主任，也有职初教师和实习教师，共读组组长由枣庄路校区的吴非老师担任，她勤勉尽责、严谨务实，每晚温馨而智慧的打卡提示 30 天中总会适时而至、从不间断。

于漪老师脚踩中国基础教育的土壤，将深刻的教育教学理论以通俗的语言、生动的案例、真挚的情感，链接一线教师的教育教学实践，可感知、可触摸。通过每日打卡，老师们近距离地感受着一位耄耋老人的赤子之心、一个草根教师的家国情怀、一代育人师表的润物无声，真实而又深入地领略了“用生命在歌唱”的大师风范与名家风采。在每日的金句摘录和心得分享中，伙伴们汲取的不仅是“经师”的内容、方法与策略，更有“人师”的信念、价值与情怀，做一名善心美德于内、嘉言懿行于外的魅力教师成为大家努力追求的境界。

在繁忙的教育教学工作之余坚持每日打卡并不那么容易，病中不忘打卡、深夜依旧打卡、清晨匆忙补卡，在这样的共读氛围里，“生长”有团队赋予的、裹挟的，更有主体自觉的、应然的，翻翻一起认真读完的书，读读共同用心打好的卡，想想互相陪伴走过的路，价值感和成就感溢满心田。

悠悠书香润心，拳拳爱心育人，仁爱之心的奉献是需要理想信念的根植、道德情操的熏陶、扎实学识的积淀作底气的。阅读可以改变人，人可以改变教育，教育可以改变世界。在变革的时代，不因前路迷茫而惰于思考，不因周遭局限而懦于创新，共读团队成员将愿力投入到有价值的事情上，将精力倾注到有质量的组织里，将定力滴灌到有挑战的成长中，相信阅读会在建实园内助燃起梦想的火花、升腾起信念的火把，从而照亮每个人的生命。

（说明：此项档案摘自建平实验中学微信公众号“教师发展”有关报道）

上述档案通过组建弹性灵活的跨学科学习共同体，采用“专业阅读每日打卡”的方式，共读小组成员彼此监督、互相激励，多元视角的相互补充，多方思维的相互碰撞，多种声音的相互交织，教师们在对话中获得专业成长。综合性评价方式的运用，有助于释放个体的无限潜力，注入创新的不竭动力，积聚团队的巨大合力。公开式情境、共享式平台、留痕式档案、建设式反馈、多元式对话促发了探索的深入，激发了展示的热情，教师们的主动性、积极性和创造性得以提升。

“教师乃立校之本、兴校之源”，学校办学质量的提升和教师专业素养的精进无疑是相互影响、相互锁定、相辅相成的。建平实验中学将对话机制有效地融入教师专业发展建设中，积极探索以促进对话为核心的校本培训，分层次设计了满足不同类型教师发展需求的规范化、专题化、系列化的研修课程，细化和完善了富有“建实”特色的校本研修制度，努力建构全方位、多形式、高质量的培训体系，让研修内容更有针对性，研修形式更具吸引力，研修内涵更趋多元化，使教师的专业发展有依托、重实践、出成果。引发出惊人的个人成长力和感人的团队凝聚力，教师的职业尊严和生命质量得以提升，学校的跨越式发展得以实现，初步形成了“知识共建、

精神共勉、生命共生”的研修生态，这是坚定方向下的成功突围、办学特色中的深度熔炼、学校文化上的整体转型。

新时期的探索和实践，使教师发展跨上了一个新台阶，无论是教师群体发展还是个体发展都取得了喜人的成绩。学校总结提炼了对话课题的研究成果，先后出版了《在对话中成长——上海市建平实验中学对话教育探索集》《对话——走进魅力语文》等相关书籍。语文教研组被评为上海市巾帼文明岗、英语教研组被评为浦东新区巾帼文明岗、数学组获评浦东新区教育系统三八红旗集体，浦东新区优秀教研组的称号覆盖所有学科。教师专业发展学校“十三五”绩效评估、2019 年教师专业发展学校现场评估、2019 年和 2020 年见习教师规范化培训年度考核均为优秀，“2—5 年职初教师培养”市级研究项目获评优秀。学校现拥有一支 2 名正高级教师、5 名学科带头人、29 名骨干教师、50 名高级教师、2 名博士学历、57 名硕士学历、135 名党员的优秀教师队伍。

近年来，教师获奖数量惊人，质量喜人，四年一次的中青年教师教学评比，1 人获市级二等奖，1 人获市级三等奖，区级特等奖 2 人，一等奖 1 人，二等奖 2 人，三等奖 1 人；第十三届全国中学物理青年教师教学大赛初中组一等奖 1 人；第四届浦东新区爱岗敬业教学技能竞赛 2 人获一等奖；4 人先后获上海市语文大讲堂“教学之星”的称号；2019 年上海市见习教师基本功大赛市级二等奖 1 人；2021 年 7 位教师被授予浦东新区教育系统青年新秀教师；浦东新区 2020 年度第二年教龄教学设计比赛、浦东新区新苗杯比赛均有多人获奖。此外，在德育、心理、科研等不同领域的论文评比和赛事活动都佳音不断、捷报频传。

小结：三种管理导向及决策模式的得与失

在建平实验中学发展的不同阶段，学校面临社会政治经济发展环境的变化、机遇和挑战，学校发展的资源和条件也不同，使得学校在发展历程中表现出了比较明显的阶段特点。虽然从管理学的划分维度上，可以有目标与过程、专业与行政、管理与治理的不同维度；但是，从学校的实际运行状态来说，考虑到各种综合性因素的影响，以及学校不同发展阶段的不同管理理念、不同的资源和条件，建平实验中学在发展历程中表现出“绩效、专业、治理”的三个导向，但三者不是截然分开的，专业中有绩效，绩效中有专业，而治理本身也包括着效率、公平、专业能力以及人等相关多种因素，这是由学校发展的事实的丰富性决定的。

不同的管理导向可以演变出与之相匹配的决策模式，而决策模式最能够体现管理导向的特点。为了便于区分出不同的导向及决策模式的特点，笔者在前述具体分析基础上，以表格形式进行呈现。

表 5.5.1　绩效、专业、治理三种导向管理模式特点比较

模式 维度	绩效导向	专业导向	治理导向
决策模式	领导裁决模式	项目驱动模式	对话决策模式
决策主体	校　长	校长及专业权威	校长及多方参与主体
关　系	命令—服从	中心—边缘	合作伙伴
目　标	绩效目标	专业目标	生活意义
组织氛围	控制—封闭	半开放	开放、生成
教师参与	少参与	局部参与	全方位参与
效　率	短期高效	高效但出现分化	长期—高效率，但短期效率可能较低

通过上述直观对比可以看出，三种管理导向及决策模式的各自特点，也能够看出建平实验中学的管理导向从绩效管理向项目管理再向对话治理转型的演变格局。在由管理到治理的转型过程中，从决策模式来看，是从领导裁决模式、项目统领模式再向对话决策模式转变。从一人决策也可以叫做英雄决策到群体决策或多人决策转变；从人际关系角度来看，是从命令服从关系到伙伴合作关系转变；从目标任务角度，从外在绩效向内在意义转变；从组织氛围来看，则从“控制——封闭”到“开放——生成”转变；从教师参与来看，则能够看出从少参与到局部参与再到全面参与。进

而在绩效的意义上，也可以认为是一种短期绩效到更加长远的绩效预期。

当前，在我国中小学，主要的领导决策模式大致有领导裁决模式、理性决策模式、课题探索模式、项目统领模式。就我国校长负责制的内涵来说，提倡的是一种民主决策、依法治校的基本原则。但是，这样的一种基本原则，如果落实到具体发展阶段情境，具体的不同资源结构和文化氛围以及市场竞争环境中，来自内外不同的要素的影响，所产生出来的决策模式会有所不同。

通过建平实验中学的描述，我们可以看出绩效导下的领导裁决式决策属于克里斯马型的领导决策模式，校长是学校的最高领导，有着突出的个人魅力和优秀的领导品质，这种模式一般在学校的初创阶段、学校遇到困难局面以及学校面临重大变故和决策时，特别是涉及到学校的战略定位和转型发展等，往往需要这种决策机制发挥作用。如果领导是个兼听意见并且大度包容的人，则这样的决策往往会成为一种决策智慧；反之，如果领导心胸狭窄，刚愎自用，一旦决策失误，就会造成较大的负面影响。从学校办学的可持续发展来看，一旦校长更换，对于学校的持续发展也往往会产生不利影响。

理性决策模式，一般主要指科学决策的方式，包括规划研制，系统调研和思考，内外部条件的分析以及大数据的持续跟踪研究。这样的一种决策模式主要是依靠技术支持决策的机制建设，科学理性决策模式本质上是一种“目标——绩效”管理导向的决策机制。这种模式在学校稳定波动较少的、且外部变化不复杂、挑战威胁不大的状态下，比较有效可行，遵循着循序渐进式的变革思路，谨慎研究，小心行动，但遇到突变和波动性的发展状态，则必须启动领导裁决机制。但如果领导能力比较弱，且决策力和专业力都弱，学校发展则容易出现阻滞状态。对于好的学校能够维持一段时间，但如果是相对薄弱的学校，发展则会受挫。

专业导向的课题引领或项目统领式决策模式，是很多中小学常用的一种决策方式。课题引领决策模式，在学校中可以有体制外和体制内两种模式。一般来说，学校的某些改革尝试，在不确定性较大的情况下，往往借助于课题载体先进行尝试实验，这样的课题实验可以失败，也可以突破，可以创新，总结经验。如果成功且可推广性很大，就扩大课题研究的辐射范围，逐步由专业向行政转化。学校校长的角色是择机决策，引导转化；另外一类课题则是涉及学校发展核心的课题，包括课程改革、质量改进或品牌打造等，这种课题本质上对学校具有全局引导作用，对学校影响较大。通过课题方式则可以更加聚焦，借助于课题运作模式可以有效吸收学校各类资源，而非仅仅依靠行政决策机制。但是，无论是项目还是课题，纳入到决策机制层面来考虑，如果是外部引入，一旦出现水土不服或项目本身的逻辑和质量有问题，在学校推动中也会产生改革的负面代价。

通过几种决策模式的梳理、比较分析，可以看出从管理走向治理的学校现代化进程中，对话决策模式的必要性与优越性。

第六章

课程教学改革中的对话实践研究

"对话"作为一种最普通的交流手段,在教育教学的日常实践中或多或少都存在着。就对话这种交流方式的功能,诸如易于沟通思想,达成双方的彼此了解,消除隔阂,破解疑难,达成共识,走向更好的合作和更高层次的提升,已经是基本共识。

早在先秦时期,儒家学派的创始人孔子与弟子的对话,催生出教育的真谛,庄子与惠子的对话,擦出了智慧的火花。现代社会国与国之间,群体与群体之间,人与人之间,都离不开交流与对话。在学校教育中,就建平实验中学而言,通过访谈调研可以发现,很多老师在自己的实践中一直有着自觉或不自觉的对话实践,但将对话上升为一种自觉意识和实践行动,很多老师认为是现任校长明确提出以后才认识到"对话"这个概念。

本章着重从治理意义上,以市区层面进行的管办评分离、放管服的政策为基本背景,以学区化、集团化的政策实践为参照,对治理理念与对话机制在课程开发、教学改革以及课堂实践三个方面进行探讨。

第一节　基于对话的课程开发

课程开发需要对话吗？在什么意义上，课程开发需要对话？针对什么问题，课程开发需要对话？为此，笔者结合建平实验中学的改革实践进行探讨。

一、需求：课程开发的基本前提

按照泰勒的目标模式理论，一般将课程开发分为专家模式、社会学模式和儿童模式三种模式。事实上，在我国的学校校本课程开发中，存在着两种倾向：一种是特别依赖专家课程开发模式。在这个意义上，课程专家成为学校课程开发的主要依赖，课程方案做得天衣无缝，课程逻辑的公正性以及课程论证的专业性达到了无懈可击的地步，即使是有争议，那也是专家之间的对话，实践者和对话者难以介入，只能听专家意见；另外一种是社会学模式，主要是回应政策需要和社会需求，占主导模式的往往是一种自上而下和自外而内的课程开发模式，学校课程的合法性论证逻辑主要是政策需要、社会急需、问题急迫、领导关注或者专家发言，而最重要的是忽视了课程需求主体以及自下而上的课程合法性论证。

为此，课程开发的基本前提在对上述两种合法性论证方式的优势充分估计的基础上，还需要补充一个需求模式，没有了需求，就如同产品强加消费者，强买强卖的方式，必然受到课程合法性的质疑。目前很多学校课程开发中出现时断时续的问题，领导一换，项目停止；政策一变，立马终止。所以，课程开发首要的问题不是做得多么好、多么有特色，而是首先要做正确，“做对”才是学校课程开发的首要前提。如何才能“做对”？充分尊重客户和课程生产者——教师的意见，尊重他们的需求并且基于需求进行课程开发则是重要原则，也是合法性论证的一个重要角度，这就需要对话协商。

新课程改革已经进入深化阶段，就上海市来说，经历了“一期”课改与“二期”课改两期课程改革，积累了很多区域性的课程改革经验，也对国家课程改革的深化做出了区域性的贡献。上海市基于课程标准形成的基础型课程、拓展型课程和探究性课程的框架，已经基本确定为学校课程开发的基本依据。建平实验中学根据自身的实际，探索了课程框架设计与实践的“需求观”的变革实践。课程开发和实施的出发点是什么，校本课程开发的基本出发点又是什么？实际上，在已经进行的校本课程开发过程中，存在着价值取向上的偏差。从深化课程改革的角度来看，基于学生的成长需要是一切课程开发的出发点。需要是一种差异性的存在，没有差异就没有对话，没有对话就没有教学。差异不仅客观存在，而且是推进课堂教学的资源与能量。

当前，在不少的中小学中，为了强化特色课程的特色意识，出现了偏离成长需要的课程开发的不良取向。“人无我有，人有我优，人优我特”的特色课程开发理念对于真实的学校需求是否有效，值得反思。只有紧紧抓住学生成长需求，做好需求调研，并且在需求调研的基础上，才能保证课程开发不会偏离基本方向。当然，也存在着一些学校，根据校长或老师个人的偏好开发课程，缺少学生立场或学习者立场，导致课程脱离了学生的发展需求和实际，劳民伤财。因此，建平实验中学从初中学段特点以及国家地方课程的基本框架出发，提出了“三需”课程开发思路。所谓“三需”，即“刚需、特需、普需”，建平实验中学课程建设基本的出发点就是发现需求，满足需求，在满足学生的需求基础上，不断提升需求，甚至创造需求。根据学生的成长需要，将需要类型划分为“三需”，从不同层次上，进行课程规划和架构，并以满足需要为基本原则，为学校课程定位。“三需”课程的建设就是在与学生需求的对话过程中提炼出来的，也是对话理念在课程建设中的体现。调研学生需求就是一种对话管理的基本方法。调查研究是对话管理的一种手段，了解、沟通、理解等就是一种对话实践的具体体现。

建平实验中学从新生报到时就进行了详细的问卷调研，全面了解学生的基本信息，掌握学生兴趣特长，结合问卷分析与学生的会诊诊断跟进，以及学业质量水平的持续跟进分析，对每一届学生的总体特点与个性发展需求进行充分分析后，形成课程方案，形成了“三需”课程的开发思路。

（一）“刚需”：满足学生学业进步需要

所谓刚需，一般是指无可替代的需求，很难讨价还价，是特殊的时期与发展阶段，人们不得不做出的选择。打一个未必恰当的比方，如同房地产市场一样，老百姓的刚需决定了房市的热度和房价的居高不下。对于广大的初中生而言，不可否认，他们到学校来求学的根本目的是读书做人，但是为了能够持续发展，为了在中考当中能够胜出，他们必须努力取得优异的学业成绩，以满足升学的需求。为此，学校必须努力探索科学的课程设置，追求高质量的教学以满足学生学业进步的刚需。基于这样的“刚性任务”“硬性指标”，每一所学校都会把主要的教学精力放在国家课程的教学上面，这部分课程的教学占用了大量的教学时间，因为这部分课程的内容以学科知识为中心，学习方式以记忆、复述为主，很多学校很多教师会采取让学生死记硬背、超前学、超量学、反复学，大量刷题等教学方式来应对，加之教辅机构的推波助澜，学生的学习负担相当沉重。[①] 这样的教学明显地背离了素质教育的初衷，有悖于青少年的身心发展规律，在取得一定的成绩的同时也带来了严重的负面效应，导致学生压力过重、焦虑过度、效率低下、厌学逃避等种种问题，学生陷入严重恶化的生态环境之中，很多学生在读书期间就遭受了严重的心理灾害，还有一些人虽然没有爆发心理危机，却埋下了心理隐患，在以后的学习和工作中出现重大心理危机。

---

① 李百艳，实施《上海市中小学学业质量绿色指标（试行）》的实践探索[J]. 上海教育科研，2018(3)：71—75.

面对竞争激烈的、高利害的中考，学生、家长、老师没有人可以很潇洒地说“我们不在乎成绩”，相反，一所负责任的学校，必须要千方百计研究教学、改进教学，把握教学规律和学生的成长规律，更好地满足学生成长的刚需。着力解决好普遍存在的高负担、低效益、不够科学的教学方式与广大学生作为主体的人对学业进步成功的渴望之间的矛盾。

建平实验中学对于学生在基础型课程学习中，通过长期的跟踪性的课堂观察以及学生的学习需求调研，进行了课程教学改革，也了解了对话教学在学科中的不平衡，学生的课堂参与不充分等问题。为此，作为基于学业水平提升的“刚需”课程，重点以对话课堂的打造为主题，积极推动对话文化从管理层面向教学领域的辐射、渗透，引导教师从哲学的高度来认识“对话”的内涵，提高教师对话的本领与艺术，开展多元对话，通过对话确立学生的学习主体地位，让学生主动学习，做学习的主人，焕发学习动力，提高学习效益。

【档案11】《散步》课堂教学实录(节选)

在对话中走向深度学习

师：同学们，我们今天想来研读一篇文章——《散步》，我为什么说是研读呢？因为我刚才在和同学们聊天的时候，同学们告诉我说这篇课文以前读到过，那说明我们学习是有一点基础的。有一句话叫做“佳作不厌百回读，熟读深思子自知”，你读过没关系，每一次读都会有不同的发现，你们有过这样的阅读体会吗？

众生：有。(众生纷纷答)

师：可能你六年级时候读《散步》，和你现在七年级读《散步》就完全不一样了。其实我告诉大家，等你们毕业的时候，我会再给你们上一次《散步》的课，那个时候的教学重点又不一样了。我先透露一下啊，那个时候不要缺课，那个时候上《散步》是针对中考作文如何仿写上的课，但是今天不是，好，同学们，今天我们干什么呢？我们来看看这句话。(出示PPT)

师：著名的语文教学大家叶圣陶先生，他对中国语文教育的影响很大，他说鉴赏文艺的人如果对于语言文字的意义和情味不很了解，那就如入宝山空手归，结果将一无所得。同学们，我们说语文课最重要的是什么，要……

众生：学有所得。

师：很好，学有所得。我们最怕的就是一节课上完了，用叶圣陶说的话就是……

众生：一无所得。

师：我们把这句话读一遍，一起读。

众生：（学生齐读）鉴赏文艺的人如果对于语言文字的意义和情味不很了解，那就如入宝山空手归，结果将一无所得。

师：哦，孩子们，这里他说如入宝山，"宝山"指什么？

生1：书海。

师：哦，你一下就从山想到海了，这个思路是对的。今天我们拿在手上的就是叶圣陶先生所说的"宝山"。在老师的眼中《散步》它就是一个宝山，一个富矿。拿在手上的就是叶圣陶先生所说的"宝山"。文章的题目是"散步"，我们也到文中去散散步，接下来同学把文章自由地读一遍，你读完之后，闭上眼睛回味一番，想想这座宝山里有一些什么"宝贝"给你留下很深的印象。读读看，自由读，出声读，默读也行，你怎么读都可以，用自己喜欢的方式，开始读吧！

众生：自由读课文。

师：我说自由读，但是我发现可能我们习惯齐读，不过也很好，读得也有滋有味的。但是我觉得同学们自己再消化一下，每个人，自己体会一下。如果说这个散文是一个"宝山"，你刚才这样读了一遍，再稍加回味，看看有没有伸手就可以找到的宝物。根据你的阅读习惯，你觉得哪些是"宝贝"？

生2：这篇文章它里面是有一些环境描写的。比如说在第四节他描写的是南方初春的田野，然后他描写的是大块小块的新绿和树上的嫩芽儿，还有田里的冬水，这些都是能让作者联想到"生命"这个话题，能有自己的思考，也跟文章想要表现这个主题有呼应的这样一个作用。

（板书：宝——环境描写）

师：你的语文知识很扎实，首先你对这个知识点判断得很准，叫环境描写。你能告诉我为什么你认为这段环境描写，它就是你找到的第一块宝呢？

生2：因为环境描写一般性在文章里面都会有一些作用，然后可能跟这篇文章想要表达的主题，或者想要表现的人物有关。

师：哦，想的好深啊！环境描写和主题有关，和人物有关，大家说同意吗？

众生：同意。

师：同意，很好，这是一个作用，还有其他作用吗？

生2：还有，嗯……

师：我们换个角度，如果这篇文章我们现在就把这一段删掉。没有这一段，你看看表达效果会有什么不同。我们说"宝"，比如说你认为这个戒指上面有个钻石是个宝，但是我们现在把这个戒指上面的钻石把它剥掉，你看看会有什么不一样？

生2：我觉得没有这样的描写以后，感觉上面的话就是有缺了一点儿什么东西。

师：什么东西呢？

生2：是我们对周围环境的这种……。

师：首先你说环境，你能给他概括一下写的是怎样的环境？我们来读读，好，把你最高的朗读水平拿出来读一读。

生2：（富有感情地诵读）"这南方初春的田野，大块小块的新绿随意地铺着，有的浓，有的淡；树上的嫩芽也密了；田里的冬水也咕咕地起着水泡。这一切都使人想着一样东西——生命。"

师：鼓励鼓励呀！（众生鼓掌）我非常欣赏你，注意她的停顿，掌握得非常好。大家注意这一段很是不好读，你给我数数这一段有几种标点符号？

众生：六种。（众生纷纷答）

师：你站起来说。

众生：有六种，第一种逗号。

师：你第一个看到的一个逗号吗？

生3：感叹号，第二种逗号，第三种分号，第四种是省略号，最后破折号，然后句号。

师：大家看，短短的两行文字竟然有六种标点符号。我告诉你，刚才这位女生，你叫什么名字？

师：她把感叹号读出来，她逗号和分号处理得不一样，它的省略号的意味也出来了，她的破折号处理得似乎有那么一点点欠缺，你自己愿意再试一试吗？

师：你坐下来，你也坐下来，大家也把这一段读一读，你体会下这么多种不一样的标点符号，该怎么读？读读看。

众生齐读：（更有节奏感地朗读）"这南方初春的田野，大块小块的新绿随意地铺着，有的浓，有的淡；树上的嫩芽也密了；田里的冬水也咕咕地起着水泡。这一切都使人想着一样东西——生命。"

师：我发现后面的声音不一样，有的时候这一切都使人想着一样东西，和刚才女生一样——生命。大家觉得那个感觉是什么？我刚才说过了，我很熟悉他，对吧？我应该特别想认识他。来，你给大家读一遍。

生4：（更饱含感情地朗读）

师：啊，他强调了，看来你确实很有表现力。

师：那我们回到刚才的问题上，这一段环境描写写的是怎样的环境呢？通过刚才同学们的朗读，尤其是这位男同学的朗读，你们已经自发地给他鼓掌了，什么样的环境？大声说，站起来说。

生4：充满生命气息的环境

师：大声说，充满生命气息的环境，而且给人的感觉，你读它的时候就怎么样？特别的振奋，是不是？很好，请坐。刚才那位女同学说了，其实环境描写和文章的主题是有关系的。但现在有什么关系？你用哪个词能把这个关系连上？还有你优先回答，因为这个问题你是最先提出来的。

生 2:就是最后的“生命”这个词。

师:哦,是“生命”,可是个大主题,那是怎么联系的?大家说这环境描写和生命怎么联系起来的?

师:文章中写“生命”,他是写了怎样的生命?谁的生命?现在要联系全文来看了。这第一块宝看来真是个宝贝。说,你来说说看。

生 5:请大家看第三节,“天气很好。今年的春天来得太迟,太迟了,有一些老人挺不住。但是春天总算来了。我的母亲又熬过了一个严冬。”这种也有一些老人在清明节还没到就去世了,也表示作者对母亲生命的在意。

师:他对母亲的生命的什么?

生 5:在意。

师:“在意”,是的,还有什么词?爱护。呵护是吗?非常好。孩子,请坐。

师:(板书:生命)孩子们看这段话,大家知道清明节刚刚过,清明节在中国人的传统里面有一件事都要做,那就是扫墓,对吧?慎终追远,纪念逝去的亲人。那么这里面的生命有一些是什么?逝去的生命(板书:逝去的生命)。而还有一种生命,大家看他的母亲,那个生命是健壮的生命吗?像南方初春的田野一样的生命吗?是什么样的?苍老的,而且是怎么样的?有可能……

生 6:随时熄灭的。

师:对,随时。他用的“熄灭”,真好,真有表现力,哪里看出来的?

生 6:因为他说她老了,身体不好,走远一点就累。她走远一点就觉得很累,说明它的生命力……

师:在萎缩,是吗?好,很好,有例证,还有例证吗?你来说。

生 7:又熬过了。“又”字说明母亲冬季熬得十分艰难,而且是熬过。可能对我们年轻人来说,一个冬季不算什么。

师:可能对我们不知不觉就过来了,可是对母亲呢?

生 7:对母亲来说是“熬”过一个冬季。

师：孩子们，看“熬”字是怎么写的？看那个字的结构。它是个形声字，是不是？上面是声旁，下面是形旁，多表义，再看那个形旁是什么？四点水是吗？真聪明，有的同学已经纠正了，不是四点水，是火，是四点底，而这个火大家注意看，底下是火的，底下是火那个字都很难过地熬啊，熬啊，难过不难过？

众生：难过。（纷纷答）

师：很好，找得非常准，很好。还有吗？

生8：第六节，第六节的最后一句话，“我决定委屈儿子，因为我伴同他的时日还长。说明她的生命不能继续延续下去，像我的儿子那样，我只有一点点时间来陪伴她了。”

师：这个作者已经直接表白心意了，对不对？很棒，好。这些我觉得都可以圈画下。

师：刚才这位同学给起了个头，大家就顺藤摸瓜，对吧？从一颗大钻石摸出了无数颗小珠宝。环境描写是不可或缺的，因为它交代了故事发生的环境，渲染了美好的气氛，也突出“生命”的主题。现在老师作为鉴宝师宣布，刚才这一轮你们都得了宝物而归，第一轮寻宝到此结束。

以上为建平实验中学一位语文教师执教公开课《散步》教学片段，从中我们可看出对话在建平实验中学的课堂里自然呈现的状态。建平实验中学倡导的对话课堂强调的是多元对话，首先是教师与自己对话，做一个深思型教师、反思性教师，带着真实的自我走进课堂，走向学生与学科。诚如帕克·帕尔默所说“认识学生和学科主要依赖于关于自我的认知。好的教学来源于教师的自身认同和自身完整”。[①] 有了清晰的自我认知，教师作为教者的主体地位才会合理呈现，才会积极主动、更好地展开与学生的对话。与学生对话首先是尊重学生作为学习的主体，也是作为对话者的地位与权力，真诚地尊重学生的尊严，体察学生的学习情境，走进学

① 李百艳. 对话：教师核心素养的本质、传统与未来[J]. 中小学管理，2017(6)：15—17.

生的逻辑世界，改变传统课堂知识传授过程中的独白、讲话、训话甚至是指责等形式的“假对话”，代之以真诚、民主、平等、细腻、贴心的“真对话”，[①]变“我讲你听”“我下达指令你来完成”的主客体之间的关系为平等对话、交流互动、不断生成新的教学资源和成果的双主体之间的师生关系。对话教学带来的是课堂形态向生活世界的回归，学生拥有了学习主动权，学习动机越来越强，学习质量自然会不断提升，以科学高效的教学最大程度满足了学生学业进步的刚性需求。

（二）“特需”：满足学生兴趣特长的发展需要

当前的国家、地方、学校三级课程结构给学校留下了一定的课程开发与设置的空间，虽然这部分课程所占的比重是有限的，但是价值和作用却是难能可贵、不可低估的。[②] 建平实验中学非常重视校本课程的建设，深入研究课程标准对这部分课程的要求以及课程对学生成长的价值，课程开发不宜再以间接经验为主，注重学生直接经验的获得，淡化颁考类学科课程的知识中心，突出学生为中心，注重体现校本课程的兴趣性、实践性、体验性、自主性、综合性。

建平实验中学 2015 年开展了科研课题“特需导向的校本课程开发”的研究，特需导向的校本课程是指从学生的需求出发，为其“量身定做”相应的校本课程，从而实现个性化学习需要的满足。“特需”的概念源于医学的“特需门诊”，特需课程直面学生的需求，是解决学习者的特别学习需求和特别学习方式的课程。特需导向的校本课程围绕学生核心素养的培养，开发了“人文素养类、科技素养类、生活健康类、综合探究类、自主实践类”五大类几十门校本课程，通过探究课、社团活动、主题实践活动、专题教育活动、学科渗透教育、环境创设教育等多种途径来实施，旨在培养学生的问题意识、动手能力、综合实践能力，以此来弥补学生学习中直接体

① 李百艳. 对话：教师核心素养的本质、传统与未来[J]. 中小学管理，2017(6)：15—17。

② 李百艳. 实施《上海市中小学学业质量绿色指标（试行）》的探索实践[J]. 上海教育科研，2018(3)：71—75.

验的不足。

【档案12】建平实验中学2017年度校本课程开设情况

表6.1.1 建平实验中学2017年度校本课程一览表

人文素养类	文学社团:悦读时光、戏剧天地、浅草文学社、清音社、演讲与口才、主持人、诗海撷珠、文字游戏、诗词创作、影视欣赏、经典吟诵……
	艺术社团:管乐队、打击乐团、校园歌曲欣赏与创作,合唱、钢琴、非洲手鼓;书法、国画、篆刻、创意手绘、实物写生;街舞、古典舞、交谊舞、民族舞、现代舞……
	礼仪课程:中国礼仪课程、西方礼仪课程、辩论……
	跨文化课程:希腊语、国际领导力课程、双语课程、英语戏剧、英文歌曲欣赏、英语演讲、外教作文、国外游学……
科技素养类	信息技术社团:编程思维、Photoshop、网页制作、动漫设计、电脑绘画……
	发明制作:航模、科技小制作、发明专利……
	校园生态体验:无土栽培、生物摄影、校园物种探究
	各类科技竞赛辅导
生活健康类	生活技能社团:烘焙、中国菜、面点制作、茶文化、缝纫、十字绣、微型小家具制作……
	体育社团:乒乓、足球、女篮、男篮、手球、高尔夫球、长跑、短跑、京剧广播操、太极拳、韵律操、棋类社团……
综合探究类	steam课程:四大发明实验室综合课程、未来城市
	小课题探究
自主实践类	主题活动:德育"真人"系列主题活动、科技节、艺术节、体育节、温馨班级风采展示……
	自主体验:职业启蒙体验、漫步自贸时空、爱心义捐义卖……
	心理课程:心理拓展课、心理健康主题活动月、心理社团、心理咨询……

(说明:此项档案摘自建平实验中学课程教学中心内部资料)

从上述档案可以看出建平实验中学针对学生的"特需",开发了几十个科目的校本课程,这些特需课程的评价注重激励、赏识,通过"量表式、测试式、档案袋式、表演式、竞赛式、展示式、创作式"等多元评价方式进行综合评价、过程评价,多元评价。其中很多课程已经取得丰硕的成果。其中"未来城市"项目,建平实验中学三次在全国比赛中荣获冠军,并赴华盛顿参加全球总决赛斩获大奖。这些特需课程使学生在自己擅长的领域充分发展兴趣、张扬个性、释放能量,使他们的求知欲,自我表现欲得到满足，品尝到成功的愉悦，并将局部的成功迁移、放大到学科知识的学习或其他方面。

（三）“普需”：满足学生青春期的成长需要

青春期的初中生有三个主要的心理特点：一是喜欢新鲜事物，求新好奇，易感易激易波动，需要老师和家长给予更多的理解和接纳。二是自我意识和独立人格开始觉醒，他们在乎自己的表现，渴望得到别人的认可，总想摆脱老师和家长对他们的约束和管教，有叛逆的倾向。三是由感性思维向理性思维过度，但仍以感性思维为主，表现出“似懂非懂，半生不熟”的特点，在各个方面表现出可塑性强、稳定性差的特点。他们普遍的心理需求就是得到认可、尊重。

【档案13】课程育心：满足青春期学生普遍的心理需求

所谓的课程育心是指通过各类心理课程进行心理健康教育。每届新生入校时，学校都会通过查看学生的成长手册、全员家访、召开家长座谈会、对学生进行问卷调查等形式，了解学生的心理健康状况与需要。心理课程为学生量身定做，逐渐形成面向全体和个别化学生的课程体系。开发的心理校本课程《走进阳光心理、培养真善少年》经过十几年的试验、修订被评为浦东新区精品课程，在预备、初一开设心理必修课，纳入课表，每班每两周1课时；同时开设心理主题班会课程，纳入课表，从预备到初三，每班每两周1课时。

表6.1.2　建平实验中学全员心育课程安排

	课程内容	实施对象	培养学生心理素养
全员心育课程	真善自我	预备年级	适应新环境，自我认识与评价，积极的情绪体验、表达、管理，体悟幸福
	真善学业	初一年级	学习动机、意志力、记忆力、思维品质、积极面对考试、发掘潜能
	真善交往	初二年级	认识人际交往的重要性、提高人际交往的基本技巧、正确面对青春期生理和心理变化，懂得自我保护。
	真善社会	初三年级	认识自我与他人、与社会的关系，培养应对失败和挫折的能力、珍爱生命，为升学与就业做准备，初步确定人生目标与方向

表 6.1.3 建平实验中学专题心育课程安排

序号	专题心育课程	实施对象	课程内容
1	六一狂欢	全校	每年 10 课时，实物大餐、精神大餐、行为艺术大型心理体验活动
2	心愿风铃展	全校	每学期 5 课时，书写心愿，“袒露心声、表达自我”
3	户外主题实践活动	全校	每学期 10 课时，春游、秋游
4	职业启蒙体验	全校	寒假 10 课时，暑假 30 课时，了解父母工作性质，观察体验父母之工作，初步建立职业概念
5	五月心理活动月	全校	每年 5 月，教师、学生、家长三个层面的活动。如：专家讲座、班主任微讲座、教师沙龙；超级家长会、非常家长慧；校园心理情景剧比赛、心理主题班会、心理板报评比、心情故事比赛、心理微视频比赛、心理小论文评比、手语操比赛、心理吉祥物征集
6	校外职业生涯基地体验	预备至初二	每学期 10 课时，体验不同职业，让学生切身体会到生涯教育的价值和重要性，初步形成人生规划的意识和愿望。
7	阳光心理社团	初一	每学期 20 课时，心理学理论知识和实践能力
8	小团体心理辅导	自愿报名、筛选参加的学生	每个小团体 4—8 课时不等，如：新生适应性、考试焦虑、抑郁情绪、人际交往、青春期、亲自沟通、自我认知等

（说明：此项档案摘自建平实验中学心理健康教育中心内部资料）

档案 13 的材料是针对全体学生设计的心理健康教育课程，课程专为青春期的学生而设计，为心灵处于疾风暴雨期的学生保驾护航，为一所大规模学校的学生心理安全提供了有力保证，此项课程已经被评为区域精品课程。

二、审议：课程开发的对话平台

谁享有课程的决策权？对于新教师来说，一般是按照课程标准和计划规定的课程安排来进行课程实施。但是，有了一定经验的教师，课堂实施的课程就会随着自身经验的积累而有所变化，教师在课程实施过程中就会有着自己的经验和判断在里面。而且教师还会参与一些区层面或更高层面的课程实施计划的制定和管理工作。当然,在不少学校中,也会在学校领导的默许状态下,进行一些课堂教学改革。更进一步讲,学生、家长和公众也应该享有课程决策权,至少是知情权。在一个民主权利体系中,权力和利益应该有多种主体分享和共同参与。尽管课程开发有需求调研,并在调研基础上,形成了课程目标,但是在课程实施过程中,仍然会发生许多意想不到的具体问题。因此,目标不是死的、不能动的,而要根据具体实施情况做出调整。作为反对寻找普适的课程理论,施瓦布认为,我们不如更实际一些,在考虑多种因素的情况选择如何行动,通过具体的课程方案和实践案例的积累去寻找特定情况下的明智的决策。根据沃克的发现,对于课程开发小组的实际工作方式研究,事实上,很多课程开发小组甚至从不陈述目标,或不是特别强调目标,而开发过程更多的是组员工人的信念和设想,花费大量时间不是讨论目标,而是构建了他们的"平台"。这种平台与其说是资源,不如说就是对话的平台。①

施瓦布提出的实践的折中艺术,针对课程开发中的专家模式,突出了课程开发的过程模式,其中,从课程对话机制意义上,提出的课程审议制度是值得借鉴的。经历了两期课程开发的经验积累,应该说,主要还是突出了专家课程开发模式,对于校本课程开发的合法性,主要是针对理性合法性的证明。在这个阶段,课程开发的质量得到了保证,但从自下而上、本土的学校课程开发机制,尤其是对课程合法性的证明,则主要还是一种专家、项目、课题的合法性、合理性的获得方式。

【案例 4】《诗海撷珠》课程开发过程

一、课程动议与构想

《义务教育课程标准(2011 年版)》中指出:"语文课程对继承和弘扬中华民族优秀文化传统和革命传统,增强民族文化认同感,增强民族凝聚力和创造力,具有不可替代的优势。"近几年,随着统编本语文教材的实

① [美]戴克 F. 沃克乔纳斯 F. 索尔蒂斯著. 课程与目标[M]. 教育科学出版社,2009:69.

施，中华优秀传统文化在语文教学中的地位也进一步提升，“初中古诗文选篇也是124篇，约占所有选篇的51.5%，比原来的人教版也有提高，平均每个年级40篇左右。体裁更加多样，从《诗经》到清代的诗文，从古风、民歌、律诗、绝句，到词曲，从诸子散文到历史散文，从两汉论文到唐宋古文、明清小品，均有收录。”①

校长是一位才情横溢的语文正高级教师、特级教师，她认为，初中阶段正是孩子们记忆里最好的年级，也是孩子们绘制自己精神底色的大好时光，如果能让汉语中的精华渗入他们的血脉，让古人情志的光芒照亮前方的道路，才能让学生有足够的精神底气去探索真知、追求真理、学做真人、活出真我。但这种教育不是一朝一夕就能完成的，它需要长期地熏陶与浸润，才能让学生有所收获。

基于上述需求，我校启动了“诗海撷珠”校本课程的开发，以满足学生个性化和多元化的发展需要，其目的在于帮助学生积累古代诗歌中的汉语精华，感受古代诗歌中的传统文化，做一个充满正气、谈吐优雅的“真人”。

我们初步构想这样安排课程：选取古代诗词歌赋中的名篇及文学文化常识，编写一本校本教材，组织学生利用语文课堂教学时间与课外阅读时间进行大量记诵，并以形式多样的竞赛作为评价依据。

二、方案商议与确定

接着，我们拿着课程的初步构想方案与教师、学生与家长进行沟通协商，以平等对话的形式认真听取各方建议，才发现这一课程的开发并没有想象中那么顺利。

在与学校语文教师们协商过程中，我们了解到，尽管大家一致认为多积累古代经典名篇中“典范的语言”有利于提高孩子们的语文素养，但因为课时有限，平时课程安排已经很紧凑，很难再挤出大量的语文课堂时间

① 温儒敏. “部编本”语文教材的编写理念、特色与使用建议[J]. 课程，教材，教法，2016，36(11)：3－11.

进行这套教材的学习。

学生和家长也提出了自己的看法，一部分学生认为，现在语文教材中有一部分古诗文篇目，相关的实词解释、句子翻译，乃至文化常识的学习负担并不小，平时也需花较多时间进行记诵，才能保证不丢分，如果再加一册教材，负担就会很重。很多家长也表示，尽管这是一件好事，但确实也会增加学生负担，更重要的是，古诗文学习需要长期浸染，增开这一门课是否真的有效呢？

在综合了各方的意见后，我们决定调整初步的课程方案。我们先按文学史的顺序梳理了一到九年级教材中所有古代诗歌，并在此基础上补充编写各个朝代的诗、词、曲优秀作品，并随文补充相关文学文化常识，使课内与课外的古代诗歌形成联系，这本小册子可供孩子们早读、课间及选修课时间吟诵。这样既保证学生能有所拓展，也避免增加太多负担。

除此以外，我们将古代诗文中的名句撷取出来，在孩子们每天去教室的必经楼道上设置了“诗词长廊”。孩子们每天在诗海中徜徉，目之所及，自然会有与诗中精华怦然心动的相遇，长期浸润其中，必会与之亲近，进而有所感、有所悟。

三、课程审议

在确定了课程方案之后，我们进一步与课程专家、学生、教师及家长对话，邀请他们对课程进行审议。大家在仔细阅读了我们修改过的课程方案后，一致认为可行。课程专家进一步指出：

1. 教师要在有限的时间和空间里灵活、有效地组织教学，整合并利用网络视频资源和书面文献材料，帮助学生在有目的、有计划下的学习与自然状态下的获得有机结合起来。

2. 教师要在指导学生学习语文知识、掌握语言规范的同时，要培养学生的审美意识、审美情趣，提高学生对优秀传统文化的认同感。

3. 接受性学习、体验性学习、研究性学习是课堂教学中学生应学会的基本学习方式。在培养学生学习能力的过程中，要努力改变学生的依赖性学习习惯，注重体验性学习和研究性学习的指导，促使学生在读写实践中独立思考，提高质疑能力和研究能力。

案例4生动而完整地记录了校本课程《诗海撷珠》的开发审议过程，经过课程审议，就会避免没有教育价值、学习价值的课程浪费师生宝贵的精力与时间，更能够避免意识形态领域有失偏颇的课程。当前校本课程开发的随意性还是随处可见，主要原因在于学校课程审议机制的缺失。建平实验中学课程审议的过程是理念认同的过程，是探索操作路径的过程，进行课程审议的过程也是获得专业支持和学生认可的过程，作为走向治理的课程对话平台是一种实现现代治理的重要路径。

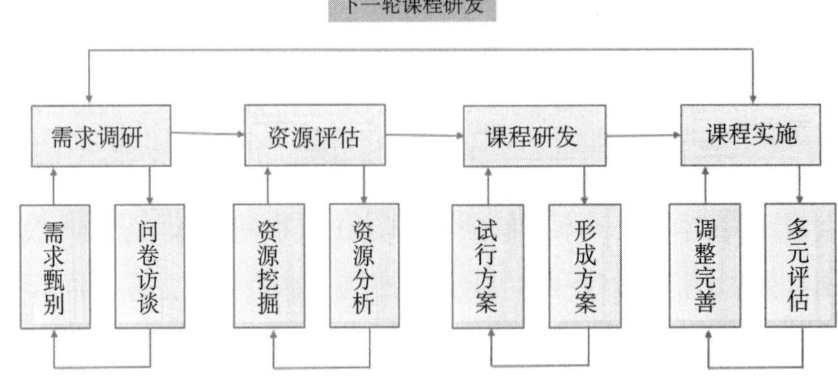

图 6.1.1　校本课程开发审议机制

校本课程开发某种意义上是资源不断集聚的结果，一门课程的诞生到教学实施有很多的随机性、随意性。因此，当前初中学校的校本课程建设整体比较薄弱，高质量的校本课程不多。在三级课程体系中，校本课程的开发权在学校，只有校内建立起了规范的课程审议机制，才能保证课程开发的合法性，才能保证课程被认同，才能保证课程质量。课程审议包括课程规划论证、课程实施调研反馈机制、课程质量的自我评估机制等。上图为建平实验中学校本课程开发审议机制，这是一种自上而下与自下而上相结合的课程开发议制度。

三、协同:课程开发的多方助力

教育治理体系变革的价值基础是基于多元教育利益主体参与、共商的“善治”,构建了基于合作的“政府——学校——社会”新型关系。“放管服”“管办评”政策在上海市得到了深入的推行。浦东新区早在上个世纪,就积极探索了委托管理的模式,新主体的增加、新资源的产生,改变了单向度的内循环。随着上海市的各类专业性服务机构和科研院所机构的介入,一批有资质的专业性服务性机构得到了培育和教育主管部门的扶持。建平实验中学在推进课程实践的治理机制的过程中,得到了多方扶持,展开了有效尝试。政府宏观管理、第三方中介机构进入到学校的办学领域,使得学校与政府、社会的关系由原来的政府与学校双边关系到政府、学校、社会等越来越多元的多边关系。学校在办学过程中,主动积极进入到专业服务的第三方评估机构的介入,由原来的项目推动,转变为项目推进与常态评价机制的引入,使得学校发展更加全面地关注内外治理机制的建设。

(一)集聚社会优质资源,开发丰富校本课程

在课程审议机制的保障之下,建平实验中学充分发掘家长资源和社会资源来开发校本课程。由于建平实验中学地处浦东经济快速发展的金桥开发区,生源结构良好,家长群体中人才济济,不乏高知、高智、高能的人才。为了充分满足学生个性发展的需要,建设优质高效的特需课程,建平实验中学积极邀请热心有为的家长、大学教师、社会各领域的杰出专家为特需课程补充力量,比如复旦大学的博士研究生来学校开设“少年哲学”课程,苹果公司的工程师来学校开设编程课程,通过 STEM 教学联盟引进了美国的经典项目化学习“未来城市”课程等等。学校丰富而有质量的课程供给,满足了学生兴趣特长发展的需求,激发了他们的学习热情与成长动力,受到了师生们的广泛好评。

【档案14】初中生的哲学课

建平实验中学的哲学课程由复旦大学博士设计研发,邀请复旦、华师大多位老师进行授课。课程将哲学思考与语文学习结合起来,依循自我、真、善、美四大主题模块,引导学生进行哲学式纵深思考,对"我是谁"、"我知道什么"、"我应该做什么"、"我可以喜欢什么"四个核心问题进行分析探讨。课程以专题讲座与课堂讨论相结合的形式展开,同时设置写作指导课,从逻辑分析到语言表达,多层次锻炼和提升学生的思维能力。

传统教学中缺乏对学生思维的引导,无法为学生提供更好的思维训练。而这恰恰是哲学的核心,以"自我"主题为例,两千多年哲学发展就是一部追问自我的历史,从苏格拉底提出"认识你自己"到尼采说"成为你自己",从笛卡尔说"我思故我在"到马克思说"人是一切社会关系的总和",从柏拉图的"灵魂"学说再到弗洛伊德的"自我、本我、超我"学说。这些哲学观点为人们的思考提供了具有层次性和纵深的思维框架,能够让学生更全面地形成关于"自我"的认识,更立体地表达"自我"的思想。

课程以专题讲座与课堂讨论相结合的形式展开,通过哲学思想实验和探究式对话触发学生思考,鼓励学生自主探索、自我表达,同时设置写作指导课,加强思维模式与学习方法的融会贯通,培养学生的问题意识与思维自主性,从逻辑分析到语言表达,多层次锻炼和提升学生综合能力。课程根据初中学生的思维特点进行设计,面向初一的学生以学校拓展课的形式展开。学生的热情不仅表现在主动听课上,更体现于课堂上的问答和思考上,初中生的哲学课上充满了语言的交锋和思想的碰撞。

(说明:此项档案资料摘自建平实验中学微信公众平台报道)

哲学使人智慧,教人积极,促人超越,建平实验中学的少年哲学课程,为初中生奠定了美好的生命根基。社会力量适度参与课程建设,包括课程设计、课程教学、课程管理、课程服务,适度参与到课程开发执行层面,承担着学校课程建设的守望者、执行者和监督者的职责,以弥补学校人力、物力资源的不足,成为学校教育行为监督的有效触角和必要延展。心理、科技、高尔夫、篮球、足球等课程建设为建平实验中学带来了镁光灯般聚焦的各界关注，是多主体多中心协商、协作、协同的意义价值所在。

（二）聘请高校指导团队，构建专家支持系统

近年来，建平实验中学坚持开放办学，充分利用校外优质教育教学资源，创新课程研发模式，丰富课程建设内涵。建平实验中学是华东师范大学基础教育研究所基地学校，全市唯一一所华东师范大学初中语文教育实验基地学校，学校还与上海市精神卫生中心、上海科技大学合作签约。前沿的理念、专业的指导、优质的资源为课程开发立足校本、形成特色提供了强大有力的专业支持。

【档案 15】有思考才能碰撞，有碰撞才有火花——建平实验中学校本课程建设研讨活动

建平实验中学课程教学、学生发展部门领导，参与校本课程（教材）开发建设的部分教师代表，华东师范大学 Y 教授带领的研究团队，齐聚一堂，共同研讨。

围绕着如何通过课程建设来落实“脚踏实地育真人，千方百计创未来”的办学理念，教师代表逐一、详细地交流、分享了各自负责的校本课程（教材）开发的推进情况。

课程教学中心、学生发展中心主任从部门工作角度出发对校本课程建设情况作了汇报。Y 教授、李校长则不时地加入到对话中，分析、点评、质疑、引导、梳理。

如何把课程推介工作做得更到位？

如何让学生选课更自主、更明确？

如何把关联课程更好地整合起来？

如何在每门课中兼顾普惠和精英？

如何从制度上进一步探索与调整？

如何进一步梳理、整合、提升现有的“真”字系列主题活动，来完善建平实验中学的德育“真人课程”？

如何进一步围绕“未来城市”项目拓展、开发系列课程，在此基础上构建建平实验中学的科技“未来课程”？

如何使我们的校本课程建设更具前瞻性，在面向未来的同时，更符合育人的本真要求？……

每一个问题都能引发与会者的深入思考，随之而来的，则是集思广益、共商良策。尤其是在“真人课程”“未来课程”的建设上，专家、管理团队和教师代表达成高度共识，同时也梳理出了更清晰的建设路径。

创新源于实践，实践需要反思。

有思考才能碰撞，有碰撞才有火花。

“脚踏实地育真人千方百计创未来”，不是挂在墙上的口号。我们用课程来诠释，如何才能“育真人”，如何才能“创未来”。

（说明：此项档案资料摘自建平实验中学内部资料课程研讨会总结）

从档案 15 可以看出，建平实验中学背景丰富的专家团队，整合高校资源、建立支持系统，在参与课程开发的过程中，既有顶层设计、整体规划，也为学校学科建设提供了制度、流程和平台保障，并对课程的开发进行过程性管理，不断提升参与度和有效性。课堂重建、学科重组、课程重构，建平实验中学的课程由静态模式转向开放模式，课程教学更富弹性和张力，在社会上引发了不同程度的办学示范效应，与高校专家力量的介入有着直接的关联。

（三）借力市区教研机构，探索科学评估机制

具有专业资质的社会第三方机构一旦承担了学校治理职责，就成为支持并协助学校办好教育的重要力量。上海市教研室、浦东新区教发院或是对建平实验中学的办学效能、办学质量进行科学而全面的评估，或是以问卷调研的形式帮助建平实验中学提升自我诊断和科学规划的能力，或是准确评估建平实验中学的发展潜力、并给予针对性的指导，或是对建平实验中学的评估机制的探索过程实施监督和激励，都强化了建平实验中学评估目标导向。

【档案16】专家把脉问诊自我改进提升

在第三方评价机制的促进下，学校通过三层次举措形成了自我诊断内控机制：市教研室绿色指标项目组来校指导“教、学、考”一致性的教研活动；请区教研室对学校做“两覆盖”教学调研：覆盖所有学科，覆盖所有班级；邀请华东师范大学基础教育改革与发展研究所专家就课程、教学、德育、管理、学生发展、教师发展等各个方面召开系列座谈会，把脉问诊。

根据2019年的绿色评价，学校基于诊断结论“关注结果，过程参与不充分；关注进度，过程体验不充分；关注实效，多元参与机会不平衡；关注同一，学生差异化发展不平衡”四个方面的诊断，根据专家建议和自我反思，建构了学习动力改进模型（图6.1.2）。

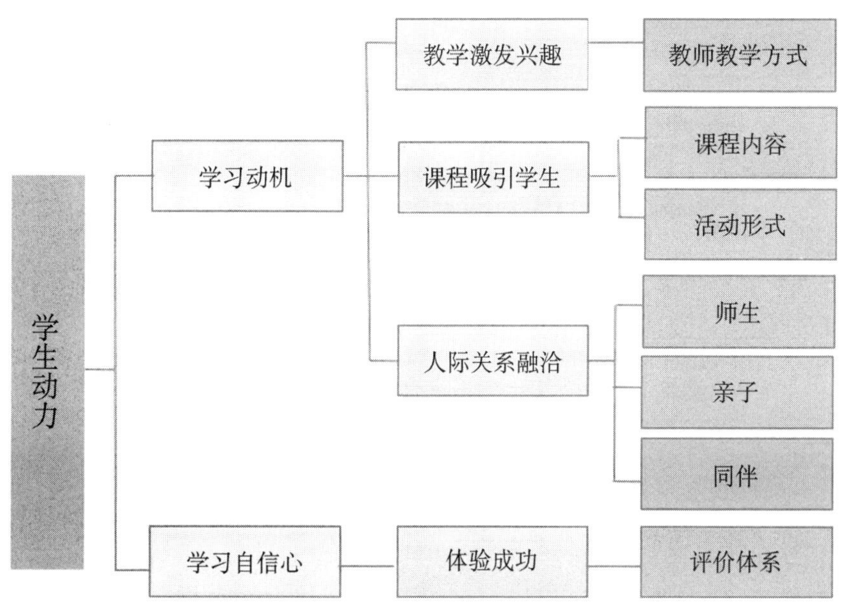

图6.1.2　学生学习动力改进图

（说明：此项档案摘自建平实验中学内部资料课程教学中学总结材料）

从档案16可以看出，建平实验中学经过反复研判，明确了研究路径：以绿色指标为引领，努力激发学生学习动力，带动学校课程、教学的改进，改善师生、同伴、家校之间的人际关系，推动学校整体可持续发展。在这个时期，建平实验中学也在为新一轮发展规划的制定做准备工作，通过多种举措，借力市区专业教研机构，对学校现状做出了科学的评估，找到了学校新的生长点。

【档案 17】以“问卷编制”撬动对话机制建设

一年前加入项目组，不要说编制问卷，就连使用问卷的经历都很少。从项目的启动到问卷的编制与修改，再到研究报告的撰写，直到结项作为代表发言，一年中惶恐、焦虑、畏难的情绪一直存在。但在市教研室组建的这个跨领域、跨学校、跨学科的学习共同体中，有专家的指导和点拨，有同仁的碰撞和启发，大家一起实践、共同探索，不仅收获了一些设计与分析问卷的技术，还领略了科研人应有的敬业和严谨的态度。

回顾自己编制的问卷初稿，仅仅是基本信息调查一个部分，就出现了不科学、不聚焦、不明确、不细致等等一系列的问题，于是开始学习查找文献资料、锁定目标主题、明确框架维度、分析回收数据，一次次如切如磋、如琢如磨的讨论与交流，变化也在悄然发生，“内化于心，实化于行，强化于研”渐渐成为大家的共识。我不仅在自己负责的教师专业发展、教科研的领域里积极尝试，而且问卷的研发与使用已然成为我校学情调查、家校共育、疾病防护、日常管理等方方面面工作的助力工具。

培训的结束，应该是另一个起点上的再出发。如何在界定概念内涵、梳理结构关联、深入访谈调研、聚焦诊断问题、挖掘形成原因、回归行动实践的循环过程中，提高问卷的信度与效度，增强评价的科学性、逻辑性、专业性，还要带着一颗攻坚克难的心，不断学习，不断实践，不断研究，不断改进。

（说明：此项档案资料摘自建平实验中学内部资料课程教学中心主任在全市绿色指标项目学校经验推广会上的发言）

从档案 17 可以看出，绿色评价指标的导向、诊断和改进的功能在建平实验中学得以充分发挥，老师们通过数据的采集与分析、现象的认识与解读、问题的认定与解决，开始让问卷调研成为一种工作习惯，把科学测评当作一种专业追求。建平实验中学近年来一直探索对话教育，“对话”

一词直击学校工作的核心，辐射教育教学管理的方方面面，问卷调研无疑可以提供领导决策支持，撬动对话机制建设。

建平实验中学有待进一步探索机制创新、促进职能转变，积聚满足多种需求的社会化教育资源和服务，借助专业的社会组织，丰富教育公共产品的样式，提升教育的质量，形成多元的教育格局。

第二节　基于对话的教学改革

一、教学改革中的“对话人”假设

“理性人”假设是管理学中的基本前提。在学校教学改革中，也存在着人性假设的难题。建平实验中学的改革发展实践，背后隐含着的是理性人假设的逻辑。绩效管理的绩效人假设以及项目驱动背后的专业人假设，在效率、目标、标准等管理思想方面是有效的，但是，在真实的教学改革实践中就会遭遇到理性人假设的难题。在管理者与被管理者之间所构成的博弈中，理性人假设与绩效最大化、专业发展动机最大化之间是存在矛盾的。无论是绩效还是专业发展导向，都存在着一个博弈逻辑，技术手段的效率最大化并不能代替主体教师参与和投入的最大化，在理性博弈的游戏规则中，我们很难将投入最大化与目标之间进行有效的匹配。教育教学说到底需要的是教师的投入最大化，而这一点只有在内在的动力意义上才能根本解决，否则以任务或外部绩效为导向，必然存在有的老师投入过度，有的老师投入不足的问题，长期来看，这种靠外部提供目标的外在方式，难以真正实现全员参与，很难保证教师全情投入。从组织文化角度来看，组织目标只有和个人的目标有机整合才能真正实现学校组织文化所释放出来的发展能量。为此，“理性人”“效率人”“专业人”“道德人”“公平人”等假设，都会在绩效和专业面前暴露出自己的局限性。“对话人”假设的提出提供了一种治理意义上的人性假设的管理逻辑。

二、教学改革中的商谈逻辑

既然利益人是任何教学改革的前提，所以，回归生活世界便是回到每个人的最基本的生活逻辑。生活究竟为何物？便是我们寻找教学改革的共识起点。造成教学效率低下的原因之一是教学脱离了学生乃至人的生活世界。责任义务化的前提是经历了商谈道德滋养后的改革自觉，才能在真正意义上将教育教学改革付之于行动，更何况教育教学改革的内容就是对话和商谈。为此，教学改革本质上是规则内化，责任义务化，心灵秩序的形成等就决定了我们的教学改革需要上升为伦理层面，这是道德领导或管理的基本内容。

只有对每个人产生了意义，而意义又必须在持续地商谈论证过程中才能产生，不是外在的强制给予的结果，才能使得商谈道德落到实处，而不只是灌输、劝诱、说服等工具行为的外在化效果。在这个意义上，尽管学界对哈贝马斯的理想商谈环境报以乌托邦的批判，但在学校场景中，要使得学校能够有效推动教学改革，特别是基于整体教学改革来说，不失为一个良策。

之所以在人与人之间可以有理想交往或商谈环境的假设，其论证的理由就在于人与人之间具有交互性，语言的互文性、文本间性以及主体间性所蕴藏着的商谈理性潜能的释放或潜能被开发就被作为建构理想商谈情境的必要条件。这一理性是一个全面理性的概念，针对的是片面发展的理性，而中国的礼尚往来、阴阳互补、“礼之用，和为贵”所秉承的情理交往特点，都表明交往理性或对话哲学在中西方都有着丰富的思想资源和历史资源。针对西方片面理性的发展，哈贝马斯提出的交往理性或商谈理性，就是对作为价值理性对立面的工具理性的超越和反思批判。道德教育作为一种“得”的结果的实践，在工具理性下所进行的诸如计算、交易、金钱、权力、声望等外在的奖励或惩罚乃至语言扭曲的意识形态的暴力都会导致道德教育的有效性前提失去合法性，只有在基于主客思维下的工具理性的基础上的理想的交往理性潜能释放出的交往行为功能即语言交往的有效性要求，在语用意义上的真实性、正当性和真诚性，才能保证理想商谈情境的创设和形成。

学校重视发挥学生主体作用，培养学生自我教育能力，但同时，教学改革也需要教师作为主体发挥主动改革的精神、提升自我发展能力。为此，基于商谈的教学改革，本质上是回应并且将学校的教学工作视为一种学术工作来定位。博耶曾经将教学视为一种学术行为。为此，为了捍卫初中教师的专业工作的学术地位，笔者认同博耶的观点，提出教学改革的逻辑，应该是回归教学学术的对话逻辑。只有基于商谈的教学改革才能真正化解利益人的假设，将教学改革的知识生成与兴趣关联起来，进入到教师的生活领域，而不是外在的奖惩机制的控制效率，教师只有在利益逻辑条件下实现了知识创造的兴趣潜能才能真正发挥主体意义，在商谈的主体间性的互相承认的基础上，才能有全部身心的投入和生命能量的激发。

三、共同体：教学组织形式变革

人的发展离不开共同体。人只有在共同体中才有人的生成和可能。但是，长期以来，学校推行教学改革，往往都是自上而下的教学改革，虽然也为教师搭建各种培训平台，戴帽培训不可谓不多，反思其问题，还需要有微观的机制建设，特别是要有组织方式的变革予以支撑。为此，建平实验中学进行了初步尝试。

第一，行政性组织的专业化。通过对话机制的建设，引领管理团队的专业化发展是学校作为专业组织建设的根本。在这个意义上，加强专业性的管理内涵是优秀学校发展的基本方向。缺少了专业引领，就会带来公事公办，遵照执行的简单的被动管理局面，缺少积极的参与，管理人员的专业化也会退化。学校将原来的三处（教导处、政教处、总务处）三室（办公室、教科室、人事室）的行政性，改为了四中心（学校发展中心、课程教学中心、学生发展中心、行政事物中心)和一部(人力资源部),命名背后是职能的调整,管理价值取向和功能的转变。此外,教研组和备课组等专业团队建设本身的专业性也不断强化。

第二,多学科的专业化团队。非行政性组织的建设是弥补行政组织不足的有效的专业文化建设策略。学校逐步建设起校内跨学科教研联盟、成就未来使命团、学科带头人工作坊、艺术教育中心、体育教育中心、科技教育中心、项目化学习中心、心理健康教育中心、传统文化教育中心,通过专业化团队的建设,活化了专业研究经验,促使优秀经验的流动和整合。

第三,分主题的学习共同体。考虑到教师专业发展面临的不确定性因素,学校进行了为了各种主题活动临时组建的主题教研工作坊,如有个别老师过关课、大奖赛的老师"特需"团队,这些团队建设具有临时性、灵活性和随机性,但起到的作用是一种非功利性的基于友爱的合作伙伴关系,在专业联结意义上促进了更广泛的沟通,不仅是专业,更在于情感。互依互存的共生意义上的共同体得到了学校习俗和道德意义上承认和提倡,相比行政性的外在的推动,这种机制更自觉、更主动、更投入、更有温度。

第四,校际间的专业化联盟。充分挖掘学区化办学、集团化办学层面和上海市层面的初中优质学校联盟的资源,针对难点和热点问题开展跨校的聚焦性研究。跨校的专业化团队逐步延伸辐射到外省市,一些姊妹学校,包括国外的学校,构建了"三环"(市内、国内、国际)教研联盟。

【档案18】我在语文组成长

2013年7月,我以本科应届生身份来到建平实验中学参加工作,成为建平实验中学语文组的一员。如今我已经在此耕耘了6年,越发觉得当初自己选择加盟建平实验中学是个太棒的决定了。

与我的本科同学相比,我加入的建平实验中学语文组,与其说是个行政组织,还不如说是个专业化的教学共同体。尽管大家都在全国各个教育岗位上奔忙,但在互相交流时,他们抱怨平日对教学部门的各项行政事务应接不暇，少有钻研学习的时间。我暗自庆幸，我的教学研讨和探究在建平实验中学不仅被认可、被鼓励，更难得是，语文组这一优秀的团队共同营造了极好的研讨氛围。

一、语文组常规教研活动

1. 在教研活动时间上，我所在的建平实验中学语文组不仅能在规定的教研时间参与活动，办公室里、食堂里、露天咖吧里、家里、去食堂的路上……只要发现问题，只要有所思考，随时都可以发起研讨，不受拘束，完全自发自愿。

2. 组内公开课不管有谁开公开课，同年级备课组老师，乃至不同年级语文老师都主动自愿去听课，除了记录课堂流程和闪光点、不足点，还拼命挤出时间与开课老师进行交流，共同提升。我作为一个年轻教师，刚到学校就得到了很多开课的机会，这些公开课，无一不是在我自己钻研的基础上，师傅指导我、同组同仁们点拨我，让我比同龄人更早地站稳讲台，做一名始终抱有专业追求的年轻教师。

3. 我们在备课过程中，只要是发现有质量的研究论文、教案等，全部与组内成员共享，一年下来各年级形成一套完整的教学参考资料，供第二年教这册教材的老师们参考、补充、修正，形成共同经验。

二、跨学科、成就未来使命团

1. 语文组在探索整本书阅读教学的过程中，还积极尝试了跨学科项目化学习形式。去年我们预备年级语文组在引导学生进行《鲁宾逊漂流记》整本书阅读项目化学习时，开展了《荒野求生指南》系列活动，任务书设计、精工制模型、巧言解亮点、跨学科解读、多元设评价，综合了语文、美术、数学、物理、地理、历史等多学科技能，全面培养学生的组织协调能力、动手制作能力、口头表达能力、自主钻研能力等多方位素养。语文的8位备课组老师，也与孩子一起突破自己，主动承担起统筹规划、模型制作指导、视频制作等多项跨学科任务。一场个性化、体验式的全新阅读体验活动在建平实验中学拉开帷幕。

2. 我还加入了建平实验中学成就未来使命团，这是一个针对35周岁以下青年教师的一个成长社团，我也是其中一员。在这个团队里，我们共同学习成长汇报，更坚定了自己的教师梦。

3. 除此以外，我还加入了“乐享社团”读书会，这是由语文组C老师牵头组织的，我们以佐藤学“学习共同体”为研讨主题，共读《教师花传书》《静悄悄的革命》《课程与教师》等多部专业书籍，并通过具体的教学实践和研讨让学生成为课堂真正的主人。我的一篇读书报告获得了上海市科学研究所读书征文比赛一等奖，也得益于在这一团队中的成长。

三、临时性专业组织：语文大讲堂备赛

作为一名年轻教师，也非常幸运地得到了走出去参加比赛的好机会。在2017年，我接到了备战上海市“语文大讲堂”比赛的通知，接到消息时特别惶恐，但好在得到了全校各方面的支持。李校长、我的师傅S老师，课程中心主任Z老师都来鼓励我，让我认清自己的优势和不足，与其焦虑不如积极迎向挑战，于是我安心下来，全面复习了沪教版初中语文教材内容，阅读了叶圣陶先生关于如何批改作文的专著，以及优秀的教学设计与反思等，主动向语文组内各位前辈讨教专业问题及大赛经验。信息中心的周剑峰老师腾时间为我录制公开课；语文组老师为我留出开课篇目，对我进行开课点拨；我的搭班老师主动帮我承担了一些班主任事务……临到比赛前一周的微信宣传环节，我的朋友圈里竟有数十屏同事们转发祝福，我内心的感动感激澎湃，久久不能平复。

比赛当天，我站在台上面向观众，惊喜地发现我的后援团最强大，不仅人数众多，还举起了靓丽的宣传加油牌为我欢呼，这样精彩的后援怎不教人羡慕呢？当我如愿胜出，获得了“上海市语文教学之星”称号时，后援团再次激动地起立鼓掌，我拿着奖杯冲向他们，给他们大大的拥抱。要知道作为当时语文组年龄最小、资历最浅的教师，能获得这样一群前辈、战友、伙伴的深情厚谊、鼎力相助，实在是比获奖贵重更多的人生财富。因此，这一荣誉应该颁给集体的力量与智慧。

两年后，只参加工作两年的年轻同事小L老师也登上了“语文大讲堂”的舞台，这回我是作为后援团的一员，给她支持与祝福，她最终以全市第三名的好成绩当选“上海市语文教学之星”，我激动得流下泪来。我知道备赛的不易，也在后援团的队伍中感受到这种自发自愿地成就彼此的幸福！如今建平实验中学语文组，已有4位上海市语文教学之星，这一数字在全市初中里名列前茅，这当然是与研讨氛围浓厚、人情味十足、战斗力卓越的语文组密不可分的。

（说明：此档案来自建平实验中学内部资料青年教师成长沙龙分享发言稿）

上述档案是一位青年教师在沙龙上的发言，从中可以看出建平实验中学的年轻教师在浓郁的专业氛围中，在平等、尊重、充满关怀的组织氛围中能够获得更多的机会和支持。教学组织的形式变革为教师释放出了更大的成长空间。

四、教学制度生成的对话逻辑

教学管理的专业性是学校管理中的基本而又重要的内容。除了教学的专业性之外，管理教学专业的专业化也是对学校管理者的挑战。不同于行政制度的特点，教学制度往往是针对专业所进行的制度建设，而这样的制度设计如果得不到教师的认同，执行起来一来无效，二来变形。同样是教学评价制度，就拿质量分析会来说，不同教师的理解和判断就会非常不同，在这个意义上教学制度的互动生成机制以及制度执行中的对话、沟通、弹性、人性化就非常重要。我们看到一些简单的模式化的课堂教学改革在学校推行中所遇到的瓶颈和困难就非常大，因而营造一种对话性的专业治理文化就值得探索。制度的更新，从某种意义上也是对话的结果。

【案例5】质量分析会的改进

一、案例背景

质量分析会是当前学校普遍采用的一种教学评价、激励措施，是学校教学质量管理体系中的重要一环。受应试教育的影响，目前仍有相当一部分学校的质量分析会主要是就考试分数分析教学问题，以表面上看起来绝对公正客观的排队打分的形式来评价教师的教学业绩。“平均分、优秀率、及格率”成了评价教师的“钢规铁律”。每一次,排在前面的教师在或多或少地沾沾自喜的同时,未免有些忧心忡忡,毕竟,常胜将军不常有,更何况影响教学成绩的因素是异常复杂的;而排在后面的老师在深刻反思,痛定思痛之余,内心也充满了苦涩与无奈,毕竟,败军之将志气短,即便是卧薪尝胆,重整旗鼓,后来居上,依然有些往事不堪回首,有些压力难以承受。

这类“主题沉重、形式单调、评价单一、千篇一律”的质量分析会在课程改革积极推进的新的教育背景之下,受到了前所未有的强烈冲击。新课程提出“以学生发展为本”的教育理念,从培养目标、教学内容、教与学的方式、考试评价等进行全方位的改革。学生不再是分数的奴隶,教师也不再是分数的奴隶,分数只是质量的一部分,而非全部,仅以分数论英雄,最后是出不了英雄的。

新的质量观呼唤新的教学评价理念与机制,如何改进质量分析会成了学校管理中不能回避的问题。

二、案例情境

在一次期中考试后的质量分析会上,备课组长发言之后,一位教学能力很强,平时教学效果很好,很受学生欢迎的教师进行自我分析,但她的分析不是经验交流而是自我检讨。因为这次考试她任教班的成绩相对落后。她首先分析了自己任教的两个班与平行班之间存在的差距及原因,然后,逐条说出自己今后的打算,说到一半,她变得哽咽了……当时的会议气氛有些凝固,主持会议的年级主任不知如何是好。那位发言的老师意识到这一点的时候,很快地调整了情绪,自我解嘲地笑着说:“我知道莫斯科不相信眼泪,我一定会尽我最大的努力,争取下一次考试排在最后面的不是我。”

会议结束了,很多老师在走出会议室时长长地舒了一口气,他们似乎为终于开完了质量分析会而感到轻松。然而,作为管理者,我的心情却越发沉重了。

三、案例反思

在管理中,确实有个别的老师投入不够,需要重锤敲打,也有一些老师需要管理者帮助指点迷津，帮助查找不足，以提高业务水平。但是，这次质量分析会发言的老师几乎是人所公认的认真投入，尤其是她的民主、开放、有效的课堂教学，受到了学生的欢迎和同行的好评，她应该是一位很有成就感的老师，可是就因为那微小的平均分的落差，让她的失败感替代了优越感。平心而论，她的教学是非常有助于提高学生的能力的，可是，事实是她在白纸黑字的分数面前，毕竟输给了别人。可以说，就学生的中考而言，最终输的不会是她；就学生的终身而言，最终输的也不会是她。然而，此时此刻，此次考试，她却是最苦恼的人。当然，其他老师也未必开心。

难道这就是我们颇为自得的号称"严"字当头，"实"字突出的质量分析会所应有的效果么？诚然，在建校之初，这样的质量分析会对及时给教师施加压力，焕发强烈的敬业精神起到了很大作用，促使教师把学生盯得更牢一些，抓得更紧一些，把教学夯得更实一些，俨然成为保证教学质量的一道坚不可摧的防洪大堤。然而，在我们得到这些成绩的同时，我们也失去很多更宝贵的东西，育人的视角越来越狭窄，教师的情绪越来越压抑，随之而来的是残缺的教育，畸形的竞争。课程改革呼唤学生的和谐发展，呼唤教师的专业成长，管理者显然要对这样的质量分析会进行反思。

问题出在哪里，探究其中的原因，我想至少有如下几点：

1. 没有树立全面的质量意识

上述案例表明学校在组织质量分析会时，还是以一把"考试分数"的尺子来评价教师和学生，一次考试分数不好，全盘皆输。而教师在实施教学过程中的了解学生、驾驭课堂、发展学生的综合素质等诸多能力，难以在这样的质量分析会上得到体现。作为管理者，应该积极借鉴现代质量管理理论，变一元评价为多元评价，建立全面的教学质量保证体系，全面评价教师的教育教学水平，全方位提升教学质量。

2. 忽视了管理中的过程评价

教学是一个教书育人的过程，学生的成长与进步是在每一天的生活，每一节课的学习，每一次活动的参与，每一次的表扬、批评、受教育中长大的。成长是在过程中实现的，量化的分数考核只是其中的一部分，如果仅以每次考试的分数来看质量，必然淹没了弥足珍贵的教育过程，久而久之，导致素质教育思想以及课改理念的消解，使师生沦为分数的奴隶。

3. 激励的作用发挥不当

根据美国心理学家斯克特的“活化理论”，激励的目的就是要实现一定的绩效预期，绩效大小往往取决于个体的能力和积极性，当一个人的能力是常量时，其工作成绩就取决于所受的激励程度。用什么方法激励，激励到什么程度，影响激励的效果。上述案例中质量分析会发生教师情绪激动的一幕，是激励不当造成的，过重的刺激，带来了教师的负面情绪。

4. 缺乏对教师的人文关怀

提高教学质量的根本途径在于提高教师的素质，充分调动和发挥人的积极性和创造性。教师的管理首先是人心的管理，管理者要善于进行心理互换，对教师多一些人文关怀，将心比心，设身处地地考虑教师在工作、学习、生活上的问题，为教师营造良好的心理环境、学术环境、人际环境。上述质量分析会中的“末位反思制”，给教师带来了心理重压与尊严危机，不论利于教师的生活、工作与成长。

四、改进措施

上述原因启示我们，教学管理要顺应课程改革的要求，树立正确的质量意识，探索科学的评价机制，努力为教师的专业化成长创设宽松的环境，不断提高教师实施课改的能力，不断引导教师真正做到从“育分”到“育人”的转变。

1. 变单一的分数分析为多元的教学因素分析

召开不同专题的研讨会，展开对话。如成绩优异者的经验交流会；班级管理研讨会，学法指导研讨会，不同层次不同类型学生个案研讨会等。由于是研讨会，氛围比较宽松，老师的心态也很平和，就某一个问题的分析研讨也更加深入了。

2. 变一次性静态分析为过程性动态分析

以往的质量分析会往往是就一次考试论成败，只关注写在纸上的分数，而把最重要的、最鲜活的教育过程忽略不计，造成了评价结果简单化。

改进之后的质量分析更加注重平时听课、学生活动、测验结果等日常教学的反馈，使得一些教师教学中的问题能够及时得到发现与改进，也使得质量分析会反映的内容更加全面。

3. 变独白式分析为对话式分析

分数是静态的，是枯燥的一个数字，然而每个分数背后都是鲜活的生命，都是生动的教学故事，独白式的质量分析损失了很多的教育完整性和生动性，在分析过程之中要开展充分的对话，在对话中找出问题和优势、发现改进的空间。

在这样改进之后，质量分析已不再是简单的就分数论分数，而是透过成绩的表面分析学生的综合素质，分析影响学生成绩进步的相关因素；发现问题之后，也不再是压抑的"检讨式"的反思，而代之以对话、共享、互助式的专业化交流；教师个体的反思，也不再是残酷的自我解剖，而变成科学的、理性的思考，理论指导下的行为改进。

上述案例是笔者几年前撰写的教学管理案例，小小的一个改变，改变了管理中的绩效导向，代之以理性的对话沟通，注重挖掘教师的经验智慧，注重以研究式的工作方式解决问题，以适度的激励给教师适当的压力，外趋力与内趋力协同作用，使教师能够以更好的心态、状态去投入教学。这种变化不但没有削弱质量分析会保证质量的功能，反而使其得到强化。教师不再把质量分析会当成负担，而当成最有效的学习的机会。现在，质量分析会已经变成了学校管理中一道亮丽的风景。

第三节 基于对话的课堂实践

治理说到底是一种管理文化。治理理念本质上所要求的一些原则，通过与学科特点的有机结合，在一定程度上可以对教学产生影响。虽然目前国内外有着多种多样的课堂研究理论，甚至可以说是形成了概念丛林。但从治理角度来透视课堂的改革却极为少见，在一定意义上，这也是课堂变革的一种新视角。教育现代化需要课程现代化，需要课堂现代化。现代教育治理需要课程治理现代化，同样，也需要基于治理理念下的课堂文化的转型，在探索现代课堂的过程中，需要释放课堂对话的治理效应。建平实验中学基于治理的对话教学课堂实践充满活力、具有张力，从统一走向了差异，从静态走向了动态，从单维走向了立体，是丰富多元的，是不断发展完善的，也是与时俱进的。

一、聚焦对话素养培育的课题引领

培育学生的核心素养是课堂变革的核心。基于治理的对话课堂能够打开教育视界、更新教育理念、回归教育初衷。以学生发展为本，让对话课堂真正为学生成长服务，为学生核心素养的培育服务。为了推动“对话课堂”在学校实践层面的展开，将对话治理的理念落实到学校的课堂教学中去，建平实验中学确立了引领学校发展的龙头课题《培育初中生对话素养的实践研究》，推动了对话的深层渗透和全面展开。

“核心素养”是当前教育领域最受关注的热词之一，由北师大林崇德教授领衔的核心素养研究课题组提出：学生发展的核心素养，是指学生应具备的、能够适应终身发展和社会发展需要的必备品格和关键能力，综合表现为 9 大素养，具体为社会责任、国家认同、国际理解；人文底蕴、科学精神、审美情趣；身心健康、学会学习、实践创新。沟通与合作、创造性与问题解决、信息素养、自我认识与自我调控、批判性思维、学会学习与终身学习以及公民责任与社会参与等素养为各国际组织和经济体高度重视，而对话素养不仅是九大素养的呈现保障，更是这些素养形成与发展的基石，一个人只有具备了对话素养，才能在相互理解、尊重差异的基础上，真正以平等开放的姿态与他人、他民族、他文化开展持续而深入的交往，发展交流、分享和合作的能力。当今世界，在“多元融合”的大背景下，培育学生对话素养就显得愈发重要。对话是教育的本质，也是一种教育传统。当我们在强调教育要面向未来的时候，我们也同样应该重视传统的重要性。

随着我国基础教育改革的逐步推进，对话也逐步成为教育研究的一个重点，其中对于教学中的对话探讨尤为突出，而专题研究培育对话素养的文献并不多见，有关对话的研究更多地聚焦于学生的学习，培育对话素养的综合性、系统性的研究也非常少见。

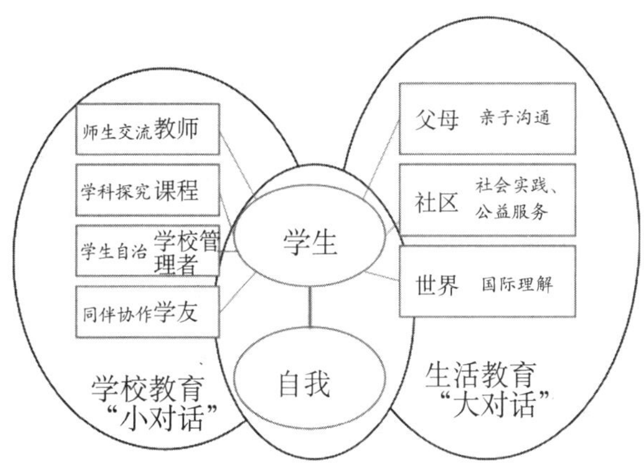

图 6.3.1　建平实验中学学生对话素养培育的实践框架图

建平实验中学努力探索课堂教学的有效策略方法以及相关途径，聚焦学生对话素养的培育，用不同于知识、技能等培育的方式进行，在“对话”中学会“对话”。课堂已不仅仅是上课，学生从课内走向课外，从书本走向生活。对话素养也不只是知识和能力，其内涵是指伴随着某件事或某个人的社交知识、沟通能力与交流态度，内化为自身的意识、习惯甚至本能。它体现在个体在面对生活情境中的实际问题与可能的挑战时，能运用知识、能力与态度，采取有效行动，以满足需要，达成目的，解决问题。具有对话素养的个体能够正确适度地表述自己的意见与感受，尊重不同人的个性和立场，理解与自己不同的看法和思考方式，以宽容体谅的态度采取恰当的言行，建构融洽和谐的人际关系。

在学校龙头课题的引领下，建平实验中学打开了教育理念，打开了学校课堂，打开了评价方式，打开了学生视域，做出了实验性的探索。

【档案 19】见习教师的对话研修

此次共有 7 位见习教师参加考评课，涉及语文、数学、英语、科学和体育五门学科。上课的7位见习教师经过近两周的研课试讲与修改调整，在基地学校和聘任学校带教导师的悉心指导下，均获得了不同程度的成长。在基地，不同学科之间的见习老师之间营造了切磋琢磨、共生共长的良好氛围，此次不参与评比的几位见习教师，也抱着学习的心态，观摩了几位上课教师的课堂。来自同伴的经验和教训更具共鸣点和借鉴性。针对此次活动，12位教师还围绕着同一个研修话题"对话是否在课堂上真实地发生"，或结合自己考评课的执教经历或结合自己听课过程中印象最深刻的一节课，围绕一个最有感触的点，进行了深度的思考。

见习教师1：

在考评课《有理数的乘法》这节课中我首先通过设置几个利用旧知就能解决的运算来引导学生进行思考，引出新课题。在讲授新课前，我设置了一个数学情景小实验，让学生置身于与实际生活相关的具体的情景之中。通过分析、动画演示来引导学生发现人物的位置，并进行列式。最后，再设置问题，通过观察四个算式、分析两个问题，学生可以快速地归纳总结出法则。数学课应以问题为驱动，促进师生对话，从而引发交流，让学生理解数学知识的本质，让师生对话有效、高效地帮助学生进行更好的学习。

见习教师2：

以我的考评课《热胀冷缩》为例：在课中，将对话贯穿整节课，从导入、新授的实验、学生总结等各环节中，我都起的是一个引导的作用，引导学生进行实验，通过实验找到其中的规律进行总结，对困难的问题，通过学生相互之间的对话或是以问题组的形式循序渐进的引导学生得出结论，而在上课流程上，也没有完全照搬教材顺序，而是通过一些调整以学生更易理解的顺序进行授课，体现了与教材的对话。

见习教师3：

对话，在课堂上以多样的形式展开。与文本之间的对话也是不可或缺的。我在备课的过程中发现教材是对于小说的节选，而在阅读了完整的文本后，我惊喜地收获了别样的情感体验，进而产生了一种想法——引导学生通过与文本对话以求收获更多信息与知识。于是，我复印了课文删选部分的材料在课堂上给学生一同阅读并进行了交流。我提出了一个阅读问题，进而引导学生在课堂上与文本发生更为深入的对话。最后的探讨结果也让人感到欣慰，学生可以从完整的文本中感知更为立体丰满的人物形象，并体悟到了更为丰厚深刻的情感。

见习教师4：

课堂上其实无时无刻都存在着对话，师生之间的、生生之间的、生本之间的等等。例如我执教的《有理数的乘方》当中，在探索有理数的乘方的性质时，采取了同桌两两交流合作得到结论的方式，这其中就蕴含了生生对话和生本对话，当然在后续的交流中，也包含了师生对话。我认为在课堂的对话教学中需要关注学生的差异性，根据不同的情况设计不同的对话，当然我辅以实例进行探究效果一定更佳！

见习教师5：

在马老师讲完整堂课的知识点之后，询问了学生一个问题，这个问题作为整节课的结尾深化了学生对于“热在气体中的传递”的理解，进行知识的内化过程。第一个回答的学生是一整节课都没有举手的同学，他对于这个问题的解释是活用了关键词“对流”，这位同学的表述触发了更多学生的补充思考，学生与学生之间的对话产生了，而在这个过程中马老师会对于学生涉及不到的知识点进行回顾，让学生能够不断反思反刍课堂中建构的知识点，而且将之明晰准确的表达。这是知识的迁移拓展，是自我的创见，并在不断的交流、沟通、传递中构筑和谐的对话关系。

见习教师6：

对话式教学，要以互相尊重和平等为前提，给学生充分的思考空间，在此次上课的过程中，我在最后设计了一个开放性的问题，学生在读完文章、了解了故事背景后，又加上了自己的思考，经过讨论，学生的回答和理由各不相同，并且给了我很大的惊喜。通过这样的对话教学，学生的思维能被打开，能真正在课堂上提升他们的思维能力、创造能力以及培养他们的独立个性，同时也考验了老师的专业技能与素养，需要我们仔细揣摩，在理解和对话中获得与学生的精神交流。

见习教师7：

英语课堂上的“对话学习”体现在平等而富有人情味的师生互动中。例如，在夏老师执教的课中，夏老师善于带领学生联系自己的过往经历，充分拉近了学生与学习内容之间的心理距离，这就为“对话”的发生铺平了道路。其次，她善于鼓励学生，学生失败时对其努力给予肯定；学生成功时对其报以赞赏，这些课堂互动中的细节，充分调动了“对话”发生所必需的“情感”因素。由此，整节课上学生跃跃欲试，频频举手，课堂的知识性与趣味性在师生“对话”互动中得以实现。

见习教师8：

我所理解的对话教学不是简单的问答和讨论，而是师生之间或生生之间的回应。在课堂上对于一个知识点的获得和理解，是在师生或生生之间的不断回应过程中实现的。在科学课堂上，直接讲授或简单问答并不能激发学生的学习兴趣，而在师生或生生反复多次的回应中找到最后的答案的过程才让学生有继续学习的兴趣，因此对话是课堂主体不断交换的过程，师生从中都能受益，获得新的想法或新的知识点，共同学习，共同进步。

见习教师9：

在我的考评课中，以学生提出问题、进行假设为主，引导学生联系实验现象和生活方式与非传染性疾病的关系，在教师的引导下，学生能够从课内联系课外，了解生命科学学科知识与生活的联系。另外，学生能通过本节课的结论与自我对话，反思自己的不良生活习惯，知道养成良好的生活习惯才能够远离疾病。对话渗透在教学之中，能够激发学生的表现欲和自主性，在积极投入课堂的状态下，能够不知不觉地汲取知识、主动学习！

见习教师10：

对话教学注重学生和教师、学生和学生之间的沟通和交流。在对话教学模式下，课堂氛围要比教师讲授式课堂更加活跃，学生参与课堂活动的热情和积极性也更高。在有效的对话教学中，能更好地发挥教师的教和学生的学的作用,使学生的综合素质得到提升。对学生的回答给予即时的评价,兼顾到班级的每一个学生,让他们都有参与对话的机会,耐心地倾听学生的需要,表示教师的尊重、信任和关爱。

见习教师11:

对话,是我一直很着迷的部分,一个人与一个人或者说一个群体在一个时刻共同进入一个世界,彼此能“听到”“感受到”“看到”,生命与生命的互动就这样神奇地进行着。在X老师执教的这堂课中,立足于生活的话题,平等尊重的关系,让师生对话流畅深远,同时与教材的对话也是非常深入、丰富。整个教师的专业素养就是对话开启的魅力所在,深刻地觉得教师的素养尤其重要,往往,是用整个人在做教育,其决定了一堂课所承载的对话量。

见习教师12:

在今天的这节课上,有一处内容的处理,让我感受到了什么叫对话真实地发生了。当学生梳理文章结构时,将主人公“八儿”的第一个活动概括为“想粥”,我下意识地想纠正,话到嘴边又换了一种问法,“还有不一样的答案吗?”不出所料的,有同学说了“盼粥”。我停了下来,追问“想”和“盼”的区别,引导大家感受这两个字之间程度上的差异。这一个停顿和等待,反而帮助了理解主人公的心理,看似拖慢了设计上的进度,实际却帮助了学生的理解。我想,这样的对话才是课堂上真正需要的,才是学生真正需要的,才是老师真正需要设计的。

(说明:此项档案资料摘自建平实验中学内部资料见习教师培训个人小结)

见习教师规范化培训只是建平实验中学教师发展工作中的一个微小的板块,但从老师们的研讨和思考中,能够发现建平实验中学的课堂教学开始聚焦对话素养的培养,大家对于对话思想达成充分的共识与高度的认同。各门学科展开了广泛的实践,彰显出学科特质的对话教学精彩纷呈:语文学科的人文对话、道法历史学科的“议题”、科学学科的探究、美术学科的意象传递、体育学科的技能传授与行为反应、音乐学科的情绪互动与情感传递等等。老师们根据学科的不同特点，创设不同的对话情境，在教学中提供对话的机会，让学生用对话的方式去学习、去解决问题，也在学习的过程中学习对话。

二、践行对话教学原则的课堂实践

对话教学没有固定的课堂模式，但有必备的元素和特质。作为建平实验中学的校长，笔者一贯倡导学校教师颠覆“千课一面、千面一腔、千篇一律”的传统课堂样态，倡导将学生的思维作为逻辑起点，走出自己的逻辑世界，进入学生的逻辑世界，要善于捕捉“学生自己似乎意识到却又表述不清楚的问题”。并建议教师要敢于突破和改变，不再用自己的逻辑挤占学生的逻辑，而要给学生一个“真问题”，展开“真对话”，以一个“真任务”驱动他们，使教学问题化、活动化，课堂之中有生成、有碰撞，激发学生的热情，呈现生命的精彩。

（一）对话教学的自然萌芽

在语文课堂教学领域，从无意识地开展课堂对话，到有意识地运用对话方式，探索对话教学，再到以课题为引领开展对话课例精修工作坊，对话教学得以在全校实现全面展开和深层渗透。这一历程最初萌芽于课堂上一次次随机性对话的迸发，使课堂生成了新的内容和意义。以下案例是一次师生之间的非预设性对话，思维的激荡生成了课堂创造性亮点，让课堂充满了生命成长的气息。

在笔者执教余光中的《乡愁四韵》过程中，课上到一大半，请班里的“朗读明星”来朗读，没想到他竟然说“这首诗很怪，一时还不知道怎样读才好”，作为老师虽然有些扫兴，但是看到他态度诚恳，就追问了他，怪在哪里？他说：“这首诗好多个‘给我……呀’，读起来感觉诗人像个乞丐一样”。那一刻，一下子意识到这个学生对语言形式的直觉是非常准确的，或许他可以帮助其他同学找到诗人情感的密码。的确，这首诗中，诗人余光中岂不就像一个情感的乞丐，浓烈的乡愁渴望得到一点点的慰藉，弱水三千，只取瓢饮，他要的就是一瓢海水、一叶海棠、一缕腊梅香、一片雪花白。当这个学生得到了赞赏，其他同学也受到了启发，他们各自揣摩着诗人的情感，有人说也可以把诗人想象成一个喝醉的乞丐，叹着气读，流着泪读，乞求着读，呻吟着读，嘶喊着读，最后如进入梦境一般，呓语着读……常规的课堂，一下子石激浪涌，真好似"误入藕花深处，惊起一滩鸥鹭"。课后反思，为什么这节课能够出现未曾预约的精彩？认真倾听学生，回应学生的疑惑，让学生"似是而非"的模糊认知得以在对话中清晰起来，个体的独特感受得到了重视，是引发师生之间、生生之间的情感互动、思维碰撞、智慧生成的重要因素。教学不再是教师以独白的方式传递知识，课程内容不再是一堆冰冷的材料，教师、学生、文本作者之间的相互对话和经验共享，赋予生命更加充沛、丰盈的力量。

【档案 20】《木兰诗》——多元对话激活思维

一、巧妙切入，精设主问，探寻人物精神核心

执教统编教材七年级下册第二单元北朝民歌《木兰诗》，以木兰从军前后的两次人生抉择（一是"愿为市鞍马，从此替爷征"，二是"愿驰千里足，送儿还故乡"）作为突破口，让学生结合诗歌内容思考这两次人生抉择给木兰的心理身份地位生活等带来的一系列变化，通过独立思考和合作学习，同学们发现这两次抉择确实让木兰的人生发生了巨大的变化。然后教师进一步追问：木兰放弃相对来说安逸的生活走向残酷的战场，放弃可以拥有的荣华富贵回到曾经的家园。那她为什么要做出这样的抉择，她为什么能做出这样的抉择呢？通过核心问题的精心设计和层层深入，学生能够自然而然地感受到木兰的人格魅力和本诗塑造人物的成功之处。

二、涵泳品味，精读诗歌，体会作者叙述匠心

《木兰诗》是一首音乐性和抒情性很强的诗歌，因此对其语言的感悟必须经过反复的诵读。在朗读指导时，重点引导学生了解这首诗歌在句式上灵活多变、在修辞上形式多样的独特之处，培养学生感知不同句式及

不同修辞手法在传情达意上的区别。在分析木兰的生活因为两次抉择而发生的巨大变化时，让学生通过教师的引领明确品读赏析语言就是要抓住关键词语，反复咀嚼，涵泳品味并通过朗读传达其中韵味。在鉴赏本诗安排繁简详略的巧妙写法时，也引导学生关注诗歌创作者的写作意图，思考民歌口口相传、代代相承的原因所在。

“创意演读”环节几乎花去半节课的时间，但让学生在文本细读、观点碰撞和合作演绎的过程中，呈现自我的阅读体验与群思的智慧火花，这也是“生生对话”教学理念在这堂课中的一个重要载体。课堂追求的不是形式的热闹，而是期待通过有效载体扩大学生富有学科特质的“生动”内涵。文本细读是阅读素养的磨砺，分工合作是团队意识的培养，表演展示是学生自信力的锻炼。

（说明：此项档案资料摘自建平实验中学内部资料“对话：走向新中考”活动教学案例）

这一案例通过创设平等、民主、开放的教学情境，以语言素养的培养为目标，通过设计富有思维含量的问题链，为学生搭建一个能够通向文本核心的桥梁，巧妙地引导学生通过读与思的各种活动，在作品中感受、体悟、品味、探究古体诗歌生动的、富有艺术张力的语言，完成与学习陪伴者——教师关于叙事诗的对话，完成与诗歌中人物——花木兰的对话，更进一步完成与民歌作者的对话。执教者设法通过多元对话，帮助学生构建培养语言的思维支架，提升其语文核心素养。

对话，是语文课堂教学的常模。如何根据新中考导向赋予这个常模以新的价值取向？Z老师的公开课《花木兰》给出了漂亮的答案。这节课强调了两个关键词：“语言”和“能力”。语文的核心素养应是语言和思维这两者的有机结合，具体到七年级的孩子，教师该怎么来定位？课堂上孩子们语言敏感度较高，教师设计了富有思维含量的问题链，建立比较机制，借助“师生对话”和“生生对话”来培养学生的能力。学生读到了作品背后的价值观，应该是民歌的创作者所带来的价值取向，而这一切都源于学生与诗歌中人物——花木兰的对话。学生也进行了文章的脉络梳理，从而明白:读叙事诗也可以用读现代文的方法来梳理,长长的文章通过梳理思路会更清晰。学生经由自身的探究、团队的碰撞,在用心设计的具体情境、开心演绎的难忘经历中来理解人物与体验文本,有助于调动学生的学习兴趣,挖掘他们的创造潜能,激发他们学习语文的内驱力。

建平实验中学教师在"培育学生对话素养"方面的探索,在"师生""生生"伙伴关系方面的构建,在改变课堂传统教学"样态"方面的实践,在把学生"卷"入学习活动、推到课堂的中心、学习的前台方面的努力,使越来越多的教师相信教育的力量,相信孩子们的无限潜能,相信对话的魅力可以让孩子的生命发生可喜的变化。

(二) 对话教学的基本程式

克林伯格(Klingberg,L.)认为,在所有的教学中,都进行着最广义的对话,不管哪一种教学方式占支配地位,相互作用的对话都是优秀教学的一种本质性标识。[①]对话教学变教师传授知识、学生接受知识的"我讲——你听"的教学模式为师生、生生之间"倾听对话,互动共享"的对话教学模式,其基本程式为:创设对话情境——促进深度理解——共享思维成果。

1. 创设对话情境

师生、生生对话得以展开需要一个个具体可感、丰富有趣的学习情境,往往表现为与主要教学内容对应的主问题、主活动,讨论的话题、操作的任务等设计,这是对话的基础。在这一环节中,教师要深入研究教学内容,细致入微地把握学情,了解学生的知识结构中的已知和未知,提出真问题,设计真任务,开展真活动,发起真对话,引起学生的求知饥渴和认知冲突,在对话的情境中展开学习历程。

例如,在《上海的弄堂》读写结合作文指导一课中,笔者在引入环节给学生搭建了一个对话交流的平台:"我们从教材中的《上海的弄堂》走进了生活中真实的上海弄堂,请同学们交流一下在弄堂里的见闻和感受,最好

---

① 刘庆昌. 对话教学初论[J]. 教育研究,2001(11):65—69.

结合课文带给你的感受来谈。”

生1:我看到的弄堂,给我的印象是灰色的,好像历史很悠久的样子。

生2:弄堂外面看起来都很小,走进去却很大,有很多又细又窄的小巷子,住很多人家。

生3:有的弄堂很破旧,很拥挤,有一个弄堂很狭窄,只要站一个人别人就过不去了。

生4:有的弄堂也很好的,我去了一处法国人建的弄堂,有一个很气派的门楼,可惜,我没看见名字。

这一环节中,学生带着问题走进生活中真实的上海弄堂,畅谈了在弄堂中的见闻和感受。接着又引出一个新的任务引发学生进一步思考:“同学们从弄堂的总体印象逐步谈到了细节,比如说弄堂窄到“一夫当关,万夫莫开”的程度;谈到了气派的门楼。下面同学们谈一谈你在弄堂里见到、听到、感受到的细节、亮点。”同时,为学生解释了什么是亮点,以及如何用发现的眼光来捕捉美。新一轮对话中,学生的分享可谓精彩纷呈。

生4:我看见有些弄堂里的人不在家里吃饭,很多人家在天井里放一个小桌子,每家人吃什么,别人都知道,好像一个大家庭。

生5:我看见很多人家的门上或者是窗子上都挂着腊肉、腊鸭呀等等,很有生活气息。

生6:我从淮海路的大街上走进了一个弄堂,我看见有一个中年人在弄堂房子外面的水斗边刷牙,我觉得让那么多的人看见自己刷牙好像不太雅观,更有意思的是,他一边刷牙还一边和路边的人打招呼。

师:很好,这个不雅观算不算亮点?

生6:怎么说呢?开始我觉得不太好,不过,又觉得和弄堂的生活特别和谐,也很本色,很真实。算是亮点吧。

师:非常好,同学们注意,所谓亮点,未必一定是漂亮的,美丽的,特别雅观的,它首先应该是真实的,这样的真实镜头,表现了弄堂特有的生活方式,揭示了弄堂生活特有的内涵,就是亮点。同学们,想一想这个场景和陈丹燕在课文中的哪段描述有相似之处啊?

生6:应该是116页结尾一段“你看见路上头发如瀑布的小姐正在后门的水斗上,穿了一件缩了水的旧毛衣,用诗芬在洗头发,太阳下面那湿湿的头发冒出热气来”。

师:很好,的确很相似。具体是哪些地方相似呢?

生7:都是在同样的地方,做着相似的事情。

师:究其实质,这相似的地方,都是在公共的、开放的空间里,做着很个人化、生活化的事情,甚至可以说有一点“俗”的事情,这就是市井化、平民化的弄堂生活。但是,在“这一面”的背后,同时还有另一面,那么,另一面是什么呢?

生8:另一面应该是“头发如瀑布的小姐”在洗完头发之后,会表现出来很时尚的一面,上海的女孩子多数是这样的。

师:说的好,这就是上海人都市化、现代化的一面,古老的弄堂里生活着紧跟时代潮流的现代人。同学们还有类似“一体两面”的发现么?

在本课的教学中,通过创设贴近学生生活实际和浓厚生活气息的问题或话题情境,让学生体验来自生活情境中的问题,激发起学生的学习兴趣和好奇心,激活学生与教师、与其他学生进行对话和互动的意愿。学生从第一轮交流中的“各说各话”到第二轮交流中的“互动对话”,从“随性而谈”到“聚焦亮点”,从“生活视角”到“文化眼光”,与生活世界和文本世界对话的质量不断提升,对弄堂文化与散文特色的认知都有了新的建构。

2. 促进深度理解

师生对课程内容(文本或项目任务)的学习,促进深度理解无疑是教学过程的重中之重。在解释学看来,阅读与理解文本是一个对话事件,教学的过程是一个师生和文本的问答过程,在持续的问答中双方不停地相互进入,拓展、创造着认知领域的新边缘,实现视界融合,催生新的意义和价值。[①]在此阶段,教师可采用问答、启发、讨论、辩论、激发想象、联想等形式,充分调动学生参与对话的积极性,对学习内容进行深入解析和探索,以对话

① 张增田. 对话教学研究[D]. 西南师范大学博士学位论文,2005: 38.

的形式引导并和学生共同建构知识、分享经验和理解意义，促进深度理解，进而共同解决问题。以《破阵子·为陈同甫赋壮词以寄》一课的教学为例，笔者从朗读、想象、与词人对话三个方面入手，引导学生走进文本深处，走进词人的情感世界，感受词的意境之美。在特别设置的“走近词人，共鸣互动”对话环节教学中，教师和学生与文本作者展开了特别的对话。

破阵子·为辛弃疾赋敬词以寄

李百艳

铁马金戈壮士，危栏落日孤鸿。塞北河山千嶂暗，江南游子万夫雄。请缨路难通。

自古蛾眉见妒，从来此恨填胸。莫叹将军生白发，悲歌一曲气如虹。词开百代风。

破阵子·为辛弃疾赋壮词以叹

吕春航

茫然举目星廖，思飘沙场战角。八千里奔走沙场，五十年不思还乡。杀退胡儿马。

的卢马放南山，霹雳弓挂空墙，何时为君从戎事，不求沽名为报国，白发又何妨！

以上两首《破阵子》分别是我和学生“与词人深度对话”的成果，虽然学生吕春航的词还很稚嫩，平仄格律尚有不协不妥之处，但是他的理解无疑已经离词人辛弃疾的情感世界很近很近，在对话中不仅表达了自己对词的悲壮意境的理解，而且融入了自己独特的感受。其中“的卢马放南山，霹雳弓挂空墙”简直是神来之笔，对“将军老去，报国无门”的无奈和悲愤有了深入骨髓的理解，而“白发又何妨”一句的豁达与豪迈又翻出一番新境界。笔者也填了一首《破阵子》，是以教师的身份和学生同样自由而个性化地与词人对话，课堂上形成了教师、学生和词人“三方对话”的格局，促进了学生对词作和词人精神内涵的深度理解。

3. 共享思维成果

课堂上师生在彼此间持续的对话中展现各自的思想和观点，在思维碰撞中分享彼此的体验与收获，在分享中达成共识并创生新质，课堂场域形成了强烈的创生效应，彰显学习意义。在执教《出师表》过程中，针对文本理解的难度，充分尊重每个学生个体的阅读感受，让学生进行“自助餐”式的阅读，每个学生都可以对自己读懂的内容谈出一两点。作为老师，对他们每个人阅读体验予以充分肯定，甚至于统统写在黑板上面。这一小小的举措，对那些无论是发过言还是没发言的学生，都是莫大的鼓舞。同学们开始更投入地进入到文本中去筛选信息。学生的发言虽然是东一句、西一句，你一言、我一语，但是却为最终对文本的整体理解，对作者思路的把握提供了丰富的资源，学生的思维品质也得到了由浅入深、由表及里、由感性到理性的锤炼。雅思贝尔斯曾说过：“对话便是真理的敞亮和思想本身的实现。对话以人及环境为内容，在对话中，可以发现所思之物及存在的意义”，[①]教学意义的生成过程也是学生不断反思、更新认知与精神成长的过程。

以上提出的对话教学基本程式初步概括了对话教学的主要特征，但对话教学没有固定的模式。教师应将学生的思维作为教学逻辑起点，教师要走出自己的逻辑世界，进入学生的逻辑世界，与学生进行真实、丰富、深刻的对话。教师要善于捕捉“学生自己似乎意识到却又表述不清楚的问题”，在对话倾听中力求“不愤不启，不悱不发”，让高质量对话创生学习的新收获、新体验、新突破。

三、彰显对话精神特质的课堂文化

对话教学的出发点和归宿是人的成长，对话教学在“人格平等、心理安全”的情境中，创建了民主、平等、和谐的师生关系，充分尊重学生个性，大大激发学习兴趣，突出强调学生的主体性；对话教学着力研究学生自主、合作、探究的学习方式，注重培育学生自主学习能力，培养学生实践与

① 小威廉姆.多尔著.王红宇译.后现代课程观:北京:教育科学出版社,2000:194.

创新能力;对话教学用人性重构课堂文化,发现新的自我,用对话启迪学生智慧,用平等培育师生的人格力量。对话教学实现师生教学相长,共同发展。对话课堂中通过敞开、接纳、回应、碰撞、沟通、交流、互动等活动,营造了师生关系融洽的课堂、无限精彩生成的课堂、多元智能提升的课堂。因而对话绝不仅是一种教学组织形式、一种教育手段,更要作为一种教育理念、一种教育思想,一种教育文化渗透于课堂教学实践中。对话教学以师生的生命发展为目标,以开放性、生成性、创造性为特征,真正彰显出尊重、平等、自由的对话精神特质。

经过对话教学的课堂体验、课题研究和课例精修等实践,我们不难发现对话教学具有鲜明的特征:如平等尊重、真诚倾听、多元互动,建构生成等等。根据对话教学的原则和特征,结合已有的教学实践经验,笔者概括总结出对话教学的核心要素。

1. 问题与倾听

对话教学实施的轴心是“问题”(也可以是一个话题、主题),师生围绕问题进行对话互动。然而传统课堂的知识传授过程更多的是“装扮成对话的独白”,我们不否定教师向学生讲授重要知识的作用,然而,教师不能抱住这种传统的教学方式一成不变。对话教学不再是教师一方独霸讲台的“一言堂”,而是师生双方共同就问题、思想等进行平等的交流和分享。教师的作用更多的体现在如何引发学习、打开学习过程,启发引导学生深入思考、假设、求证,真正实现以学习为中心,让学生体验经历学习的过程。课堂教学应该是以问题为导向,对话随着问题的递进而深入,在对话中发现新的问题,通过对话去解决问题。对话教学中的问题要具有挑战性和真实性,能激发学生主动参与对话、积极解决问题。这就要求师生双方真诚地倾听,尤其是教师要关注学生提出的问题,切实尊重学生的主体地位,做一个好的倾听者、观察者,以欣赏的态度听取对方的观点和思想,与学生进行真实的对话。

2. 合作与分享

现代教学理论倡导,教学过程是一个沟通的过程,是一个合作和互动的过程。对话教学区别于传统教学的最显著特征是它凸显了教学过程中合作与共享的本质。“对话不是用一种观点反对另一种观点，也不是将一种观点强加于另一种观点之上，而是一种共享：共享知识、共享经验、共享智慧、共享人生的意义和价值”。① 教师要将合作和共享意识整合到整个教学过程之中，在合作中交流与学习，在学习与交流中进行更有效的合作。对话教学中，教师与每一个学生，学生与学生之间，不断在对话中相互理解、合作建构、共同分享，通过敞开、接纳、回应、碰撞、沟通、交流、互动、分享等活动，使学习变成一种主动的、集体性的生动体验，课堂里的学习资源不断生成、不断产生溢出效应，学生的学习不断打开、链接、补充、重构，认知不断更新，精彩无限生成、智能不断升级，学习质量不断提升。

3. 创造与生成

对话教学是培养师生生成性思维，体现教学创造性品质的教学样态。“对话性沟通超越了单纯意义的传递，具有重新建构意义、生成意义的功能。来自他人的信息为自己所吸收，自己的既有知识被他人的视点唤起了，这样就有可能产生新的思想。在同他人的对话中，正是出现了同自己完全不同的见解，才会促成新的意义的创造。”②对话教学中，教师在课前无法完全预见课堂上将要发生的一切，教师必须对学生的表现做出及时的反应，捕捉教学的契机。对话教学的创造性不仅体现在学生在教师的引导下对知识的意义建构，更体现在能用已学知识和对话经验解决实际问题。因此，对话绝不仅仅是一种教学组织形式、一种教育手段，更要作为一种教育理念、一种教育思想，一种教育文化和教育哲学渗透于课堂教学实践中，使学生真正成为对话的主体，经由高质量的对话而实现师生之间、生生之间的知识共建、精神共勉、生命共生。

对话教学是以智启智、以情动情、以心印心的教学，对话教学的关键在于教师的教学理念、专业素养、对话能力和师德师爱。教师作为影响学

---

① 谭文旗，刘玉容. 对话的特征及其教育意义[J]. 四川教育学院学报，2008(01)：24—26.

② 钟启泉. 社会建构主义：在对话与合作中学习[J]. 上海教育，2001(7)：45—48.

生的“年长一代”，有着天然的专业话语权，要肯于俯就孩子，要用满怀的热爱与共情感知孩子的喜怒哀乐，洞察孩子的思考与困惑，以对话者的姿态培养新一代的对话者。

【档案 21】学生习作《江湖》

云飘过的地方，被称作天空；水流动的地方，被称作河流；人走过的地方，就叫做——江湖。

“赵客漫胡缨，吴钩霜雪明。银鞍照白马，飒踏如流星。十步杀一人，千里不留痕。了事拂衣去，深藏身与名。”只要有人存在的地方，就有江湖，那么又有谁不立于江湖之中呢。

江湖中的人形形色色，无一相同，身边的匆匆过客更是多如牛毛，数不胜数。有独自仗剑江湖的独行侠，也有数人一起独霸一方的组合，但不管你是什么人，江湖中立身的最基本的原则就是要去尊重别人，这比你学成任何盖世绝技都更加能保护好你自己，也能使你获得更多的尊重。江湖中的友谊有平淡如水的君子之交；也有生死与共的患难之交，无论如何只有惺惺相吸，大家才会两肋插刀。既然大家是兄弟姐妹，就不分你我之事，江湖的情感就是如此。

江湖并不是人们想象中那么没有组织，没有纪律，在江湖中也有执法者，也有江湖的规矩，如果你做错了什么，你就要勇于接受批评和惩罚。因为一个人偶尔犯错不可耻，可耻的是明明知错还一错再错。其实所有人都由五个绝世高手所统领，他们就是让人闻风丧胆的东邪，西毒，南帝，北丐和中神通。

他们所教的不是刀枪棍棒，而是智慧的拳法套路。东邪，六艺中的数，包你绞尽脑汁，方能有所获。西毒，西方有一大不列颠国，其语举世用之，吾等岂能落于人后哉？南帝北丐，包含天下之万物，上至天象，下达地理，无所不通。中神通，之乎者也，江湖儿女焉能不闻古贤今人之文乎？此乃五大高手之大观也。

不过尽管他们是在同一战线上的人，但是有时为了让我们多练他们各自的武功，也会展开激烈的拼杀，打到天昏地暗，鬼哭神嚎。记得那是一节有一个半小时长的自习课，教化学的老于前脚刚进教室，就听见后面有人说:“于老师,这节课我来吧。”于是,这两位老师在外面进行了约有1分钟的讨论后,语文李老师迈着胜利的步伐走了进来。原来他们要对分这节课,可是李老师刚上完,还没等我们去叫老于,教洋文的王老师一个箭步冲进教室,手拿一叠今天的默写本,刚从座位上起身的化学课代表,只能一屁股坐下去了。可怜的老于在办公室都快把椅子给坐穿了。其实我们对他们都十分的感谢,毕竟千里马长有,伯乐不常有。有人肯如此的看重你,教授你技艺,这种机会实在不多,我们都觉得是三生有幸。

但江湖不会长久平静,每个月都会有一次江湖大会,由五大高手作为评委,这便是传说中的月考。各路高手都要拿出自己的看家本事进行pk,人人都想得到天下第一的这个宝座,和人们敬仰以及羡慕的目光,可是成功的却只有寥寥数人。虽然江湖给其他还未成功的人带来了一次次的失败,但是没有人会低头认输。失败在这里就像粉笔字,写了,擦掉再写别的就行了。只要你不断的苦练,也许这一秒你还是无名小卒,但可能下一秒你就是武林至尊。同样的,江湖在变化,第一也并非永恒,成功的人也只有更加努力才能不被超越。所以,江湖教给了失败的人不要认输,也同样告诫着成功的人,不要安于现状。

江湖有时也处在风雨飘摇之中。曾经因为有过作弊事件而全班遭受信任危机。就连班长的信用卡都不让刷了。可是所有的人此时都同舟共济,为了江湖的荣耀,我们都应义无反顾,就算犹豫也是可耻的,最终重新建立起我们的江湖地位。

我们的江湖,有时他养天地之正气,有时他也会有小错不断,屡教不改的事发生,但我们依旧爱着这个生活的地方,就如同鱼儿爱水一样。

人说:“人心险,江湖更险。”这里的侠客们却说:“人心齐,江湖中人更齐。”人还说:“江湖不相信眼泪。”我们却说:“江湖只有快乐,没有眼泪,就算有也是感动的泪。”

人在江湖,快乐不已。岁岁年年,记此江湖;遂为此文,以励后世。

各位大虾,Good Bye,有缘再会,不过别忘了这个江湖哟。

(说明:此项档案资料摘自建平实验中学内部资料学生作品集)

对话课堂创设有利于培养学生创新精神的教学情境，让学生在创新求异的氛围中，在教师的点拨引导下不断迸射思维的火花，创造出新知识、新思想，学生在富于挑战的情境中能学、会学、愿学、爱学，并在积极参与中不断尝试到成功和快乐；学生即使学习中遇到重重困难，也能锐意进取，意志坚强，去拼搏、去创造，直至获取成功。以人为本、以文为根、教文育人、立文立人的课堂文化经由潜移默化的积累与熏染，带来长久的滋养与深远的影响，比惊艳的文笔更令人欣慰与自豪的是建平实验中学学子已绽放出文明自信的气质风采与阳光乐学的精神面貌。对话的精神特质逐渐渗入每个学生的血脉、润泽每个孩子的心灵，对话课堂的魅力不断弥漫于校园的每一个角落、充盈着案例校园的日常生活。

【档案 22】预备年级语文组《鲁滨逊漂流记》整本书阅读实践活动

一、案例背景

当今世界，知识的更新速度越来越快，人类面对的问题越来越复杂，越来越有限的时间，越来越无限的学习，当每一个学生的未来已经无法预测，当每一个教师开始告别用过去的知识教当下的人，教师的新角色、教育的新使命、学生的新未来与学习的新可能都是应该重新思考的。

在新中考改革的背景下，跨学科案例分析成为新增考查内容，综合素质评价也特别强调学生的实践创新能力。2019 年浦东教育大会提出教育现代化目标为“五育并举、公平优质、开放融合、活力创新”，各项文件都指向课程的综合化，学生的全人化，评价方式的改变必然会带来学习方式和育人方式的变革，因而项目化学习的落地呼之欲出、势在必行。

通过查找文献、学习资料，项目化学习的五大基本特征可概括为：以学习者为中心、以真实性情境为前提、以挑战性任务为驱动、以持续性探究为路径、以展示性成果为导向。项目化学习改变了传统的学习方式，它打破学科界限、注重沟通表达、引发深度学习、关注差异发展、培养高阶思维、强调动手实践，成为基础教育改革中倡导的学习方式。①

---

① 李百艳. 创想未来之城开启未来教育[N]. 中国教育报，2019，(10).

二、设计与实施

（一）案例简介

建平实验中学预备年级语文组根据新版部编教材名著导读的要求，在全年级16个班级中展开了《鲁滨逊漂流记》整本书阅读项目化学习。为激发学生阅读兴趣，培养阅读习惯，提升阅读水准，感受阅读魅力，预备语文组进行了积极探索，让项目化学习从边缘活动进入主流学科，建构了立体化学习场域，布置了任务型主题阅读，创设了开放类生活情境，组织了系列性言语实践活动，力求多向度地培育学生的语文核心素养。

（二）设计与实施

1. 提出真问题、创设真情境

语文教育的根本任务就是为受教育者打开一个广阔的认知空间，项目化学习开放了学习时空，在书本与生活之间建立了真实的链接。以"面对荒岛上生存的一个个挑战和困境中身心的一次次磨砺，鲁滨逊该如何应对?"这一问题为驱动，本次阅读分为九个专题：衣、食、住、行、疾病、寂寞、安全防御、与野人相处、如何重返文明等等。经统筹策划，各班明确分工、认领任务，一场个性化、体验式的全新阅读活动就此拉开序幕。

2. 实施真合作、体验真阅读

预备年级16个班的孩子们在面对"荒岛求生指南"这一驱动性任务的立体书设计绘制、沙盘实景模型创作、成果展示亮点陈述等不同模块挑战时，首先以思维导图的形式呈现出此次名著阅读项目化学习中的整体架构与团队统筹，细致的分工和周密的部署可见一斑。

也许有人会质疑，项目化学习是否弱化了语文学科的核心素养培育?答案自然是否定的，立体化学习场域的构建、任务型主题阅读的驱动，激发了学生的阅读兴趣，促进了文本细读。比如我任教的班级学生，他们认领的任务版块是鲁滨逊如何解决衣服的问题，其实据孩子们推测，岛上炎热的天气鲁滨逊根本不需要穿衣御寒的，但他获取兽皮、袜子、鞋子，从沉船中找到白麻纱手帕等等一是怕被毒辣的阳光灼伤，还有就是对渴望回到文明世界的内心的一种慰藉。这样的例子还有很多，比如负责对抗寂寞这一

版块的班级，在沙盘模型上制出了袖珍型圣经与日记，闪烁的篝火是孩子们用二极管做成的，它们陪伴鲁滨逊度过一个个漫长而寂寞的黑夜。阅读是吸纳，表达是输出，各个班级口语交流和论文撰写的竞技活动明晰了语言的实用功效、丰富了语言的表达形式、提升了语言的表达质量。

3. 建立真联系、进行真探究

本次名著阅读项目化学习中，开展学科融合，开放学习时空，开始探究实践，最能让学生产生阅读兴趣和体验探究快乐的任务情境，当属沙盘实景模型制作。根据各班所选任务模块，孩子们兴趣盎然、情绪亢奋、跃跃欲试、欲罢不能。项目化学习小组成员首先将思维的触角伸向了原著中的相关章节、段落进行精细化深度阅读；其次需要把无声的文字转化为立体可视的实物场景，整体设计、比例考量、原料采购、工具选用、美术构图、手工制作……一项项挑战，一道道难题，一个个细节，项目化小组为此展开“头脑风暴”，汇集成员的智慧灵感和创意匠心。

本次预备年级名著阅读项目化学习之“跨学科小论文”这一任务，基于文本的真实情境展开，要求学生结合所学的历史、地理、文化、心理等学科知识，提炼出更多的跨学科研究的视角，进而整合生成自己的阅读新发现。预备年级的孩子们认真查阅资料，仔细阅读文本，积极探究讨论，在一篇一篇小论文中展现出发现和研究问题的能力，碰撞出系统和逻辑思维的火花，亮点纷呈，令人惊喜。

4. 完成真任务诞生真成果

各班孩子们的“荒岛求生指南”立体书页、沙盘实景模型新鲜出炉之时，各班代表面对凝聚自己智慧和汗水的“杰作”，解说描述制作创意、设计亮点时的那份神采、自信与骄傲，这也正是项目化学习带给孩子们的吸引力、兴趣度和成就感。

为关注差异发展、强调动手实践，注重沟通表达，引发深度学习，培养高阶思维，本次活动特设沙盘模型匠心创作奖、立体书妙手绘制奖、成果展示巧嘴介绍奖、文本慧眼细读奖、跨学科神脑深研奖，力求全方位、立体化、多维度激励学生在项目化学习中的表现。

三、成效与思考

学生们在读书活动中明晰了学以致用的价值与意义，启动了自我探索的开关和系统，体验了问题解决的挑战和快乐，感受了科学思维的建构与发展，领会了沟通协作的成效与收获。学生的反馈带给全情投入、全力付出的预备语文组最珍贵的回报和最坚定的支撑。

但在现阶段推行项目化学习依旧有着不可回避的难点，如何结合综合素质的量化评价，如何进行跨学科的综合考察比较困难，这往往使那些希望看到眼前成绩的家长对孩子参加项目化学习望而却步，我们需要在项目化学习与实践中继续探索，找到一套具有可操作的评价机制。如何在有限的空间内实现完整的培养目标落地、完全的本土创新实践，如何在有限的时间里达成深度的学科整合，高度的学生自治，如何在中考改革的背景下，结合跨学科案例分析这一新增考试内容，在项目化学习的探索中"顺势而为"且"大有作为"，我们还有很长的一段路要走。

（说明：此项档案来自于建平实验中学内部资料课程教学中心项目化学习总结）

从档案22可以看出建平实验中学对话治理的价值取向：学校不一定有现代设备，一定要崇尚文化底蕴；教师不一定名校学历，但一定具备学术素养；学生不一定追求顶级分数，但一定注重道德教养。教师的文化自觉，学生的成长自主，学校的氛围自由，通过对学校整体教育理念的更新、治理模式的改变和课程谱系的全面梳理与整合，已经取得了阶段性成果和很大的社会影响力。

小结：治理理念融入课程与教学

教育教学是学校办学的核心内容。课程开发和教学改革多会触及学校办学的核心，但是，真正的课程教学改革也会遭遇到"理性人"这种人性假设。教师的工作非常繁忙，通过调研发现多数老师认为对话是必要的，但没有时间，有的家长或学生是可以对话的，但有的学生就不适宜用对话，且成本太高。克服这种观念误区，本质上就需要对话。通过非对话的方式进行的对话教学改革，这本身就存在着一定的悖论。建平实验中学客观上存在着对话意识和对话教学实践的学科之间、团队之间的不平衡，昭示了真正的理念落地，成为一种共识和文化，还需要持续推进和努力。通过本章的分析，初步得出以下观点。

第一，对话的本质是满足成长需要。在学校具体的实践场景中，基于对学生或家庭的需要解读基础上开展的对话才可能有效。需求调研是一种对话意向，或对话意向引领下的调查研究本质上具有互动性，调查研究本质上就是一种对话的形式。对话本身就是一种了解学生或家庭需求的最直接和最直观的方式，这既是一种实践方法，也是一种研究方法，表明在学校场景中，对话的倾听、理解品质，相对于学生发展的需求满足，本质上是学生立场的体现。

第二，对话商谈可以化解改革矛盾。对话的价值性原则，某种意义上是一种道德商谈价值和实践理性的释放。专业治理的本质就是将教师当做专业主体，有着专业决策权力的对话治理的主体。在教学改革中，对话的主要价值功能是将教学改革本身当做一种专业活动，一种学术活动，通过克服“理性人”假设的弊端，更好地促进教学改革和专业自觉，而实现“道德人”、“专业人”、“对话人”的人性假设，实现对话的自我反思功能，进而促进教师追求一种“成为我所是”的走向真善美的对话式学科教学改革境界。

第三，对话需要具有较高的对话素养。基于对话素养的培育课题的设立，本质上是一种管理的“倒逼”策略，同时，借鉴对话教学课堂探索，在师生教学相长的意义上，借助于课题管理的功能，从内在的价值意义上推动课堂变革，是建平实验中学的一种推进治理理念下的“对话课堂”的策略实践。借鉴了多种研究资源，在治理理念下，提出了对话课堂的治理原则，这可以视为“治理——对话”机制在建构现代课堂上的辐射拓展的尝试。

第四，构建了“对话教学”的新型课堂结构。基于传统课堂教学“一言堂”“满堂灌”“集体失语”等话语霸权问题，学校深刻意识到关键瓶颈在于促使教师从传统习惯依赖转向真实对话的自觉改进，将“对话教育”理念转化为“垂直对话”“平行对话”“交叉对话”等优化教学的形式，探索出“问题与倾听”“合作与共享”“创造与生成”三阶对话教学的核心要素，变师生教学“我讲——你听”的单向输送模式为“倾听对话，互动共享”的双向交流样态，打造出以“创设对话情境——促进深度理解——共享思维成果”为循环螺旋结构的对话教学新结构(图 6.4.1)，师生与生生之间情感互动、思维碰撞、智慧生成，课堂焕发了生命活力与教学魅力。

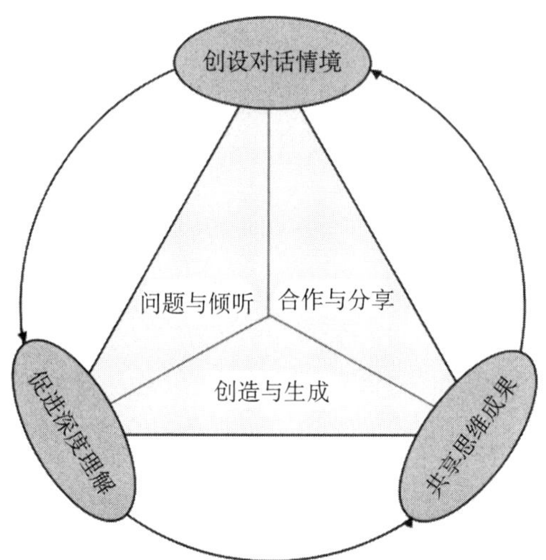

图 6.4.1　“对话教学”的循环螺旋结构

第七章

家校共育中的互动机制建设研究

当前，种种教育问题和改革瓶颈都是因为教育共识难以达成，教育利益相关者之间难以协调。而要达于治理，形成共识，协调利益，就需要有对话互动机制的建设。作为培育主体，只有家长与学校相互配合，相互补充，各自发挥优势，才能达成教育共识，发挥合力育人的作用。在家校互动合作过程中，存在着怎样定位家长的作用，怎样提升家长的育人素质，怎样形成家校合作的机制，怎样促进家校共育的对话机制形成等相关问题。

理想的家校共育机制建设，需要家长积极有效的参与。从治理的意义上，家校共治是共育的前提，也是共育的制度条件。学校治理现代化，要求学校从传统的对上负责的管理模式开始走向突出合作伙伴关系的建构。从传统的管理偏向于单一主体集权命令控制，到现代的治理偏向于分权协商参与，关键在于学校治理机构中，是否能够建立家校对话互动机制，包括参与机制、评价机制、知情机制等。家校对话互动机制的建立，旨在确立家长作为学校办学多元主体的地位，尊重其主体权利，与其平等对话，积极协商，解决教育教学问题，释放家长的教育力量与智慧，实现学校教育、家庭教育的同频共振、共同发展。

第一节　共情:培育和谐关系的价值引领

作为建平实验中学的校长,笔者一直秉承着“用父母心办教育”的理念,首先强调的是要唤醒教师的同理心和共感力,及时把握与家长共情的契机,与家长展开平等的对话,建立信任,达成共识,共同协商解决孩子成长中的问题。

一、把握家校共情契机

分析家校矛盾的各类问题可以发现,家长对学校的种种不信任、投诉现象等都和家校之间沟通不畅、换位思考缺失有关。为了达成家校共育的目标共识,学校要把握共情的契机,适时给予学生、家长关爱与指导。建平实验中学一直倡导教师对特殊的孩子、对有困难的家长,要有一颗共情与悲悯之心,理解在教育孩子时常常感到无能为力的父母,要求教师不要轻易向家长告状,不要过多反馈孩子的负面信息,而是要多给家长以支持与帮助、方法与对策。学校格外重视学生首次入校、家长首次参加家长会、学生十四岁生日和学生毕业离校等重要的契机,把握与学生、家长互动交流的机会,精心组织筹备各类家校活动,建立了良好的家校互动关系。

【档案 23】敞开怀抱喜迎未来的“小苹果”

2019 年 3 月 16 日,建平实验中学迎来了近 800 名 2019 级预备新生及近 800 名陪同家长前来参加学校的“校园开放日”活动。

开放日活动上,学校的管理团队集体亮相,各部门分别介绍了建平实验中学的发展概况、办学理念、培养目标、课程建设、品牌活动以及艺术、体育、科技特色等方面的情况。在学生展示环节,建平实验中学舞蹈队为大家带来了美轮美奂的舞蹈节目“采荷”。漂亮的造型和优美的舞姿惊呆了在场的各位小伙伴和家长朋友们。而后，刚从华盛顿载誉而归的建平实验中学“未来之城”比赛团队也为大家带来了学校科技活动的介绍，分享了此次参赛的心得。

而建平实验“用父母心办教育”的倡导者，李百艳校长的讲话再一次引燃全场。她从张晓风《我交给你们一个孩子》引入，深情地说道：“我不曾搬迁户口，我们不要越区就读，我们让孩子读本区内的国民小学而不是某些私立明星小学，我努力去信任自己的教育当局，而且，是以自己的儿女为赌注来信任——但是，学校啊，当我把我的孩子交给你，你保证给他怎样的教育？今天清晨，我交给你一个欢欣诚实又颖悟的小男孩，多年以后，你将还我一个怎样的青年？”

“建平中学的标志是一颗苹果，而我们的学生就像是在这个果园中精心培养的小苹果。”李校长为孩子和家长们阐释了“用父母心来办教育”的初衷，其目的就是呵护每一个心尖上的小苹果，让每一位家长放心。学校的培养目标是培养“真善少年”——探索真知，追求真理，学做真人，活出真我。学校通过“九位一体”，来办一所“魂体相依”，充满活力，不断进取的公办学校；通过“四常”（常识、常规、常态、常心）“四精”（精心策划、精致实施、精彩呈现、精品打造）来优化管理、提升质量；通过“放大格局、提高境界、降低身段、做强业务”来打造一支充满战斗力的干部队伍，以更好地服务师生。

活动尾声，李校长对于每一名前来参加开放日活动的学生做出了寄语：“在座的每一名学生都应该对自己充满信心，因为你们中的每一个人都是这个世界上独一无二的存在。”

（说明：此项档案摘自建平实验中学微信公众号“校园开放日”活动报道）

档案 23 是建平实验中学“校园开放日”活动的一个缩影。为了凸显学校办学理念，展示学校环境文化，展现师生精神风貌，加强与小学的互通衔接，每年的 3 月，学校都会积极开展“校园开放日”活动，用“父母心”迎候满怀憧憬的每一位新生和家长。学校格外重视家长和学生第一次入校的契机，每年的“校园开放日”都经过认真地组织和筹备，把握好与学生、家长第一次互动的机会。学校管理团队集体亮相，学生团队成果展示，特色活动精彩纷呈，校长满怀深情的讲话，这些都是对家长的憧憬和信任的热情回应，充分体现了学校“用父母心办教育”的办学理念。

【档案24】母校永远是真爱的港湾

其实，在美丽的建平实验中学校园，校长和老师不只是爱的施与者，更是爱的享受者。上周五送你们离校的场景，不断在微信里刷屏，很多人感动校长的500多次握手和上百次的拥抱，是我在拥抱你们，更是你们在拥抱我，如此纯真、美好、年轻的生命所给予我的是永不衰退的热情与深爱。

同学们，在母校，我们遇到真，遇到爱，遇到真爱，我们真爱彼此。一个活在爱里的人，没有过不去的坎，总有追不完的梦。

因着这份真爱，在未来的人生道路上，就算全世界都来追捧你的时候，你一定会记得你的出身，你不过是母校众多的孩子之一，其他人无论贫富贵贱，都是你的手足，都值得你尊重需要你关心；如果你陷入困境，就算全世界都抛弃你的时候，请你记得还有母校永远为你守望，你永远是她的爱子，低谷中的你一定可以再次崛起。

（说明：此项档案摘自建平实验中学内部资料校长毕业典礼发言）

在档案24中，作为校长，笔者在学生毕业之际，向学生坦陈心曲，并在学生最后一天离校时，和任课老师在校门口拥抱每一个孩子，给予鼓励、送上祝福。“用父母心办教育”不是一句空洞的口号，这句话已经成为学校的使命与基本理念，也内化为学校的文化氛围与教师的行为特征。建平实验中学强调的是要将真爱化作行动。学校格外重视孩子的饮食安全与健康，一粥一饭皆显“父母之心”，给学生提供的午餐里，杜绝有争议的“转基因”米和油；为了孩子们能更多一些童趣和快乐，校园里安装了秋千，让孩子们“甩掉烦恼，荡出快乐”；孩子们有任何不开心和委屈，除了找班主任，还可以到心灵港湾倾诉发泄。每每学生生病，或是听闻家长大病有困难，学校都会派班主任老师和学校的干部去家里慰问，哪怕就是几十块钱的一束鲜花，即使只是嘘寒问暖的几句家常话语，也会收到非常感人和有效的沟通效果。以至于家长们认为学校不但是学生的心灵港湾，也是老师的心灵港湾，同时也是家长的心灵港湾。

二、形成家校共识互信

苏霍姆林斯基曾说过："要让真理和信任在学校里占居统治地位。要让学校里所说的每一句话都结出果实，而不是一朵空花。"共情不必有相似的经历感受，而是能设身处地地理解。面对学生和家长，教师要重视共情的力量，共情可以让学校和家长、老师和学生之间的信任更坚固。

【档案 25】共情家长的苦与乐，对话教育的减与增

为持续规范校外培训，有效减轻义务教育阶段学生过重作业负担和校外培训负担（以下简称"双减"），2021 年 7 月 24 日，中共中央办公厅、国务院办公厅印发《关于进一步减轻义务教育阶段学生作业负担和校外培训负担的意见》，受到社会广泛关注。"双减"政策下，家长如何做好家庭教育，很多家长非常迷茫、焦虑与日俱增。为了有效助力家长开展家庭教育，2021 年 10 月 20 日，建平实验中学举行了《落实"双减" 蓄力前行》专题家长会，预备、初一、初二、初三年级全体家长参会。在家长会上李百艳校长做了题为《家长的苦与乐 教育的减与增》的专题讲座。

养个孩子成本怎么那么高！

读个好学校怎么那么难！

一陪作业怎么那么鸡飞狗跳！

手机游戏怎么那么难断！

一旦早恋不知如何是好！

心平气和说话怎么那么不容易！

……

李校长从家长面对的难题引入话题，她饱含深情地说道："为人父母，千辛万苦。父母为孩子的养育付出了大量的经济成本、时间成本、感情成本。但养育儿女最大的快乐，就是有去体验爱的机会，有去承担责任、并感受为人父母苦与乐的机会。”

李校长建议，做智慧家长要给予孩子们足够的选择空间，教育有减有增，“减”的是机械、重复的作业，“增”的是阅读、运动、劳动、睡眠以及自主学习、思考的时间，促进孩子们德智体美劳全面发展、健康成长。

最后，李校长强调要让家成为爱的港湾；让家长们成为孩子灵魂的锚；让家长们成为孩子生命的灯塔；用家庭、学校的爱去照亮孩子的一生，让孩子平安、健康、快乐地成长。

（说明：此项档案摘自建平实验中学微信公众号家长会报道）

在档案25中，“双减”政策下，家庭教育作用越发突显，而家长面临着新的难题，对于如何科学地进行家庭教育，很多家长充满焦虑。为此，学校及时了解家长的困惑，把握共情的契机，开展专题家长会。作为校长和学校教师，能够切身体会家长养育孩子的苦，把自己的共情传达给家长，这种同理心会促进家长和学校的有效连接，让家长们感受到学校和家长永远是一家人，进而有效地发挥家校合力的作用，通过对话达成共识，共同引导孩子健康快乐地成长。

第二节　共治：确立主体地位的制度保障

在超级多元化和飞速发展的时代，面对孩子成长的不确定性和未来社会的不确定性，许多家长陷于焦虑之中。大都市里的公办初中面临着诸多困境，政府、专业机构、社会等各个层面针对种种困境，深入推进教育综合改革，试图进行系统协调、统筹推进，改革创新，希望收到更好的治理效果。在这样的背景之下，现代学校治理呼之欲出，应声而至。现代治理追求的是多元主体中每个主体的自主表达、协商对话，从而达成共识，协同发展。在学校治理中，家校互动机制的建设尤为重要。何为家校互动机制？就是把家长作为学校多元主体当中的一员，确立其主体地位，以学校管理者、教师和家长之间的交互主体的现实关系为基础，尊重家长和学校双方的主体地位和主体权利，通过平等对话，积极协商，解决教育教学问题，化解教育过程中的分歧、矛盾和冲突，促进双方观点立场的融通，实现彼此之间的思想共识、精神共勉、教育共建、和谐共生。

建平实验中学的具体举措主要是成立三级家委会，按照章程参与学校管理，确立家长参与办学的主体地位，并将家校活动制度化，重点细化为六个方面的制度：家长体验课堂教学制度、家长联系渠道畅通制度、家长助力学生活动制度、家长参与课程建设制度、家长监督日常生活制度和家长会的持续创新制度。

一、家长体验课堂教学制度

每年的 3 月 18 日，建平实验中学都会敞开校门、开放课堂，让所有班级的每一个家长都拥有机会走进孩子的课堂听课，对执教老师的教学素养、教学设计、教学组织和教学效果等拥有充分的感知与了解。这样的制度可以让家长亲身经历、亲眼看到自己的孩子在班级里的学习生活。也许家长不能完全听懂某一门学科的某一个专业知识，但是他一定能够感受到这个班级的学习氛围，特别是当他身处学校真实的教育情境之中时，势必加深其对老师的了解，也定能感受到老师工作的辛苦，从而促进其对学校的信任与认同。“家长体验课堂”开放日已成为一项制度，既是对全校师生面貌的一次全面立体的展示，也是通过家长的反馈助力教师提升和学校发展的契机。

2016 年，建平实验中学未来教室落成，老师们以硬件建设为突破口，开始了信息技术与课堂教学整合的有效探索。在家长开放日上，X 老师在未来教室执教公开课，并向全校家长展示了课堂教与学方式的变革，让家长们看到了新科技运用于教学的尝试，以及教师对于每个个体生命的关注。

【档案 26】开放日家长进课堂的体验

本学期，我们学校不同学科的老师都开展了关于未来课堂的进一步的实践与探索，我在未来教室执教的这节数学课上，尝试了很多新功能：

一、课前我制作了两套PPT，一套PPT供五个循环屏幕使用，呈现的是整节课的教学思路（定理、定义、数学思想、方法例题和书写格式），而另一套PPT供一块固定的主屏使用，以备师生课上互动之用。

二、开发了主观答题的画笔的涂鸦功能，让学生体验操作、猜想、验证的学习过程，培养分析、归纳的能力，小组成员之间合作交流，经历了平行四边形性质的探究过程，体会转化与分类的数学思想。

三、教师在学生的移动终端上修正、投射到主屏上给所有学生示范，而循环屏上有正确的格式，形成鲜明的对比，让学生一目了然。

这样的教室、这样先进的设备，不止是同学们，就是来听课的家长也被震撼到了。课后，家长们纷纷表示，现在的教育和技术实在是太先进了，感觉孩子进到这样的教室仿佛有一种魔力，孩子们学得是那样投入、那样愉快，富有学习的激情。老师也与印象中传统的教师形象不同，能够站在学生的角度调整教学内容与进度，更加关注学生的感受，这样的教与学的方式简直就是一场革命。孩子能够在这样的学校、这样的教室里上课，实在是让人感到幸运。

（说明：此项档案摘自于建平实验中学“修炼教育的魅力”教师专业发展论坛发言材料）

通过上述档案可以发现，观摩课堂、倾听介绍、互动交流，家长体验课堂教学这一制度展示了学校教学改革新成果，让家长近距离感受到课堂的新气象、新样态，他们深刻地感受到建平实验中学老师们要千方百计地把学生“卷”入学习活动中，要把每一个小苹果都放在老师们的心尖上的育人理念，也亲历了“学为中心、以生为本，以学生活动推进课堂”的教学实践。互动交流环节中，家长们的肯定与建议带给老师们前行的动力和颇多的启发：教学的内容要聚焦，教学的形式要创新，教学的策略要多样；教育技术努力的方向不应是为使用而使用，更重要的是合理匹配资源；让科学性、人文性、趣味性三位一体，为教育教学提供最适切有效的服务，从而促进了教师的专业发展。

二、家长联系渠道畅通制度

建平实验中学注重家校信息沟通渠道的畅通，利用校园网、微信平台、班级家长群、纸质类的各种家长通知等形式，与家长进行沟通。沟通内容涉及学校重大活动通告、报道、各类通知，教育信息等，使家校形成教育合力，提升教育效能。

建平实验中学的家访制度包括新生入学前的全员家访、日常管理中的个别随访、家长会和家长接待制度等。首先是新生入学前的全员家访，如果说体验课堂教学制度是家长到学校身临其境，而家访是让老师到家庭身临其境。这是拉近家校距离、增进家校沟通、凝聚家校情感的最好的一个举措。其次是日常管理中的个别随访，当老师面对很多问题百思不得其解的时候，家访往往会“柳暗花明又一村”，跟家长聊聊天，通过交流与碰撞，会使其对问题有一个全新的认识。除了常规的家长会之外，建平实验中学还有家长接待制度，每学期老师都要一对一、面对面地接待家长，与家长展开深度对话，使教育更加有针对性，更具实效性。

【档案 27】建平实验中学班主任家访制度

家庭教育、学校教育和社会教育是教育的三大要素。教师家访是学校与家庭建立联系、互通情况的好形式。教师可通过家访，了解学生在家庭中的表现，家庭生活的状况，父母对子女的态度及教育中存在的问题，家长也可以从中及时了解子女在校的表现情况。通过家访，便于双方互通信息，增进教师、家长和学生之间的了解，沟通情感，有利于推进教育工作。根据我校实际情况，特制定班主任家访制度。

一、家访的量化指标

1. 对于起始年级班级，在班级建立、班主任确定后，应利用暑假进行学生家访，家访率达 100%；因特殊原因须在开学后一个月内完成。

2. 新接班的班主任，应在开学前一月内，完成全班学生家访。如因特殊原因中途接班的班主任在接班后四周内完成全班学生家访。

3. 第一次普访完毕，以后每学期家访人数不少于1/2，一学年内完成全班家访。

二、家访的基本内容

1. 与家长沟通学生在校表现；

2. 了解学生以前及目前的身体状况、学习状况及在家实际情况；

3. 学生上学和放学时的路途及所使用或借助的交通工具；

4. 了解家庭成员的组成状况、家庭环境等；

5. 了解监护人的教育能力，协调学生与家长关系等；

6. 了解家庭电话和与监护人第一时间的联系方式；

7. 了解家长对学校工作及教师教学的意见和建议等。

三、家访的基本原则

1. 定时必访家庭为

① 父母离异的单亲家庭或单独与老人居住一起的学生家庭；

② 生活有特殊困难的学生家庭；

③ 病残学生家庭；

④ 行为偏差的学生家庭；

⑤ 思想、学业上有重大变化的学生家庭；

⑥ 学习困难的学生家庭。

2. 发生以下情况，需班主任及时家访，副班主任应积极配合：

① 学生病事假超过一天以上，班主任了解学生情况，必要时登门或上医院探望。

② 如发现学生无故旷课，应及时向家长通报情况，了解原因；如无法与家长及时联系或联系不上，要求班主任即时家访，了解学生不来学校的原因；如学生不在家，需及时与该生邻居、居委、街道、派出所沟通，了解原因与学生去向。

③ 学生因心理或家庭发生重大/不幸事件等原因不来学校，班主任应即时家访，及时做好学生思想稳定疏导和安抚工作。

④ 学生在学校里发生意外伤害事故，班主任与校医需第一时间亲自

把孩子送往医院，并即时联系家长，说明情况，提出解决办法，及时家访，探望、关心学生。

⑤ 学生学习成绩突然下降或品行不端时，班主任应及时与家长联系，采取有效措施及时教育。

⑥ 学生(特别是后进生)有进步时，班主任要及时家访，当着学生的面向家长作恰如其分的汇报，给学生和家长以热情的鼓励。

四、家访的注意事项

1. 家访前，所有班主任应做好家访计划，明确目的和需要解决的问题，要对被家访的学生有较充分的了解。

2. 家访前可以通过电话预约，告知家长家访的时间，每位班主任家访时应遵守时间，控制时间，以提高家访效率。

3. 家访过程中，学生、学生家长都应在场，应一切从实际出发，切忌片面孤立地看问题，个别问题可要求学生回避。

4. 家访后填写《家访手册》，注重总结与反思，适时改进教育教学方法，力求取得理想的教学效果。

5.《家访手册》应妥善保管，按要求交学生发展中心整理存档。

6. 家访时班主任要穿着得体、心态平和、尊重家长、注重艺术、彬彬有礼。

7. 家访中不得接受学生家长的宴请和赠礼，不得托家长为个人办私事，不得发表有损学校和其他教师形象的言论。

8. 在家访的基础上，班主任还可以根据学校条件和学生家庭实际，利用电子邮件、电话、短信、信函等形式与家长保持联系。

9. 在家访中遇到学生、家长的异常情况，及时向学生发展中心汇报。

10. 时刻牢记安全第一，注意家访中的交通等方面的安全。

五、评价办法

1. 通过学生座谈会、学生问卷或家长问卷，了解有关班主任的家访情况，将此作为考核班主任家访工作的一项依据。

2. 每位班主任都要制订每学期实施家访的计划，进一步完善《家访手册》，家访有制度、有规范、有记录、有小结，并定期组织检查考核，以此作为班主任考核的一项指标。

档案27是建平实验中学关于教师家访、接待家长的有关规定、工作规范，其中包含着指导性意见，由此可以看出建平实验中学在家校共育方面，制度机制上相对比较完备，这些制度的有效执行确保了家校之间的密切联系，有效沟通。虽然现在足不出户，老师、家长、学生，就能实现零距离交流，沟通已无障碍。但线上的联络方式，仅仅是作为老师、家长之间信息传递的工具，永远无法替代面对面交流所传递出来的情感温度。在与家长畅通的接触和交流中，建平实验中学老师们的教育意识和责任感进一步增强，对学生学习动机、兴趣爱好、交往行为、理想抱负等社会成因有了更深层次的理解，对学生身心发展规律的特殊性和个性化教育教学要求有了更加精准的认识，教师教育教学工作更加有的放矢。

三、家长助力学生活动制度

在建平实验中学的各项品牌活动中，离不开家长的辛勤付出。如艺术节、科技节、体育节、心理月、六一庆典狂欢等活动，都可以看见家长志愿者忙碌的身影。有人说，建平实验中学的学生活动，严格意义上是家校活动，在这个过程中，家、校、师、生融合为一体，休戚相关，荣辱与共。

在建平实验中学的学校特色项目建设上，也离不开家长的鼎力支持。比如“未来之城”项目化学习，从方案制定、模型制作、论文撰写到现场答辩都是学生、老师与家长合力完成，也正是有这样一支强大的家长后援团队，这个项目参赛以来，两次荣获全国总冠军，两次奔赴华盛顿，参加全球总决赛，突破亚洲历史最好成绩，获得两项国际大奖，载誉而归。

【档案28】助力“未来之城”，做好亲友团团长

从上海到北京到华盛顿，我一路陪伴着我的儿子，陪伴着这群“未来城市哲学家”们，亲身经历并亲眼见证了我们团队勇获上海赛区特等奖，全国赛特等奖，华盛顿最佳人气奖和系统整合奖的优异成绩，为我们建平实验中学,为我们国家乃至亚洲赢得了荣誉,创造了历史。

“未来城市哲学家”从组队一开始,就牵动着我们所有家长的心,它凝聚着所有家长的智慧和力量。郑妈妈为我们模型制作采购各种零部件,严妈妈利用自身专业,为同学们培训能源领域的专业知识,李妈和吕妈帮我们印制了全队名片,丁妈妈联系机场托运模型木箱,李爸爸不仅为团队购买队服,提供模型包装箱,还亲自上阵打包装运,并且和我一起征战北京和华盛顿。

身为其中的一员,在儿子参与的过程当中,渐渐的我也开始喜欢上了这个项目,并且利用自己的所有资源为这个项目不遗余力地努力,同时也得到了来自四海八荒的全力支持,我的大老板,一位资深的前任中美外交官,他早早就批准了我的假期,并亲自帮我出具 Reference Letter,让公司签证部门的同事为我和孩子开通绿色通道办理赴美签证,我们头天去领馆面试第二天就得到了许可,一切非常顺利。我请我的好朋友帮我们队设计了夺人眼球的团队 LOGO,联系国家电网的专家给予论文技术上的建议,请中科院专家给予权威的材料分析,并且和公司的专业销售企划团队制定公众投票环节的策划案,联系华盛顿的两位好友给予当地资源的支持,还有瑞瑞的外婆为华盛顿拉票环节准备的被一抢而空的大白兔奶糖等等。

当时在华盛顿,我作为全队的翻译,需要负责帮助我们队解决所有语言障碍和与国际组委会的组织协调工作,负责在比赛期间与各国参赛队及评委的交流沟通工作,并且要全面负责在公众展示环节大力宣讲我们的模型,回答公众提问,并为团队拉票。

当北京的艳阳照在我们的肩头,当我们在天安门前开怀大笑,当驻足华盛顿广场,当高举国旗站在世界的领奖台上,那些曾经的无奈和挫败又算得了什么?!我想我们所有无怨无悔的付出,都是为了深爱的建平实验中学!所有的这些不平凡的经历,都将成为我和孩子们生命中最美好的回忆被深深铭记!

致敬敬爱的科技老师,感谢航模社团,感谢一直默默奉献的你们,感谢对孩子所有辛勤的培养和指导!感谢你们用科技点亮孩子们的梦想,

并照亮他们的未来。

其次感谢我们亲爱的班主任一路走来对我们母子的无微不至的关怀和爱。感谢英语扎实的英文功底让我们的孩子在英文沟通的各个环节没有怂,没有丢脸,对答如流。尤其在环状电网的完美解答,最终斩获系统合成大奖。还要感谢语文和物理老师对于孩子们功课的督导和帮助。其实我们班的老师只是建平实验中学所有优秀老师的一个缩影,对于师资,我想我比较有发言权,因为我的孩子从幼儿园起我就答应他让他快乐学习,自主自立,他从小到现在从来不补课,从没上过任何补习班,我从不占用他的双休日,孩子之所以品行端正,学习优异并且全面发展真的是全靠我们的学校和老师的教育和培养。"用父母心办教育"这是两年多来我一直深有体会并且得到的最有底气的答案!

(说明:此项档案摘自建平实验中学内部资料"未来之城"项目化学习总结会上家长代表发言)

档案 28 中的这位家长是学校家委会众多成员中的一个缩影,其实众多家长并非冷漠公益,一旦找到途径与契机,他们便会成为学校办学理念的认同者、践行者、传播者,他们时刻关注着学校的发展并深深地以学校为荣。建平实验中学家委会这一组织不仅给予学生很多资源与平台的享用、提供学校很多财力与人力的支持,而且家长志愿者的参与热情、奉献精神和服务意识也在潜移默化地影响着孩子。学校家委会、年级家委会、班级家委会各司其职,纷纷达成共识:为所有孩子的成长投入付出,不应只是有钱有闲阶层的专利和特权,更应成为每个为人父母者的责任与自觉。为学生购买防雾霾口罩、联系青春期情绪管理讲座、提供社会实践资源等等,家长们的积极与创意带给师生们不断的惊喜和巨大的收益,形成合力的家校教育成为爱的共鸣。

四、家长参与课程建设制度

新课程改革以来,我国实行国家、地方、学校三级课程管理制度,学校有了开发校本课程的决策权。《基础教育课程改革纲要(试行)》中明确规定“建立教育部门、家长以及社会各界有效参与课程建设和学校管理的制度”,这使家长参与学校课程决策成为可能。互联网时代的到来,使学习资源和教学资源变得触手可及,教与学之间的界限、学校教育与家庭教育之间的界限正在逐渐被打破。学校教育回归到以育人为核心的教育原点,对家校合作提出了新的要求。家长不能仅仅是学校教育的配合者,而必然从外围走向中心,成为学校课程决策的重要参与者。一些优秀家长除了向广大家长传授家教经验之外,也会为学生开设相关的课程。

【档案29】广播电台主播B老师在我校开设“演讲与口才”特需课程

本学期,上海广播电台主播来我校开设“演讲与口才”课程,为同学们提供展示自己的平台,并给予专业的指导点拨。

B老师现为上海交通广播主播,曾获得2013年中国播音主持“金话筒奖”、2015年SMG“名优新”播音员等荣誉称号,她监制主持的“1057大家帮”栏目有积极广泛的影响。同时,作为一名热心家长,她为学校提供了丰富的课程资源,并亲自担任“演讲与口才”特需课程的主讲老师。

在课堂上,B老师结合同学们的讨论与展示情况,深入浅出地分析了说话要根据对象和场合选择恰当的方式,这是“说话得体”的基础;同时,说话要有中心、抓住事物的最主要最特别的一点,才能在如今这样的信息时代吸引别人的注意力,给人留下深刻的印象。另外,B老师还生动风趣地为大家展示了同一句话在不同语境下产生的迥异效果,同学们在笑声中渐渐体会到了说话情绪、语气的重要作用。我校学生在课堂上的优秀表现也给B老师留下了深刻的印象,她认为我校的学生在课堂上收放自如,听课时非常专心,上台表现也特别出彩,并表示以后会提供更多的学习资源,以满足孩子们的发展需要。

“演讲与口才”作为我校特需课程的一部分,为我校一大批对口语表达有兴趣、有天赋的孩子提供了学习机会与展示平台,激发了他们的学习热情与成长动力,受到了师生们的广泛好评。

(说明:以上档案材料摘自建平实验中学内部资料课程交流会议上的

经验总结）

从档案 29 可以看出，建平实验中学积极挖掘家长教育资源，吸纳优秀家长参与到学校的课程建设当中来，使家校共育向更深层次发展，其教育效果不言而喻。

陶行知先生说，教育要通过生活才能发出力量而成为真正的教育。家长参与到校本课程的目标制定、内容选择、组织实施、评价审议之中，课程开发基于项目、基于问题、基于主题，既与教学相关，又与德育相关；既与课程相关，又与活动相关；既与学校生活相关，又与家庭生活相关；既与学生现在的学习相关，又与未来的生活相关。从封闭学习走向生活链接，不仅拓展了课程的外延、使多方力量形成合力，而且实现了管理效益最大化。建平实验中学逐步建构及发展各类家校融合的评价指标和工具，同时培育家校共育的专业人员及种子教师，积极培育家校志愿者，推动家校共育的进程。

五、家长监督日常生活制度

作为建平实验中学的校长，笔者一直提倡建设家长放心的“两堂”，一个是课堂，另一个便是食堂。学生的食品安全和餐饮安全永远是学校一切工作的重中之重。所以请家长代表走进学校，可随时随地监督学校的日常生活。在餐饮管理方面，建平实验中学成立餐管会，定期检查或不定期抽查食堂，让学生的饮食安全有了保障，这一举措得到了广大家长的一致认可。

【档案 30】学生餐饮监督管理委员会章程

第一章　总　则

第一条　为了维护学生合法权益，提高学生餐饮服务质量，加强学生餐饮工作的民主管理，特成立上海市建平实验中学学生餐饮监督管理委员会（以下简称“餐管会”），并制定本章程。

第二条　餐管会是全校师生监督学生餐饮工作的群众组织，餐管会遵守学校各项制度，在学校学生发展中心、后勤管理部门、家委会、学生自主管理委员会的协助下，充分突出学生、家长参与，积极开展餐饮监督工作，发挥群众的舆论监督作用。

第三条　餐管会的宗旨是立足本校实际情况，广泛听取师生、家长意见，强化餐饮管理监督力度，促进提高餐饮服务质量，营造良好饮食环境，满足学生身体发展需要，促进学生健康成长。

第二章　组织机构及职责

第四条　餐管会代表大会

一、餐管会代表大会由学生发展中心牵头，学生自主管理委员会推荐6名学生代表，校工会、家委会各推荐3—5名教师代表、家长代表参加。

二、制定、修改和通过《餐管会章程》。

三、选举产生新一届餐管会常务委员会。

代表广大学生提出餐饮服务质量等方面的意见和建议。

讨论通过与餐饮监督工作有关的其他重大问题。

餐管会常务委员会

餐管会常务委员会由餐管会代表大会选举产生，每届任期一年。

常务委员会由教师代表、公司代表、家长代表、学生代表组成。

常务委员会设顾问1名（校长）；主任1名（主管校长）；副主任4名（学生发展中心负责人1名、后勤管理负责人1名，食堂经营方领导1名、家委会主任1名）；老师代表5名（学生发展中心、年级组长、医务室老师）、学生自主管理委员会纪检部成员6名（预备至初二年级）、家长代表2名（副主任2名、秘书1名）。

四、协助学校做好餐饮监督工作，听取并汇总有关餐饮服务质量等方面的意见和建议。

五、承担餐管会的日常工作，讨论并制定学期工作计划，撰写学期工作总结。协调学生与食堂之间的关系，加强与管理部门之间的联系。

六、负责组织实施每月一次的餐饮服务满意率问卷调查、实践体验、家长定期抽查工作，协助学校监管部门加强对食堂经营单位的管理与监督。

七、负责组织餐管会的各项活动。

第三章　常务委员的权利与义务

第六条　餐管会常务委员会委员的权利

一、在餐管会内部享有选举权与被选举权。

二、对餐管会的一切工作有讨论、批评和建议的权利。

三、对饮食服务工作进行监督、考核和处罚的权力。

第七条　餐管会常务委员会委员的义务

一、遵守餐管会《章程》。

二、执行餐管会的各项决议，完成餐管会交办的其他工作。

三、以认真负责、实事求是的态度参与餐管会监督、考核、评选等各项工作。

第四章　餐饮监督管理的具体内容

第八条　餐饮质量方面

一、食堂负责人应定期定时召开服务人员工作会议，总结、反思、改进，以确保餐饮质量的提升。

二、餐饮成品要熟、热、净，做到色香味好。

三、餐饮成品分量价格适当，并保持相对稳定。

四、餐饮品种丰富，搭配合理，以满足学生需求。

五、不采用变质、过期、三无食品。

六、食品主要原料和成品有留样、有索证。

第九条　服务态度方面

一、态度热情，用语文明，不与师生发生口角。

二、诚信、敬业爱岗，公平服务。

三、熟练操作，不出差错。

四、虚心听取师生意见，及时改进工作。

第十条　服务环境方面

一、食堂餐饮窗口、台面、餐盘回收区域、随时保持清洁。

二、食堂、餐饮窗口间、操作间、仓库等工作间物品、桌椅摆放整齐规范，地面干净，墙面整洁、吊扇无尘垢。

三、定期及时更换餐饮用具(餐盘、碗筷、调羹、汤勺等)，以确保学生用餐安全。

第十一条　服务形象方面

一、员工个人卫生习惯好，无长指甲，不留长发，衣着干净，举止文明，服务热情。

二、按规定着装，服装整洁规范。

第十二条　服务纪律方面

一、当班时不会客、不嬉闹。

二、每辆送餐车按规定位置摆放，确保学生安全。

三、学生用餐时，及时关注学生用餐情况(拿饭、添饭、剩饭情况)并及时反馈。

四、不在学生面前玩手机，认真做好学生用餐时的后勤保障。

五、禁止在操作间或餐饮窗口间吸烟、吃零食。

六、外来人员不得进入工作间。

第五章　附则

第十三条　“餐管会”每学年改选一次

第十四条　本章程解释权归上海市建平实验中学学生餐饮管理委员会，并自“餐管会”正式成立并表决通过之日起生效

这一制度让家长充分了解了学校餐饮的录用关、管理关、评价关、检查关等方面情况，多管齐下确保食品安全。家长从制度、流程、运营上都感受到学校有精心的安排，体会到学校对餐饮安全的重视。学校还定期组织召开家长委员会会议，动员与部署家长委员会成员不定期走进校园，陪同学们一同就餐，并对学校食堂经营管理、供货单位、陪餐食谱等方面进行全面监督，增强学校饮食安全、卫生的透明度，让孩子吃的更安心，家长更放心。

六、家长会的持续创新制度

在制度设计上建平实验中学实现了多层面的家长参与机制的建设。在全方位的参与中，对于一些传统制度的运作形式，一些教师进行了创新，带来真正的互动机制的有效建设，释放出家校合力后的教育智慧。

【档案 31】探索形式多元的家长会，引导家长深度参与教育

家长会的形式应该是多元的，老师要有意识地把时间和空间让给家长或学生，让他们成为主角。这样家长们可以有机会全面了解孩子的情况，转变对孩子关注的角度，有机会倾听他人的经验与困惑，还有机会与孩子面对面地交流以及评价班级的教育工作。我曾尝试过以下几种形式：

（1）学生成果展示。学生主持、分享，展览优秀的作业、作品、获奖证书或学生在校生活照等等，播放班级各项活动的照片和视频，有助于家长全方位、零距离地在班级背景中了解自己的孩子。

（2）专家指导互动。为了使家校合作在理念上共融，在思想上和谐，在行动上一致，我充分挖掘专家资源，邀请指导家庭教育的专家做报告并现场答疑，为家长们提供较为科学的育儿方法。

（3）家长经验分享。每个班级的家长中其实也不乏各行各业的高手、不同领域的达人，是班级文化建设可以充分挖掘的宝藏。或是各类讲座的开发，或是结合自身成长经历的心得分享，或是职业体验的资源共享，这些都是学校教育的有益延伸。

（4）优秀榜样示范。每个家庭面对的只是一个孩子，随着年级的升高、学业负担的加重，远离学校多年的家长也很难给学生提供切中肯綮的有效指导。我曾多次召开学生和家长一起参与的家长会，期间安排几位在激发学习动力、提高学习效率、优化学习方法等方面做得颇有成效的学生介绍经验。真不能小觑优秀同伴的切身感受带来的群体效应，家长会后，家长的督促有的放矢、学生的改变有目共睹，微微风簇浪，化作满河星。

(5) 共签行为契约。有关电子产品的使用是困扰很多家长和老师的难题，我会在家长会上由学术部的负责同学向每位家长和同学发出合理使用电子产品的倡议，并给家长和同学分别下发了使用合约，全体家长和同学在合约上自愿签名。当然电子产品的使用问题不会因一次家长会迎刃而解，人性化的教育往往很难具备立竿见影的效果，但对于班级形成正确的舆论氛围、拥有积极的导向，我想这样的家长会还是颇有成效的。

(6) 合作制定规划。在孩子学习落后的时候，作父母的往往病急乱投医，对各种补课机构的迷信与依赖是很多家长的另一大误区。这时的家长会我会请几名同学交流他们心仪的高中，交代热爱这所学校的理由，并讲述自己为梦想而打拼的快乐。在此基础上，我发给每个孩子两张表格，内容是学生在后两年学习生活中的短期、中期、长期的目标以及人生规划，要求家长与孩子合作完成。其实我是希望家长懂得：制定合理的人生规划，养成良好的学习习惯，形成自主学习的能力，才能获得持续性发展。

改变传统的家长会模式首先要求我们教师具有阳光的心态。总有人把问题归于应试教育，归于上级的压力，归于环境的逼迫。于是就妥协、气馁、沮丧、抱怨，对改变家长会的模式一筹莫展；其实我们不妨改变自己的否定性思维，积极一点，阳光一点，进取一点；时时提醒自己，克制自己，在限制中求发展，在不自由中争自由，使自己成为建设性文化的部分，成为赞美文化的部分。

成功的家校沟通，应该少一点有章可循的说教，多一点润物无声的关怀；少一点条条框框的规定，多一点和谐宽松的互动；少一点高高在上的训诫，多一点因事而异的疏导。实现智慧的沟通，科学的指导，有效的跟进，需要我们教师不断更新自己的教育理念，不断提升自己的专业素养。在对孩子的观察，对现象的分析，对手段的判断等方面，要能看到家长已有见而未察之处，能说出家长已有觉而未言之语，能问到家长已有得而不疑之惑，能提供家长将受用而未曾体验之术。学识与品德的追求永无止境，一个优秀的教师应该在不断学习中成长，在不断突破中创新，在不断总结中前进。

比专业素养更重要的是对孩子成长的爱心耐心与用心。俗话说仁者无敌，真诚的交流，亲和的互动，宽容的心态就会形成强有力的爱的磁场。一次成功的家校合育源于老师为每一个孩子的终身发展所倾注的心血，源于为每一个家庭的美满幸福所奉献的真情。当我们有生命的投入，有认定的使命，有不怕挫折的决心，我们就走在了“成为有专业素养的好教师”的路上。成就他人的同时其实也成就了我们自己。

（说明：以上档案材料来自于建平实验班主任论坛教师发言）

以上档案材料是班主任教师论坛上一位老师的发言，一滴水可以反映太阳的光辉，仅从一位老师的发言可以看出建平实验中学教师教育学生、引导家长的专业意识与能力，反映出家校共育境界的不断提升。

第三节　共建：促进共同成长的家长学校

建平实验中学重视家校互动，以家长会和家长学校为主要阵地，探索系列化的家长培训内容和主题化的家长会内容序列，提高家长对学校教育理念的认识和理解，引导家长做学生成长的导师和表率；以班级家长联谊会为纽带，完善三级家长委员会制度，引导家长积极参与学校教育，为学生的成长创造良好的关爱同盟。

一、纳入学校规划的家长队伍建设

学校办学质量的提升，家长具有不可推卸的责任和不可磨灭的贡献。建平实验中学不仅重视教师队伍建设，也十分关注家长队伍建设，并将其作为办学目标之一，在“美丽校园、书香支部、心灵港湾、温馨班级、德业课程、对话教学、真善少年、仁爱教师、智慧家长”九位一体的新一轮发展规划框架当中，“智慧家长”占有一席之地，从顶层设计层面来规划家长队伍的建设，提升家长的育人水平，培养专业化的家长队伍。

【档案32】家校携手——共育心尖上的小苹果

为进一步深化我校教育教学改革工作，充分发挥校家长委员会的监督、参与、管理等作用，更好地加强家校之间的联系，扎实开展上海市"十·三五"家庭教育基地校工作，X年X月X日中午，在A三楼会议室举行了校家委会会议。

会议在轻松愉悦的氛围中开始。首先，由副校长对不辞辛劳、百忙之中参加会议的各位家委表示了热烈的欢迎，并对家委们长期以来关心、支持、配合学校工作表示衷心的感谢。

接着学生发展中心负责人首先汇报了本学期学校工作规划，组织的各项大型活动，如"家长体验课堂"开放日，"超越杯"羽毛球、乒乓球比赛，"五月歌会及心理月活动"，学校科技节、艺术节活动、温馨班级建设工作以及《非常家长慧》讲座等等。同时也汇报了本学期我校正在创评"上海市家庭教育示范校"、"全国心理教育示范校"等工作。其次，汇报了学校办学理念和以培养智慧家长、仁爱教师、真善少年为抓手和特色展开家庭教育工作的情况，尤其对"星期四家长学校"开办的目的意义、组织机构和工作职责进行了进一步明确，更加强调了系列化、主题化、校本化的家庭教育培训，也介绍了家长学校对家庭教育指导的重要性。为此，学校整合了社区、社会等教育资源，将更多地惠及到我们每一个家庭，提升家庭教育能力和指导水平，涌现更多的智慧家长。再次，鼓励家长们积极参与学校教育教学及管理工作，统一思想，凝聚共识，形成合力。例如，学校大型教育教学活动策划、学生职业生涯体验规划、智慧家长评选及课程申报、学生餐管会、星期四家长学校、校服管理委员会等等。

接着学校就学生校服的改革告知家长们，并向校家委会展示了各种崭新设计的校服，和家委们共商款式以及质量问题和后续管理工作……

最后，李校长再次感谢家委们对学校工作的关心、支持和信任，李校长说道，我们一直"用父母心办教育"，学校的老师就像父母一样用心呵护每一颗心尖上的小苹果，学生们对学校都非常的热爱……她深情地讲到学校在教育教学上的成绩,在社会上取得的声誉,和家委会的工作和积极付出是密不可分的。这次召开家委会会议的另一目的,是请家长们来商议我们孩子的新校服设计,我希望我们的孩子与时俱进,穿着更舒适、更得体、更具美感。家庭教育是学校教育的基础,她对孩子的影响更为深远,因此,我希望我们的家委们要继续充分发挥作用,进一步做好学校与家长的桥梁作用,家校一起形成合力,使我们每颗小苹果成为钻石苹果……

(此档案节选自建平实验中学内部资料学生发展中心工作汇报)

从档案 32 可知,建平实验中学以家长民主协商制度为依据,建立学校发展规划实施协调合作机制,定期举行联席会议,互通情况,加强家校之间的交流,确保学校各项工作围绕规划高效展开。充分发挥家长、家委会在学校规划实施中的参与和监督作用,注重维护学生的合法权益。

二、指导家庭教育的家长学校建设

每年新生入学国防教育结束之后,家长们都会参加校长主讲的“为人父母第一课”,并在每个月的最后一个星期四定期参加“星期四家长学校”活动。经过长期的探索与努力,星期四家长学校活动的内涵在逐渐丰富,质量在不断提升,讲座内容涉及青春期心理、生命教育、“真善少年”生涯辅导以及信息素养等方面的家庭教育指导,现在已经成为学校活动中的一张闪亮的名片,学校被评为上海市首批家庭教育示范校。

建平实验中学的家长学校的课程设置包括必修课程与选修课程、线上课程与线下课程、校本课程与班本课程等类型。必修课程主要包括开学第一课、青春期课程、毕业最后一课等;选修课程是家长根据自己需求自主选择学习课程;线上课程主要是通过微信公众号、班级微信群等渠道,定期推送一些课程供家长学习;线下课程就是请家长到学校来参与上课和交流。课程执教者涵盖了外聘专家、学校管理团队、班主任、家长代表等,其中班主任是课程开发与实施的主力军,学校积极倡导班主任努力成为家庭教育培训师和学生心灵成长的陪伴者。

【档案33】看青春如何被点亮

今天参与《超级家长会——看青春如何被点亮》节目录制的除了建平实验中学学子和家长以外，还荣幸地邀请到上海市青春期教育专业委员会副主任和建平实验中学校长担任点评嘉宾，著名主持人担任特邀主持。

哪个少男不钟情，哪个少女不怀春，青春期的情感萌动已经成为校园热点问题，就连我校的心理志愿者总负责人也不例外。主持人与小苹果们妙语连珠，真言爆料，机智互动，勇敢而淡定地坦陈心语、引领同伴的心理志愿者们博得了台下观众的由衷点赞。

专家充分肯定了我校同学能够在老师的帮助下与家长有效沟通的做法，并提出了青春期异性交往的若干建议：距离宜广不宜狭，交往宜淡不宜深，情感宜喜不宜痴，关系宜疏不宜远，态度宜奋不宜颓。

校长指出"活出真我"并不是率性而为，也不是沉湎痴迷，青春期难免有情结，但不要变心结，更不能成症结。她提出了青春期异性交往的三个原则：允许交往、阳光交往、有限交往，校长期待通过仁爱教师和智慧家长有效而妥善的引导，孩子能够智慧而理性地将朦胧的好感珍藏于心底，不要让美好的悸动演变为过激的行动。

让校园更加和谐更具温情，让课程更加丰富更具特色，让师生更加幸福更具活力。

（此档案摘自建平实验中学内部资料星期四家长学校活动资料）

由档案33可以看出，建平实验中学还特别关注智慧家庭教育的指导、和谐亲子关系的构建，并且取得了突出的成效，产生了良好的社会反响。"星期四家长学校"精心推出的系列讲座，针对青春期孩子的成长需要、成长困惑与成长动力，为破解青春期熊孩子的心理密码助力，为突破家庭教育的困难与瓶颈支招，为智慧而理性的亲子之爱导航。

三、推动家校合作的家长评价实施

每一次的家长学校学习结束之后，建平实验中学的学生发展中心会对家长参与学习的成效进行评价，并根据综合表现颁发合格家长证、优秀家长证和智慧家长证。做家长容易，但是做到合格家长、优秀家长、智慧家长是需要持续学习、需要专业提升方可持证上岗。这一举措旨在引导家长提升教育智慧，做专业家长。

【档案 34】建平实验中学“智慧家长”评选标准

标准	具体要求	评分
一、教育观念好 20分	1. 树立正确的教育观，对孩子的教育做到成人与成才并重。（4分）	
	2. 坚持读书、看报、听新闻、给孩子讲国家大事，观点正确。（4分）	
	3. 帮助孩子养成良好的生活习惯和卫生习惯。培养孩子良好的学习习惯、行为习惯。（4分）	
	4. 鼓励孩子乐于关心集体，积极参加集体活动。引导孩子爱护公物、爱惜粮食、生活艰苦朴素。（4分）	
	5. 经常和孩子谈心，关心孩子的心理和生理健康，引导孩子自信乐观地面对生活。（4分）	
二、家教环境好 20分	1. 努力为孩子提供良好的硬件环境，有孩子独立的学习空间。（5分）	
	2. 营造和谐、积极、温馨、健康的家庭氛围，一家人和睦团结。（5分）	
	3. 家长凡事身体力行，以身作则，重言教更重身教。（5分）	
	4. 家长与邻居和睦相处，乐于助人，在社区做文明的社会公民。（5分）	
三、家教方法好 25分	1. 注重孩子的闲暇生活指导，确保孩子的闲暇时光安全、文明，引导孩子做时间的小主人。（5分）	
	2. 在家教过程中，不断思考，总结经验，形成案例或有效教育方法等，能在班级及以上范围内交流。（5分）	
	3. 在家庭生活中，与孩子平等相处，鼓励孩子参与，尊重孩子意见，培养孩子自主意识。（5分）	
	4. 孩子能做的事让孩子自己做，培养孩子独立、坚强、果敢的意志品质。（5分）	
	5. 坚持正面教育孩子，方法合理科学，不打骂孩子，有话好好说。（5分）	

（续表）

标准	具体要求	评分
四、家校沟通好 25分	1.经常与孩子的任课教师联系，了解孩子在校的素质发展状况。（5分）	
	2.遇到孩子的学习问题，主动与老师协商，寻求解决办法。（5分）	
	3.按时参加家长学校活动，不迟到不早退，及时完成相关作业。（5分）	
	4.积极对学校或教师的教育教学工作提出意见或建议，沟通方式合理得当，不以网络或上访等非恰当方式表达诉求。（5分）	
	5.积极支持孩子参加学校的各项活动，促进孩子素质全面提升。（5分）	
五、职业生涯意识强 10分	1.有规划意识，为孩子的职业生涯规划启蒙(2分)	
	2.积极整合资源，为孩子提供体验机会，使孩子有获得感、幸福感、成就感(3分)	
	3.指导孩子积极积累成长资料和分享职业体验精彩点滴，效果好(3分)	
	4.家长在自己的工作岗位上尽心尽力尽责，做孩子的榜样(2分)	
总　分		

（说明：此档案来自建平实验中学学生发展中心内部资料）

以上材料来自于建平实验中学学生发展中心，从中可以看出建平实验中学把家长的教育纳入学校的教育系统，对家长有要求、有指导、有培训、有考核，这样的举措对促进家长专业化起到了重要作用。

【档案35】建平实验中学“智慧家长”获奖感言节选

今天我有幸代表获奖的所有家长站在这个舞台，跟建平实验中学各位尊敬的领导，各位亲爱的老师和所有现场的家长们一起分享获得智慧家长的体会和感受，内心充满了无限的激动和感激。

刚刚获奖家长合照的时候，我抢了个C咖位，有幸和校长挨在一起合了影，校长亲切地问候我们每一位家长，我激动的心情已经超越了N多年前和骆家辉先生握手的感觉，一位杰出的女性领导，统帅数百名教师几千名多学生，这绝不亚于任何一家五百强公司的CEO，我想这就是我们校长卓越的个人魅力和领导风范吧。

最后我还要再次感谢今天到场的所有家长，今天的我们就是未来的你们，让我们大家一起努力，让我们的建平实验中学变得更好！希望我今天的分享能够对得起在座各位的宝贵时间，谢谢大家！

档案35真实地再现了获奖家长的激动心情，体现了积极正面评价带来的正态影响。教育部原部长陈宝生表示："要研制家庭教育指导手册和家庭教育学校指导手册，针对不同学龄段设置课程、开发教材、举办活动，引导家长掌握科学的教育理念和方法。"并着重提出"家庭教育的重点是通过言传身教给孩子上好人生第一课。孩子健康成长，家长是第一责任人，要进一步强化家长的监护和教育主体责任，引导家长承担好法定的养育和教育责任。"因此家庭教育是专业性极强的一个领域，家长们需要科学系统的学习，推动家校合作的家长评价激发了家长和孩子一起成长、共同学习的需求和动力。

第四节　共商：化解矛盾冲突的协商机制

家校冲突是学校办学中常见的问题，家长投诉老师更是学校办学过程中经常遇到的棘手问题。就学校而言，不是每个老师都是最优秀的，这是客观存在的事实，尤其是规模庞大的学校。一所优质的学校在保证老师整体素养较高的情况下教师之间必然存在一定的差异性，这是正常现象。从家长角度来讲，每个人都希望自己孩子的老师是最优秀的，方方面面都要很突出，对老师要求是完美主义、求全责备，从而产生家校之间的矛盾。同时，家长对学校管理工作不理解，对家校共育分界不清，存在对学校管理过度干预、非分干预的现象。

一、达成共识的家校互动机制

下图是建平实验中学在处理多起家校冲突事件过程中形成的家校互动机制。正因为有了这样规范科学的家校互动机制，深入开展家校之间

的对话协商，建平实验中学在处理各种冲突、化解矛盾方面还是得心应手的，在互动的过程中越来越被家长认可、理解、信任。

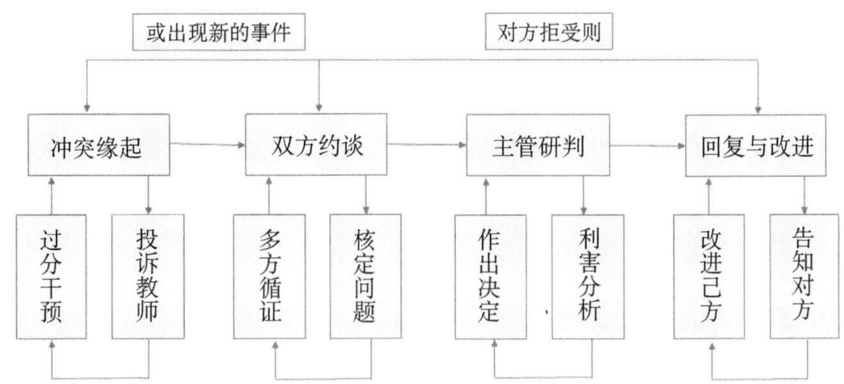

图 7.4.1 建平实验中学家校互动机制

【档案 36】家校冲突解决过程案例

一位已经有 20 多年教龄的老师，被家长举报教学水平低下，没有责任心等，并强烈要求学校更换老师。当时家长群情激愤，多次通过投诉信件、选派代表等方式向学校反映问题，甚至发生集体拥堵在校门口的过激行为。

在此过程中，学校领导与家长代表进行面对面交流，让家长充分表达自己的想法，并给家长承诺：会对家长所反应的情况进行深入的调查研究，并给一个合理的解决方案。初步稳定了家长的情绪。

在此前提下，学校对事件进行客观的分析，并进行换位思考，以避免产生各种负面效应。这位老师从基本的教学素养来说是能够胜任教学的，但家长情绪如此激烈说明老师或多或少存在一些问题。但面对此事老师内心是会受到伤害的，主观上会产生排斥心理，也会极力想维护自己的，并会为自己的行为进行辩解。这件事情如果处理不好不但解决不了问题，还会导致家长与老师之间的关系进一步恶化。甚至产生家长、老师对学校的抵触情绪。

为了更好地解决问题，学校本着客观公正的原则开展了多方面调研工作。充分、全面、多形式、多角度了解情况，用事实说话，以道理服人，用耐心沟通。

首先，约谈当事人。

校领导第一时间约谈当事老师，真实客观反馈家长反应的问题、对他的评价以及家长的诉求。并强调学校的目的是了解真实的情况，理性分析问题，客观处理问题。同时将通过其他途径进一步核实问题，不会完全相信家长，也不会刻意偏袒老师。

其次，通过多种途径多方循证。

1. 抽样访谈学生。学校责成相关部门对这位老师教学班级的学生进行抽样调查，全面客观了解老师的教学情况。核实核对家长反映情况的真实性及严重性。

2. 访谈搭班老师。学校和这位老师搭班的其他学科任课老师，尤其是班主任进行沟通交流。通过其他老师的评价与观察从另一个视角了解这位老师的真实教学情况，以明确判断家长的反映是否属实。

3. 和家委会代表进行交流。学校约谈家长代表，通过家长代表了解家长们对老师的普遍印象以判断是家长的个体行为还是群体行为。

经过各层面，全方位，多角度的调查分析，最后校方得出结论：这位老师基本能够胜任教学，但在某些方面确实存在改进空间。如：教学艺术性不够，对学生的吸引力不强；在与家长沟通方面不善于表达，表述不到位，使家长产生误解；他所教学的班级成绩排名在同年级不靠前，但与总体平均分差距不大，而由于升学压力较大家长对这种差异很在意，因此对老师产生不信任感。但这些并不能成为家长更换老师的理由。

第三，召开会议集体研判。

调查结束后学校主管领导召集相关管理人员召开会议，研判如何处理这一问题以及如何答复家长。最后决定：给老师改变机会，不会更换老师，同时提出具体的改进措施。

第四，与家长进行深入沟通。

在此基础上，学校管理者与家委会代表再度深入沟通。将学校的调查过程、解决方案以及改进措施与家长进行深入的交流，取得家长的理解和支持。化解家长与老师的矛盾，从而解决问题。

第五，将结果结果反馈给老师。

学校把与家委会沟通的情况再次反馈给老师，以此督促老师发现自己的问题和不足，不断改进自己的教学方法，使家长和学生能够接纳自己。

作为一所超大规模的公办学校，师资水平的差异性、学生生源的多样性决定了校园并非总是和谐温馨的，矛盾冲突在所难免。繁忙的事务性工作以及家长素质、家庭文化的不均衡性在客观上影响了教师和家长的有效沟通，但教师沟通技能的缺乏、对话素养的不足、家长对学校教育教学的过度干预、边界感不清晰是导致障碍产生的不容忽视的主要因素，因而干预家校矛盾冲突的协商机制建设至关重要。建平实验中学通过了解冲突缘起、展开双方约谈、进行主管研判并加以回复改进一系列多层次、全方位的对话，深入了解教师、学生、家长的情况及心理，及时进行有效的研讨和沟通，化解了师生、家校之间的矛盾和误解，达成共识，促进家校合作共育工作的开展。

二、家校协同的行为契约教育

正处于青春期的初中生，有着向上向善的美好意愿，但是毕竟还不够成熟，有时，自我约束的意志力还不够强，常常是“想”有余而“做”不足。加之青春期身心变化巨大，常常会情绪波动，偶尔会出现叛逆的倾向，甚至出现行为偏差，事与愿违。2019 年起，建平实验中学组织开展了行为契约教育，班主任承担起家庭教育指导师的责任和义务，指导家长和孩子之间展开平等对话，师生和家长积极行动起来，梳理出目标清单、习惯清单、行为清单、问题清单，签订行为契约，从学习、作业、阅读、劳动、兴趣特长培养、体育锻炼、生活起居、电子产品使用、自我管理等方面立约、守约。

家务劳动契约、手机使用契约、亲子共读等各类契约纷纷出台，目前，已经成为落实“五项管理”（作业、睡眠、手机、读物、体质管理）的有效举措。

（一）契约教育的推进过程

1. 校长牵头全体参与

将对话作为纽带，把家庭中父母的爱和学校里师长的爱拧成一股绳，借“契约教育”的机会和孩子建立和谐的亲子关系，以此为契机更好地推动家校共育，从小培养孩子的契约精神，帮助每一个孩子健康成长。2019年9月的开学典礼上，笔者面向全校师生做了“有约在先，以终为始”的倡议，希望全校的每一位学生家长都能和自己的孩子签订并践行行为契约。

学校各级各类层面和各职能部门积极反应：学生发展中心即刻面向全体家长发布“签订并践行行为契约”告家长书，拟定“行为契约”参考模板，同时向全校所有学生发出号召，提倡每一位同学都在教师的指导下拟定一份“行为契约”，并在接下来的一段时间内由班主任和家长共同监督、严格执行。课程教学中心也积极响应，倡议全体教师以身作则躬亲实践“行为契约”，为孩子们树立践行契约的榜样，同时把契约精神聚焦到每一门学科的每一节课中，关注每一个学生在课堂上、在作业中、在学校生活的各方面表现是否都能体现契约精神。

2. 专家引领助推行动

在行为契约教育开展的过程中，很多实践问题也接踵而至：比如契约目标究竟怎么定才合理？每一阶段的契约实施时间多长有利于习惯的养成？有些孩子不愿意接受家长建议订立的“行为契约”目标怎么办？或者有些行为契约是因为家长坚持不下去而宣告失败又该怎么办……诸如此类的问题需要得到专业化的指导，以进一步深化实施并产生预期的效果。为此学校邀请了北京师范大学教育学部儿童发展与家庭教育研究院科研中心的专家团队，进行专业化指导。

本次行为契约教育项目遵循“五育并举”的思想，关注学生综合素质的全面发展，避免家长只注重学科知识学习而忽略孩子其他方面的发展需求，为此学校设计了“五育并举”的契约目标设定参考模板，引导家长及学生根据自己的兴趣角度和特长领域，设立合理的能够长久执行下去的契约目标，这也便于更加全面和客观地认识和评价孩子的进步。

3. 科学指导规范实施

在专家的科学指导下，行为契约教育项目在初一年级试点实践，并形成了科学规范的实施流程。从目标设定、奖惩原则和执行要素三大方面入手，通过前期讲座初步辅导如何操作、问卷前测调查需求、设立训练营督促并指导执行过程、中期项目报告反馈如何合理修正偏离、问卷后测检查训练效果等科学有效的方法步骤，一点点入手、一步步引导，帮助学生和家长设立目标、合理实施、及时总结并最终达成目标。

(1) 通过前期讲座初步辅导操作。手把手教授家长和孩子契约教育实践应用的步骤以及操作过程中需要注意哪些问题、掌握哪些具体原则。例如，如何设定目标可以有效激发学生能动性，如何认清孩子真实需求合理设置奖惩原则，如何有的放矢强化孩子和父母双方的契约执行力等等。

(2) 前测问卷掌握契约项目实施对象概况。对于即将实施契约项目的这部分学生，通过问卷了解他们的学习、生活、心理和性格特点以及家庭背景和环境，调查掌握家长们在家庭教育方面所遇到的困难和需求，为后期更有针对性地开展项目打下基础。

(3) 设立训练营督促并指导执行过程。训练营是具体实践应用的环节，以 4—5 个班级为单位进行分组，分为专门的家长营和学生营，每一位家长和学生每天都要在训练营里打卡，写执行契约的体会、感想以及遇到的困难和有待解决的问题，每个营设一位辅导员，辅导员和班主任每天督促训练营打卡，同时为家长和孩子们答疑解难、出谋划策，也提供心理疏导，让契约训练得以顺利开展的同时收集相关案例资料和突出问题。

(4) 中期项目报告反馈问题并提供解决途径。行为契约教育项目推进一周后，开一次专门的项目报告会，一是专家针对前期汇总上来的实践问题提供指导，二是就下一步如何更好地开展项目给予家长和同学们一些有效的建议。

(5) 后测问卷检查训练效果。汇总训练营里的任务打卡记录、每日打卡心得、契约任务实践总结等等过程性材料，对参加契约训练营的所有家长和孩子再次进行问卷回访，将获得的数据结果和前测数据资料进行对比，观察参加契约训练的效果，总结经验和规律，有针对性地提出一些改善型措施。

4. 家长主导多方共赢

与其他契约教育立足点不一样的是，建平实验中学推广"契约教育"的目的除了让孩子通过践行契约养成良好的学习习惯和培养自律自学的自我管理能力以外，更期望能够长远地促进家校合作以及改善家庭内部亲子关系。因此，学校的契约教育项目其主要实施阵地是家庭，班主任是监督家庭契约执行的协助者，但是真正参与和孩子共同制定契约目标以及与孩子同时身体力行实施契约的是父母，他们在学生契约教育实施的每一个环节都扮演着重要角色，方方面面都需要认真参与执行。这就意味着家长是此次契约教育项目实施中当仁不让的主导者。

具体来看，该契约分为两类条款，一类针对孩子，一类针对家长，所以家长与孩子一样都是契约的执行者；其次，双方目标的制定需要孩子和家长共同商议，"双 60 分原则"的引入就是为了保证参与两方的满意度，要求契约目标一定是在双方合理商议下确定并且不出现明显偏颇；此外，奖惩的设定方面，根据孩子契约完成状况所匹配的奖惩要求，家长提供一定的支持，孩子与家长都需要在对方的监督下完成为自己订立的契约目标。因而，父母作为孩子契约的共同实施者和监督者，其对待这件事的态度以及是否愿意认真投入时间精力，是孩子契约教育实施能否成功的至关重要的因素。

每一个参与学生的背后，是由学校、家庭和专家团队三方构筑的最强铁三角，使此次契约教育项目能够在几千个家庭当中大规模地同时推进，顺利贯彻下去。校长领导的学校管理团队、全体班主任和任课教师、全校学生以及专家团队不断沟通、对话，为家长主导下的行为契约教育助力，使参与这次契约教育项目的每一方都收获满满，所有人都有所感悟和成长。

【档案37】与读书相伴和心灵有约

自由、平等、守信的契约精神是西方社会的主流精神，炎黄子孙更是自古就把儒家所提倡的“仁、义、礼、智、信”作为终其一生遵守的信条。“行为契约不只是外在强制性的约束，更是内心一个美丽的约定。”校长在新学年的开学典礼上向建平实验中学的每一颗小苹果发出了“有约在先，以终为始”的倡议，为将行为契约教育真正落在实处，探索培养建平实验中学学子契约精神的合理路径，初一11班的“读书契约”活动于9月20日正式拉开帷幕。

40天完成整本书阅读打卡，确立遵守的条款，制定执行的措施，明晰测评的方式，达成奖惩的策略，小苹果们脑洞大开。有的拟定了读书合同、设计了专用图章，有的研发了考查题目、提供了研讨模式；还有的出台了一系列训练自身坚持度、专注度、自制力的奖惩条例。一枚枚鲜红的指印、一张张细致的文案，一份份精巧的构思，浸透着每一颗小苹果对自我的美好期许，读书契约也是心灵之约。

“家庭教育，从阅读开始。”建平实验中学越来越多的智慧家长看到了经典浸润的力量和亲子共读的价值，以读书为媒介，以交心为纽带，不仅滋润心灵、点燃梦想、延展生命，也必然会助力亲子关系的和谐和书香家庭的营建。

特别可喜的是，本次读书契约中，小苹果们制定的执行措施直指自身的“一目十行”、“浅表理解”等阅读陋习，提出了有的放矢的改进方法，诸如用心圈画、详细旁批、分享细节等等，张笑坤同学和父母共同约定把“确定重点、研读难点、抓住要点、思考疑点、了解特点”作为《杀死一只知更鸟》的研读策略。奖励条例也多为去博物馆、看舞台剧、逛书画展等满足精神需求的肯定与表彰方式，有利于培养孩子的审美情趣，提升家庭的文化底蕴。

（说明：此项档案摘自建平实验中学学生发展中心内部资料“读书契约”活动总结）

在档案37中，庄重而神圣的“读书契约”签订仪式是一份心灵的约定，这份契约是双向的，它不是单向度的“霸王条款”，而是一份慎始慎终、善始善终的相互承诺。履行行为契约，不止是对约定者的尊重，也是学生对自己的信任和尊重，是自我教育、培养尊严与使命的重要途径，是从无意识到有意识塑造自己生命的最佳过程。在自我约束和彼此监管中，不但尊重了踏入青春期的孩子所诉求的独立人格和平等权利，更是通过家长兑现承诺和严守契约时潜移默化的表率来给孩子树立榜样，养成好习惯、塑造好品格。

（二）契约教育的基本准则

面对形形色色差异巨大的受教育对象，契约教育可谓有千种形式、万般变化，但万变不离其宗，其宗旨都是为了让孩子通过自己的努力和付出去践行契约，在行为和结果不断正向强化的过程中获得成就感，从而变得更加自律、获得宝贵的自信。行为契约养成法遵循三大要素：设立目标、制定奖惩、合理执行。为了有效遵循三大要素，学校在实践应用中形成了行之有效的基本准则。

1. 目标制定准则

（1）五育并举原则。目标制定不能局限于学习目标，要考虑学生“德智体美劳”多方面的兴趣制定多样化的契约目标。

（2）少而精原则。目标制定避免贪大求全，那样容易分散孩子的精力，有可能造成契约任务失败从而影响孩子的信心，所以一定要追求少而精，同时在难度设定上既要有挑战性能够激发孩子的动力，也要限定在孩子能力范围内，属于“跳一跳够得到”的目标。

（3）“双60分”原则。“双60分”指的是不能只单方面制定针对孩子的契约目标，要保证家长和孩子双方都有契约目标，且一定是在双方共同商议下确定的，要做到公平公正没有明显偏颇，既不能偏向于家长也不能偏向于孩子，这样才有利于契约任务持续执行下去。

2. 制定奖惩准则

（1）及时性原则。奖惩的真实目的就是让孩子学会承担责任，由于现实生活中的行为造成的后果，其责任承担往往具有延时性，而及时的奖惩就可以针对孩子存在的问题及时反馈，缩短其承担责任的延时性，这样才能对孩子的行为进行真正的有效指导。

（2）投其所好原则。一定要了解孩子背后真正的需求才能制定有效的奖惩，就像有的孩子说的"我只要一个苹果，你却给了我一车梨"，如果不知道孩子内心真正需要什么就盲目奖惩，花再大的代价也往往适得其反。

（3）兼顾物质和精神奖励的平衡性原则。某些条件下精神奖励比物质奖励更有效，实践中发现父母在精神和行动上的帮助、支持、理解和鼓励，往往会比一些价值不菲的物质奖励有效得多。例如很多孩子很喜欢"温和卡"，因为出示"温和卡"可以避免父母对自己发脾气，诸如此类还有"免唠叨卡"制止父母在自己耳边无休止的絮叨，"免责卡"可以免于接受一次犯错后的惩罚，"陪伴卡"可以要求父母增加陪伴自己的时间，类似于这样的精神奖励不一而足，形式不限，可以根据孩子和家长的需要自己创造，这些形式多样的精神奖励"卡"往往在有效激励孩子的同时，还改善了亲子关系，使家庭氛围更加和谐。

3. 合理执行准则

（1）对话沟通原则。契约任务执行过程中会遇到困难、矛盾和不理解，此时"温和沟通"的原则就非常重要。一些初中生的"逆反"问题，其责任有时并非都在孩子身上，有些问题的产生也是因为个别家长在和孩子交流时显得有些"居高临下"造成孩子不接受。而温和沟通的本质就是倡导家长把孩子作为一个平等的个体去对待，家长在沟通的过程中一定要控制住自己的情绪，同时从孩子的角度思考问题，耐心对待孩子的负面情绪，当孩子感受到公平公正和相互尊重的交流氛围时，自然就比较愿意接受父母的建议，在这个沟通的过程中家长和孩子相互之间的信任基础也会得到加强。

（2）严格记录随时修正原则。契约目标的制定带有一定的预估性，而在实践过程中这种预估效果和实际操作之间可能会存在差距，这就需要在执行契约任务时每天都严格记录执行中所遇到的困难和自己的心得体会，评估契约目标的制定是否合理，是否起到了预想的作用，如果没有起效就要反思问题出在哪里，孩子可以跟家长讨论，也可以向班主任以及辅导员求助，在思考讨论之后改进自己的执行方式，同时对于不合理的契约目标进行及时修正。

（3）持之以恒原则。要将某项行为转变成为一个习惯需要持之以恒。行为契约一般不宜过长，比如一个契约坚持21天后，可以一直延续逐步增加，也可以制定新的内容，直到养成行为习惯。在契约教育项目训练中，学生定时定点完成契约目标任务，并持续保持一段时间，逐步形成自主意识，将契约行为转化为自主习惯。

实践中重点把握行为契约教育的精髓，注重老师、学生、家长之间的平等尊重，协商对话，理性沟通，共情理解，培育新型的教育关系。

（三）契约教育的实施成效

2020年初，突如其来的“新冠”疫情席卷全国，教育部要求各大中小学校“停课不停学”，学生、家庭、学校都面临着史无前例的挑战。建平实验中学以变应变、转危为机，针对学生加长版的假期居家学习所面临的重大挑战，开展“践行契约，自律自学”线上行为契约教育项目，更加集中、深入、细致地开展行为契约教育。

【档案38】小变化中的大惊喜

我儿子做任何事都慢慢吞吞、拖拖拉拉。我有时着急得暴跳如雷，但他丝毫不为所动。这才过了一个礼拜，我惊喜地发现家里的“小磨叽”显著提速了，在执行任务的过程中自己会时不时看看表，明显比过去有时间观念。

面对孩子的错误，我的脾气像个火药桶，可这段时间我感觉自己的心态真的不一样了。昨天傍晚看到孩子作业才做了那么一点，我能压住怒火对他说：“我们很久没做蛋糕了，晚饭后不知道还来得及做吗？”只见孩子拍手叫好：“行，我来帮忙打蛋清！我现在就去把剩下的作业解决掉！”

天啊！我变成了智慧家长啊！刹那间我感到家庭气氛都变得无比和谐温馨了！

我今年刚四十出头，可是烟龄都有一半的岁数了，屡次尝试戒烟屡次失败。没想到这次我居然在小家伙的监督下一个星期没抽烟，简直难以置信啊！

过去女儿跟我在家里就跟“死对头”似的，我们说什么她都不愿意听，可最近愿意主动找我谈心了。今天爸爸加班很晚回家，女儿破天荒地邀请爸爸跟她一起完成运动打卡，说工作太辛苦，要通过运动帮助爸爸缓解疲劳，这孩子怎么一下子变得这么懂事啊！

这些话语中有一个共同的特点，那就是“变化”，家长们惊喜于孩子的变化、自身的变化和亲子关系的变化，这种变化简直令人感到神奇！要知道，初中生教育总是会遇到许许多多的困惑、难题和挑战，这个时期的孩子处于身心发展最迅速的青春期，认知能力、自我意识以及成人感不断增强，他们渴望独立，抵触大人的控制管教；但另一方面行为判断能力和自我控制能力却相对较弱，在很多方面还需要依赖家长和老师，在“知、情、意、行”四者之间存在着很大的差距，常常表现得易感易激易波动，容易做出不理性的行为。然而，这一时期也是成长的黄金季，只要教育得法，就会促成孩子的正向发展，实现跨越式成长。

（说明：此档案来自建平实验中学李校长的教育案例《小契约里藏着大教育》）

上述案例中，诸多学生、家长乃至教师都产生了神奇的“化学变化”，这些变化正是很多家长在家庭教育实践中多年求索而难以实现的。从契约教育实施的效果来看，可谓成果喜人，影响深远。

一是学生的变化。居家线上“空中课堂”学习期间，不少学生能够做到按时上课不玩手机，晚上不再熬夜，能自觉准时睡觉了。学习更加自觉，开小差和拖拖拉拉的毛病都有所改善。很多同学根本不需要家长督促就会主动坚持完成每日任务。有的孩子一改遇事急躁易怒的脾性，能够心平气和地与父母分析自己任务失败的原因。有的孩子学会了给家人做可口的饭菜，更加懂得心疼自己的父母了。由他律到自觉，由被动到主动，由小我到大我，孩子们的改变，让人由衷地感到惊喜。

二是家长的变化。许多家长不再过度焦虑了，学会了尊重和理解孩子，能够控制自己的情绪，用温柔理性的方式和孩子进行沟通，用科学合理的奖惩措施帮助孩子养成良好的学习和生活习惯。家长们意识到了陪伴的重要性，能够放下手机更多地和孩子进行亲子互动，他们更深切地体会到“言传不如身教”，在改变孩子之前，先改变自己，通过学习做一个专业化的家长。由训话到对话、由感性到理性、由无奈到得法，很多家长也迎来了生命的蜕变。

三是教师的变化。过去，面对学生的问题和“问题学生”，很多老师倍感头疼，抱怨学生的问题根源于家庭；而契约教育项目的一系列成功案例引发了教师们的思考：对学生的教育，不能孤军奋战，也不能单纯依赖家庭的改变，学校教育要对家庭教育进行有效的指导，家校之间要形成合力。对家庭教育如此有效的契约教育是可以应用于学校的教学和班级管理之中的，老师们开始用契约教育改变学生学习习惯，指导学生自主学习，用契约精神激发学生的主人翁意识，营造平等、民主、自律、和谐的班级氛围。学生越来越热爱班级和学校，家长对学校也越来越认可信赖，家校合作更加密切给力。由苦干到巧干，由庸常到创新，由迷惘到悟道，老师们也实现了专业更新。

契约教育作为亲子之间平等对话的有效载体，不但促进了学生行为习惯的改变，化解了学生叛逆期与家长的冲突，还有效地培养了契约精神，促进了学生精神的成长。契约精神是国际社会的主流精神，也是中国传统文化的核心内容。现代社会越来越强调契约精神，以契约来建构各种社会关系。从小培养契约精神，从点滴小事做起，家长与孩子好好说话，不再只是要求、强迫、命令、训斥，而是尊重、平等、鼓励、信任，让孩子在对话中学会对话，在践约守诺中成长，这对于孩子养成现代人格、将来立足社会，成为自我发展的承担者，善于对话沟通的合作者，具有反思精神的创造者,无疑具有重要意义。

第五节　共生:优化整体系统的育人生态

教育是一项系统工程,学校治理需要面向全局、打开视野、整合资源,为学生的健康成长营造良好的环境,培育良好的育人生态,让每一个学生、教师、家长在平衡的生态环境中和谐相处、良性互动,实现可持续发展。教育治理需要融通,而不能零敲碎打、闭关自守、孤军奋战。融通就是要善于挖掘身边的教育要素、整合优质的教育资源,坚持校内外、课内外之间的合力教育,构建共生型管理团队,以宏观的视野、分层的设计、有机的思维,建立起立体的教育结构,让学校真正成为教育的芳草地和生命的桃花源。

习总书记在 2015 年 2 月 7 日的春节团拜会上精辟论述家庭教育的重要性,强调“家庭是社会的基本细胞,是人生的第一所学校,不论时代发生多大变化,不论生活格局发生多大变化,我们都要重视家庭建设,注重家庭、注重家教、注重家风。”[①]建平实验中学注重引导和培育良好的亲子关系,帮助家庭培育良好的氛围。特别是针对青春期容易叛逆的学生,精心设计了“五个一”亲子工程,旨在通过温馨而有意义的亲子活动,培育良好的家风家教,助力幸福家庭的建设。具体内容包括:

1. 同读一本书

同读一本书,以书为媒介,以阅读为纽带,经由亲子共读,优化阅读生态、增进亲子互动。有的家长在学校微信公众号发表感言:“在寒冷冬天一家三口共同围着一条毛毯,共同读一本书,孩子给我们朗读,然后我们也按捺不住来朗读,这成为我家最幸福的一个场景”。

① https://www.xuexi.cn/学习强国

2. 互写一封信

互写一封信，建平实验中学每年都会为初二学生举办14岁生日。在这样一个特别的日子里，每个孩子都会收到来自父母的信，封封爱意满满，孩子们给父母的回信更是字字情真意切。这一活动拉近了两代人的距离，消除了青春期的隔阂，打开了家庭教育的“双通道”。

3. 共上一天班

共上一天班，就是让孩子利用寒暑假时间跟父母上一天班。在交流活动中有一个孩子讲道：“爸爸的工作非常辛苦，我亲眼目睹之后心里很震撼，感觉自己每打一次游戏，都是一种犯罪！”还有一个学生，他的妈妈是一名市场食品检验员，在和妈妈同上一天班后，他终于知道什么是添加剂，如何检验，从而理解了母亲工作的辛苦和价值。

4. 同做一次家务活动

同做一次家务劳动，倡导孩子每周至少做一天家务，培养劳动意识与生活能力，树立劳动最光荣的理念。

5. 共赴一次约会

共赴一次特别约会，建平实验中学指导家长煞费苦心设计一次特别的约会，标记孩子成长的特殊记忆。比如有的家长组织孩子到甘肃扶贫，和当地的小孩一起体验生活；有的和孩子一起到敬老院开展敬老活动等；有的女生青春期来临，家长和她共赴一场青春之约，在满满的仪式感中让孩子获得难忘的体验。

“五个一”亲子工程，除了培养孩子良好的行为习惯和道德品质之外，特别重视助力幸福家庭的建设。只有家庭和谐，孩子的心情才能愉悦。全校3000多名学生虽然不能说人人时时开心，但是总体都是平安健康的，实属难能可贵。近年来，通过对话互动机制形成了家校合力，使建平实验中学避免了很多突发事件和家校冲突，为学校的整体发展奠定了良好的基础。正是对话机制的不断完善，才使育人生态得到整体系统的优化，使学校有了量变到质变的跨越式发展。

小结:治理理念助推家校共育

治理离不开对话,对话离不开互动。建平实验中学积极营造无处不在的对话场域,通过管理者、专家、教师、家长和学生的多维对话,让对话互动机制"变"起来、"长"出来、"定"下来、"用"起来,构建了"五维五共"的融合式对话育人生态。本章通过对话机制以及治理理念在"家校共育"中的实践研究,初步得出以下结论。

第一,家校共育机制是一个系统工程,建平实验中学基于治理理念对家校共育机制进行了全方位的体系化的建设探索。治理涉及的是事、人、权的重构的问题,应该说,面临着一些需要更加深入研究的问题,诸如共育机制建立中的非专业因素干扰问题如何化解,家校共育机制建设中,外部主体介入的程度和深度如何界定,范围和内容如何划定以及各种特殊问题怎样通过对话机制和商谈机制来解决。

第二,学校职能的专门性、组织的严密性、作用的全面性、内容的系统性、手段的有效性、形式的稳定性与家庭教育构成了有机互补,从而才能保证学校教育的有效性。如何实现家庭教育与学校教育的启蒙性和后续性、一贯性和阶段性、血缘性与业缘性、针对性和规模性、灵活性与模式性、实践性与智能性、无序性与系统性、盲目性与科学性的内在统一,如何使教育更加完美、如虎添翼,探索之路永无止境。

第三,确保"五维五共"融合立体渗透,构建示范引领新生态。建平实验中学通过建立家校互动机制,举办家长学校,开展行为契约教育,改善了家校关系和亲子关系;通过定期开展"智慧家长""真善少年""仁爱教师"等评选活动,助力家校命运共同体的打造,提升了家长家庭教育水平,形成了"五维五共"的融合对话育人生态(图 7.5.1):"共情:培育和谐关系的价值引领";"共治:确立主体地位的制度保障";"共建:促进共同成长的家长学校";"共商:化解矛盾冲突的协商机制";"共生:优化整体系统的

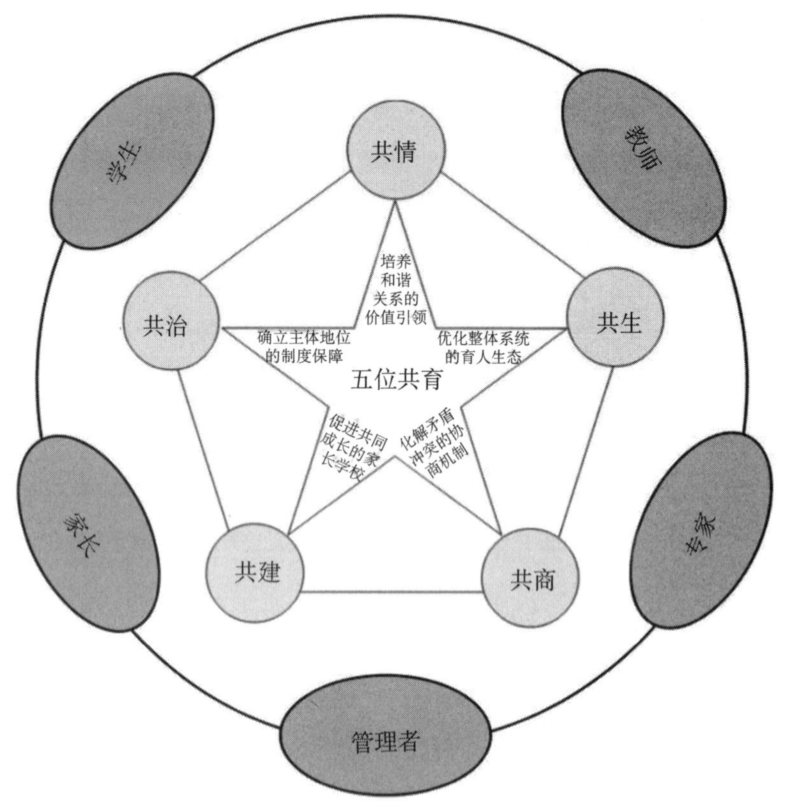

图 7.5.1 “五维五共”的融合对话育人生态

育人生态”。

第四，家校共育成效显著。建平实验中学通过家校共育培养了阳光快乐的真善少年。浦东新区人民政府教育督导室评估专家在督导评估时对我校学生的评价是“阳光、自信、快乐”。建平实验中学的学生不仅文化成绩优秀，而且全面健康发展，在各种比赛和活动中屡获佳绩和好评，“真善少年”文明自信的气质风采与阳光乐学的精神面貌已能够代表建平实验中学的品牌形象，成为一种健康、积极的价值导向。家校共育也为建平实验中学打造了给力到位的智慧家长“亲友团”。家校共育对话机制有助于家校命运共同体的打造，在建平实验中学这些可爱的小苹果们身后，涌现出许许多多充满智慧的家长。在他们的呵护下，小苹果在充满个性、健康快乐地茁壮成长着。在他们的配合下，学校的各项工作得以更加顺利地展开，让建平实验中学这个大家庭除了师生受益，家长也从家长学校、家校合作等多重渠道不断学习和成长。

长期良性友好的互动，也提升了仁爱教师的育人境界。建平实验中学每年教师节都会通过教研组推荐，结合学生问卷调查，由校务会讨论，产生年度"仁爱教师"，并让他们交流教育经验，扩大辐射面和影响力。近年来，学校家长投诉教师的情况越来越少，偌大一个学校，每年被家长投诉到学校的教师不过两三人而已，这在一定程度上可以看出，老师们越发意识到仁爱之心是为师之本，做仁爱教师是教师的根本使命。长期以来，建平实验中学中考的成绩保持高位并能稳步提升，既满足了家长和社会的刚需，同时也满足了孩子求知成才的普需。学生成长的特需也得到满足、特长得到发展，学生参加各级各类比赛，获奖数量惊人，质量喜人，校园里处处充满生机与活动。

结　语

本书根据现代治理理论、交往行为理论和对话理论，通过建平实验中学长期的实践探索，以对话机制建设作为学校从管理到治理转型的突破口，运用关系思维、过程思维和情境思维，从理论与实践相融通的角度，深入分析了学校不同发展阶段中的对话机制萌芽、培育和形成，以及对话机制在教师专业发展、课程教学改革、家校共育中的应用，揭示了对话机制的创生和发展规律，对话机制的内涵、条件和影响因素，以及对话机制对学校发展的促进方式和效果。对话机制成为促进学校变革一种重要的途径，学校发展的内生力、共生力与创生力被充分激发出来，形成了育人合力。

一、对话机制是学校发展和治理的关键内生性力量

(一) 从重视“事”转向到重视“人”，有效激发潜能与活力

不同发展阶段的学校其发展诉求不同，从而对于物质与精神领域的关注程度和方式也不同。从建平实验中学的发展到多个学校的考察研究，发现初创时期的学校更多的关注是“努力做好事”，因此规范化管理和能者竞争的特征与绩效管理的导向相匹配，更重视业绩，呈现的是指挥与行动高度统一性的集体行动，其决策模式带有领导裁决的色彩。成长发

展期的学校重视教师作为一个专业人员的素养，重视教师团队建设，以项目统领形成相对集中的管理和决策模式，关注“努力做成事”。而走向治理的学校是相对成熟、高品质的学校，已经形成了良好的制度和文化，需要的是更深层次激发师生的自主潜能，进一步提升学校的高品质，这类学校更重视软环境的营造、软实力的建设，使得师生成为积极主动的行动者、创造者，特别是通过对话沟通心灵和期望，消除障碍和迷茫，形成新的发展动力，“努力做最好的自己”，不断产生发展的新活力。有效沟通是学校和谐向上的基础，从个体潜能和积极性，到群体潜能和活力，直至学校的组织活力，都有较大提升。

（二）“理性人”与“对话人”的互动博弈影响对话的有效性

功利主义的“理性人”思想，不仅影响着学校内部之间的对话，也影响着学校内外关系之间的对话；而“对话人”则是更多地以协商方式促进共识的达成、利益的共享多赢。“理性人”与“对话人”之间的互动博弈以及角色转换，影响着参与对话的目的、对对话结果的期望以及对话的方式。传统的集中式管理作为强有力的组织管理体现出强行政力量，而对话决策则是学校治理的更佳模式，二者在不同领域发挥功能的差异或博弈，制约着不同层次和人群的对话可能性条件、对话积极性以及对话立场，当达到均衡时将促进对话的发展。

二、对话机制受组织发展阶段和学校领导风格影响

（一）不同阶段的对话从零星到有序到泛在，人本管理逐渐发展

绩效导向的管理模式和决策机制，对应的对话机制处于萌芽期，对话在内容上紧密关注决策者的行政意志和要求，对话的方式呈现短暂性、零星散在性。专业发展导向的管理模式和项目统领的决策，对话机制处于培育期，对话交流平台得以拓展，对话深度和开放度增强，对应的对话内容更多的是内涵建设中的项目管理和有引领的集体团队力量的建设，对

话更多地存在于相对集中的团队，范围有一定的约束。而走向治理的学校，对话机制相对完善，成为学校的无形泛在的元素，学校的发展转变为每个师生的发展，学校发展的动力体现在师生的共同参与和创造，链接师生在各种内容和领域的活动，使得思想得以碰撞交流，行为得以优化改进，效率得到提升，品质得到完善，学校生活的精神家园得以实现。

不同的学校发展阶段和管理与决策模式，不同的领导风格导致不一样的对话呈现状态。追求对话、倡导对话、擅长对话的校长常常成为对话的支持者，积极促进对话机制的形成，有助于多元主体达成共识，集聚集体智慧，人人有责、共享发展。

（二）正式与非正式的组织和制度对对话机制具有保障作用

在学校管理中，民主协商机制、对话协调机制及其相关协同制度成为基本的外显形式。共同体性质的组织，包括行政组织的专业化、临时性组织、跨校专业团队成为对话的发起者和改革的支撑。在课程教学改革中，课程审议机制成为重要的对话平台和途径，与社会资源、专家资源和教研机构的对话汇聚智慧。家校共育中各种平台和渠道的建立，家长对学校课程和活动的制度性与非制度性参与，使得信息充分及时对话沟通，形成家校互动机制成为重要的途径。无论是教师研修中的对话，课堂中的对话，还是家校合作的对话，人与人、人与组织之间的相互信任、互相理解、相互支持，形成的非正式组织和制度，尤为重要。

三、对话机制重构学校的教育关系和师生成长路径

（一）对话机制释放了学校和师生发展的活力

在对话教学中，师生之间在平等对话中相互激励、共同成长，共享双方创造的经验和智慧。伙伴之间的相互砥砺，激发了个体的主动性和创造力。学校课程和实践平台尽可能为学生创造与世界对话的机会，满足学生的兴趣特长和差异化需求。学校为学生遴选了三十多个社会实践基地，开展了丰富的

实践体验项目活动。孩子们的学习世界被打开，他们走出校门，走向社区、走向博物馆、纪念馆、走向科研机构、走向企业公司……走向更广阔的世界。在与世界的对话过程中，学生在科技、人文、艺术、体育等不同领域收获了丰硕的成果。例如在科创领域，自 2016 年以来，学生在“未来之城大赛”中屡获佳绩，2019 年获得了“最佳人气奖”和“最佳系统整合奖”两个单项大奖，成为三支中国中学代表队中唯一一个获奖队伍，美国以外地区历史上的最高奖项。学校对话机制建设历程体现了高品质发展强调“活出真我”的过程，师生个体潜能和积极性、群体潜能和活力、学校的组织活力，都有了较大提升。

（二）对话教育重塑了基于交往理性的教育关系

在“前喻文化、并喻文化、后喻文化”并存的时代，建平实验中学的对话教育重塑了基于交往理性的新型教育关系。师生之间由教师的成人权威视角转变为尊重学生主体地位，由掌握话语霸权转变为揣摩学生逻辑，由单向预设传授转变为展开平等对话，由习惯群体泛谈转变为倾听个体心灵，由喜欢训话独白转变为互动对话生成；同侪关系逐渐由被动执行政命令转向主动专业创生，由资深骨干引领转向青年教师反哺，由个体单兵作战变为伙伴协同共研；亲子关系由单向度的霸王条款到主体间的平等契约，由随意性的训诫命令到理性化的对话沟通，由生理上的血缘链接到精神上的理解认同，由代际间的望子成龙到两辈人的共同成长；家校关系由情感疏离淡漠到共情教育期待，由相互指责抱怨到共治育人生态，由难以形成合力到共商育人妙计，由孩子受“夹板气”到共育心尖上的“小苹果”。学校中庭的心心相印涌泉池生动地诠释着人民教育家陶行知先生笔下的“真教育是心心相印的活动”的美好境界。

四、对话机制有助于学校育人生态和系统整体优化

（一）对话机制对于学校创新具有支持作用

对话机制拓展形成的个性化创新对于学校的持续创新具有重要的意

义，学校的进步来自个体的创新，治理意义上不是靠行政的命令而是师生个体的自觉意识和行动。无论是课程开发和教学改革的逐步深入带来的多环节多要素变革，还是教师专业发展过程中的多目标多任务压力，还是家校合作中的方式与效果，都需要不断主动创新，适应时代发展和政策变化，以及社会对教育的期待。对话所产生的思想和信息的沟通与反馈机制，是融通转化和促进新思想、新方法、新模式、新成果产生的重要途径。

（二）对话机制有助于学校系统整体优化

对话机制彰显的具有治理意义上的协商共通、利益分享的协作分享效应，通过相互理解、相互协商有助于协调学校发展中的学校与部门、部门与教师、教师与教师、教师与学生、学校与家长之间的利益冲突或矛盾，特别是学校进行改革时，能够减少阻力乃至促进改革。对话的生态氛围，不仅改变了教师或群体对于学校改革的态度，也改变了参与改革的行为，使学校的教育系统得到整体优化。

附　录

历任校长管理风格与对话机制建设访谈提纲

感谢您抽出宝贵的时间接受我的访谈，我作为建平实验中学开展“U—S”合作的合作伙伴，需要对学校的发展获得更多信息进行研判。此次访谈主要针对历任校长管理风格和对话机制建设的有关情况，主要目的是为学校后续发展的品牌打造提供决策依据，访谈内容对历任校长的功过评价与个人奖惩无关，希望各位不要有任何顾虑，请如实、客观陈述。

一、管理层包括副校长，中层管理干部 18 人

1. 请说说建平实验中学四任校长在领导风格、性格特质、办学理念与实践等方面的特点，描述一下每位校长给你留下深刻印象的言行或故事。

2. 请根据自己的经历谈谈对话概念在建平实验中学什么时候被提出来的？

3. 您觉得学校中推行对话管理会遇到什么障碍？最困难的是什么？

4. 结合自己工作您觉得是否需要对话管理？

5. 建平实验中学所提倡的对话管理能否成为学校品牌？如果要成为品牌您觉得还需要进行什么样的努力？

二、教师代表 6—8 人

1. 您在建平实验中学听说过对话这个概念吗？什么时候听说的？

从哪里听说的?

2. 您觉得对话在教育教学中是否有作用?为什么?可以展开说说。

3. 您认为教育教学中要进行对话会遇到什么困难?最大障碍是什么?

4. 您在您自己的工作中是否运用对话理念或方法,能否简单举例说明?

5. 您看过有关对话的书籍或文献吗?能否举一本评价介绍一下。

6. 假如建平实验中学要将对话教育教学作为学校品牌建设,您觉得就您个人和团队来说,需要什么方面的支持?

7. 您认为建平实验中学在哪些方面还需要加强对话的研究和实践?可以多谈点您的思考和建议。

三、班主任访谈提纲

1. 对话概念是什么时候听说的。

2. 运用对话理念治理班级,您是否认同这个观点?为什么?

3. 您认为建平实验中学将对话管理作为品牌是否可行?

4. 在班级层面推进对话管理或治理您觉得存在哪些困难?对班主任是否有挑战?具体有哪些挑战?

5. 您在班级管理或治理中是否有意识地运用对话理念?有何做法?

6. 您读过哪些关于对话或与之相关的书籍文献?

7. 在建平实验中学推进对话管理中,您觉得还需要哪些支持?或者说存在哪些困惑?

四、学生访谈提纲

1. 代表包括各个班级的班长、班干部、三好学生、普通学生、初一到初三各一个代表,大概 8 人。要样本全,有代表性。

2. 请同学回忆一下昨天是怎么过的。一个一个来。

3. 请回忆一下昨天上课被请到发言的学科和次数。

4. 请回忆一下干部是怎样当上的。

5. 若是共青团员,说说当选的程序。

6. 请回忆一下你最喜欢的学科是哪些？为什么？

7. 请回忆一下参加过哪些活动？最喜欢的活动是哪些？给你留下了什么印象？

8. 你的兴趣爱好是什么？怎样满足与发展？

9. 你的父母对你有什么期待吗？

10. 你有什么学习方面的困难吗？

11. 假如有什么学习困难，一般你会寻求什么帮助吗？

12. 你能大概说说你的任课老师上课情况吗？上课时发言的同学多吗？如果不多，为什么会不发言？

13. 你在学校中与老师，同学有过什么不愉快的经历吗？或观察到班级课堂中，有什么事情发生吗？

14. 如果用一句话或一个词来描述你在建平实验中学的生活的话，你怎么说？同样，描述一下你的家庭生活呢？尝试一下。

谢谢您的交流和无私，提供给我们的帮助。如果有什么不清楚的问题，以后可能还需要麻烦你。非常感谢，让我们了解很多！再次感谢！

参考文献

中文文献

著作类：

1. 马克思恩格斯论教育[M]. 北京：人民教育出版社，1986.

2. 列宁论教育[M]. 北京：人民教育出版社，1986.

3. [奥]A・哈耶克编. 个人主义与经济秩序[M]. 邓正来，译. 北京：北京经济学院出版社，1989.

4. [美]埃德加. H. 沙因. 企业文化与领导[M]. 朱明伟、罗丽萍译. 北京：中国友谊出版公司，1989：123.

5. 约翰・杜威，王承绪译. 民主主义与教育[M]. 北京：人民教育出版社. 1990.

6. 陈桂生. 马克思主义教育论著研究[M]. 上海：华东师范大学出版社，1993.

7. [德] J. 哈贝马斯(J. Habermas)，陈学明等，译. 通向理解之路：哈贝马斯论交往[M]. 云南人民出版社，1998：16.

8. 艾四林. 哈贝马斯[M]. 长沙：湖南教育出版社，1999.

9. [美]詹姆斯・P. 沃麦克[英]丹尼尔・T. 琼斯：精益思想[M]. 沈希瑾等，译. 北京：商务印书馆，1999.

10. H. G. Widdowson：语言教学交际法[M]. 上海：上海外语教育出版社，1999.

11. [英]威廉姆・奥维斯特. 哈贝马斯[M]. 沈亚生，译. 哈尔滨：黑龙江人民出版社，1999.

12. [德]哈贝马斯. 公共领域的结构转型[M]. 曹卫东，译. 上海：学林出版社，1999.

13. [德]得特勒夫·霍尔斯特，哈贝马斯传[M]. 章国峰，译. 北京：东方出版中心，2000.

14. 李维鼎. 语文言意论[M]. 上海：上海教育出版社，2000.

15. 盛晓明. 话语规则与知识基础：语用学维度[M]. 上海：学林出版社，2000.

16. 曹卫东. 交往理性与诗学话语[M]. 天津：天津社会科学院出版社，2001.

17. 曹卫东选编. 文化研究第 2 辑[M]. 天津：天津社会科学院出版社，2001.

18. [日]中冈成文. 哈贝马斯：交往行为[M]. 王屏，译. 石家庄：河北教育出版社，2001.

19. [美]莱斯利·A. 豪. 哈贝马斯[M]. 陈志刚，译. 上海：中华书局，2002.

20. 汪行福. 通向话语民主之路：与哈贝马斯对话[M]. 成都：四川人民出版社，2002.

21. 龚群. 道德乌托邦的重构：哈贝马斯交往伦理思想研究[M]. 北京：商务印书馆，2003.

22. 杨小微. 转型与变革：中小学改革与发展的方法论[M]. 武汉：湖北教育出版社，2004.

23. [英]戴维·伯姆. 论对话[M]. 王松涛，译. 北京：教育科学出版社，2004.

24. 陈家刚选编. 协商民主[M]. 上海：上海三联书店. 2004.

25. [德]哈贝马斯. 哈贝马斯精粹[M]. 曹卫东，译. 南京：南京大学出版社，2004.

26. 鲁苓著. 语言言语交往[M]. 北京：社会科学文献出版社，2004.

27. 丹尼尔. 教师. 雷恩. 管理思想的演变[M]. 孙耀君等译. 北京：中国社会科学，2004.

28. 王斌华. 教师评价：绩效管理与专业发展[M]. 上海：上海教育出版社，2005.

29. 孔繁斌. 公共性的再生产：多中心治理的合作机制建构[M]. 南京：江苏人民出版社，2004.

30. 曹卫东. 曹卫东讲哈贝马斯[M]. 北京：北京大学出版社，2005.

31. 王瑾. 互文性[M]. 桂林：广西师范大学出版社，2005.

32. 张天宝：走向交往实践的主体性教育[M]. 北京：教育科学出版社，2005.

33. 拉蒙·弗莱夏. 分享语言：对话学习的理论与实践[M]. 上海：华东师范大学

出版社,2005.

34. [英]琳·欧德菲尔德. 自由地学习[M]. 王黛西,译. 北京:人民文学出版社,2006.

35. 汪怀君. 人伦传统与交往伦理[M]. 济南:山东大学出版社,2007.

36. 廖申白. 交往生活的公共性转变[M]. 北京:北京师范大学出版社,2007.

37. 吴志宏. 教育行政学[M]. 北京:人民教育出版社,2007.

38. [美]琳达·埃利诺,格伦娜·杰勒德. 对话:变革之道[M]. 郭少文,译. 北京:教育科学出版社,2007.

39. [美]罗伯特·纳什,德性的探询:关于品德教育的道德对话[M]. 李菲,译. 北京:教育科学出版社,2007.

40. 陈勋武. 哈贝马斯评传[M]. 广州:中山大学出版社,2008.

41. [美]理查德·J. 伯恩斯坦. 社会政治理论的重构[M]. 黄瑞祺,译. 南京:译林出版社,2008.

42. 阳小华. 语言·意义·生活世界[M]. 北京:知识产权出版社,2008.

43. [美]戴维·米德伍德,尼尔·伯顿主编. 课程管理[M]. 吕良环,译. 杭州:浙江教育出版社,2008.

44. [比]马克·范·胡克. 法律的沟通之维[M]. 孙国东,译. 北京:法律出版社,2008.

45. 王晓升. 商谈道德与商议民主:哈贝马斯政治伦理思想研究[M]. 北京:社会科学文献出版社,2009.

46. 任岳鹏. 哈贝马斯:协商对话的法律[M]. 哈尔滨:黑龙江大学出版社,2009.

47. [美]戴克 F. 沃克乔纳斯 F. 索尔蒂斯,课程与目标[M]. 向蓓莉等,译. 北京:教育科学出版社,2009.

48. 王向华. 对话教育论纲[M]. 北京:教育科学出版社,2009.

49. 邓友超. 教育解释学[M]. 北京:教育科学出版社,2009.

50. 王铁军. 校长领导力修炼[M]. 上海:华东师范大学出版社,2010.

51. [英]勒内·萨兰. [德]芭芭拉·奈塞尔. 求索的心灵:苏格拉底对话教学法的理论与实践[M]. 易进等,译. 教育科学出版社,2010.

52. [德]得特勒夫·霍斯特. 哈贝马斯[M]. 曹卫东,译. 北京:中国人民大学出版社,2010.

53. 王新民等. 数学学案及其设计[M]. 科学出版社,2011.

54. [法]魏明德. 对话如游戏:新轴心时代的文化交流[M]. 北京:商务印书馆,2013.

55. [美]艾莱克斯・卢蒂文,艾米・斯瓦尔. 8 种美国中小学经典课堂教学活动[M]. 田丽等,译. 北京:中国青年出版社,2013.

56. [俄]瓦西里・康定斯基. 论艺术里的精神[M]. 吕澎,译. 上海:上海人民美术出版社,2014.

57. 钟启泉. 读懂课堂[M]. 上海:华东师范大学出版社,2015.

58. [美]苏拉・哈特,维多利亚・霍德森. 教室里的非暴力沟通[M]. 杨洁,译. 北京:华夏出版社,2015.

59. 钟启泉. 学校的变革[M]. 上海:华东师范大学出版社,2019.

60. 李百艳. 发展中的教师校本培训模式[M]. 上海:上海教育出版社,2019.

61. 郅庭瑾. 基础教育治理体系构建[M]. 上海:华东师范大学出版社,2019.

期刊类:

1. 夏正江. 对话人生与教育[J]. 华东师范大学学报(教育科学版),1997,(4).

2. 白春仁. 巴赫金——求索对话思维[J]. 文学评论,1998,(5).

3. 徐洁. 民主、平等、对话:21 世纪师生关系的理想构想[J]. 2000,(12).

4. 白春仁. 边缘上的对话——巴赫金话语理论辨析[J]. 外语教学与研究,2000,(3).

5. 钟启泉. 对话与文本:教学规范的转型[J]. 教育研究,2001,(3).

6. 钱中文. 文学理论:走向对话与交往[J]. 中国社会科学 2001,(1).

7. 王尚文. 对话:语文教学的新观念[J]. 浙江师大学报(社会科学版)2001,(5).

8. 黄志成,王俊. 弗莱雷的“对话式教学”述评[J]. 全球教育展望,2001(6).

9. 冯建军. 主体间性与教育交往[J]. 高等教育研究,2001(6).

10. 黄忠敬. 教学理论:走向交往与对话的时代[J]. 教育理论与实践,2001,(7).

11. 刘庆昌. 对话教学初论[J]. 教育研究 2001.(11).

12. 蔡春,扈中平. 从“独白”到“对话”:论教育交往中的对话[J]. 教育研究,2002,(2).

13. 万伟,对话:一种新的教学精神[J]. 教育理论与实践,2002,(12).

14. 朱德全,王梅.对话教学的模式与策略探析[J].高等教育研究,2003(2).

15. 米靖.马丁·布伯对话教学思想探析[J].外国教育研究,2003,(2).

16. 董汀丰.试论语文教学的对话状态[J].课程·教材·教法,2003,(8).

17. 韩雪屏.阅读教学中的多重对话[J].全球教育展望,2003,(9).

18. 陈顺洁,华卜泉.对话教学:概念与要素[J].现代中小学教育,2003,(2).

19. 李冲锋,许芳.对话:后现代课程的主题词[J].全球教育展望,2003,(2).

20. 王景英,梁红梅,朱亮.理解与对话:从解释学视角解读教师评价[J].外国教育研究,2003,(8).

21. 张增田,靳玉勒.马丁·布伯的对话哲学及其对现代教育的启示[J].高等教育研究,2004,(2).

22. 李真真.科学家与决策者:两个社会系统间的对话机制[J].民主与科学,2004,(2).

23. 康建琴.对话教学:内涵、特征与原则[J].山西财经大学学报(高等教育版),2004,(3).

24. 李森,吉标.师生对话的特点及意义[J].西南师范大学学报(人文社会科学版),2004,(3).

25. 李镇西.对话:平等中的引导[J].人民教育,2004,(3—4).

26. 吴天武.人性化管理:教师管理的灵魂[J].教育理论与实践,2004,(11).

27. 吉标,吴霞.课程实施:理解、对话和意义建构:一种建构取向的课程实施观[J].西南师范大学学报(人文社会科学版),2005,(1).

28. 唐力.对话与沟通:民事诉讼构造之法理分析[J].法学研究,2005,(1).

29. 陈雄飞.对话教学:意义与问题[J].教师之友,2005,(3).

30. 米靖.论基于对话理念的教学关系[J].课程·教材·教法,2005,(3).

31. 张秀红.对话:编辑活动的本质[J].辽宁师范大学学报(社会科学版),2006,(3).

32. 黄振林,李小兰.对话机制的创构与解构[J].艺术百家,2006,(5).

33. 吴景松.论马丁·布伯的对话哲学与教育管理观的重建[J].宁波大学学报(教育科学版),2006,(6).

34. 程翠英,张晓亮.对话管理:对传统教育管理观的批判反思[J].江苏教育研究,2007,(2).

35. 李桢. 论“人性化管理”在教师管理中的实施[J]. 厦门教育学院学报，2007，(3).

36. 罗祖兵，顾显红. 梯度协商：校本教师管理的有效策略[J]. 基础教育研究，2007，(4).

37. 毛高琪. 构建政府与公众对话机制问题的研究[J]. 企业家天地，2007，(8).

38. 吴景松，李春玲. 论对话哲学视阈中的教育管理观[J]. 辽宁教育研究，2007，(7).

39. 李健. 文学理论发展与学术认同机制[J]. 文艺理论研究，2008，(1).

40. 汪习根，桂晓伟. 论发展权全球保护的对话机制[J]. 中南民族大学学报(人文社会科学版)，2008，(1).

41. 沈小碚，郑苗苗. 论对话教学的时代特征[J]. 西南大学学报(社会科学版)，2008，(3).

42. 张华. 对话教学：涵义与价值[J]. 全球教育展望，2008，(6).

43. 刘长敏. 中美战略对话机制的发展及其解析[J]. 现代国际关系，2008，(7).

44. 安世遨. 对话管理：超越科学管理与人本管理的新范式[J]. 贵州大学学报，2009，(9).

45. 师曾志. 通与对话：公民社会与媒体公共空间[J]. 网络传播研究，2009，(12).

46. 刘长敏. 美双边对话合作机制知多少[J]. 中国外交，2010，(1).

47. 乔健. 国特色的三方协调机制：走向三方协商与社会对话的第一步[J]. 广东社会科学，2010，(2).

48. 夏雨禾. 微博互动的结构与机制[J]. 新闻与传播研究，2010，(4).

49. 刘旭相. 对话教学研究文献综述[J]. 江苏教育研究 2010，(5A).

50. 安世遨. 大学生对话管理的内在机理[J]. 经济与社会发展，2010，(5).

51. 安世遨. 对话管理：管理历史发展的必然趋势[J]. 科技进步与对策，2010，(6).

52. 俞亮，张驰. 构建未成年人民事审判中的庭下对话机制[J]. 中国青年研究，2010，(8).

53. 陈国民. 定义、模式、路径：学校对话管理初探[J]. 江苏教育研究，2010，(11A).

54. 向坤. 政府应牵头建立电商多方对话机制[J]. 通信世界，2011，(4).

55. 叶俊. 新媒介环境下新闻评论“对话功能”之建构[J]. 今传媒,2011,(9).

56. 张华. 重建对话教学的方法论[J]. 教育发展研究,2011,(22).

57. 鲁晓霞. 网络群体传播的舆论引导措施[J]. 新闻与传播研究,2012,(1).

58. 牛炳文,王春玲. 论媒体融合背景下新闻教育过程中对话机制的建构[J]. 传媒,2012,(3).

59. 陈国民. 学校管理中伪对话现象探析[J]. 江苏教育研究,2012,(4A).

60. 方兴东等. 中国微博发展与社会对话新机制的形成[J]. 现代传播,2012,(6).

61. 王栋. 中国共产党努力推动大国大党对话机制[J]. 公共外交季刊,2012,(11).

62. 喻小琴. 对话管理:现代学校管理的价值诉求[J]. 教育理论与实践,2012,(25).

63. 姚睿. 结构与意义:结构喜剧的观念、情感与对话机制[J]. 长短辑,2013,(3).

64. 何静. 俄语对话中的重复话轮[J]. 哈尔滨学院学报,2013,(8).

65. 黄桂婷,李春成. 合作治理主体间互动机制研究[J]. 中共杭州市委党校学报,2014,(1).

66. 钱波. 平等互动有效对话:对小学语文阅读教学中有效对话的思考[J]. 语文教学通讯,2014,(4).

67. 安世傲. 教育之对话本真及其对教育管理的启示[J]. 现代教育管理,2014,(4).

68. 盖光. 生态批判的话语表达路线[J]. 山东社会科学,2015,(1).

69. 安世遨. 当代教育管理的过程性质与特征[J]. 现代教育管理,2015,(3).

70. 安世遨. 当代教育管理评价新取向[J]. 扬州大学学报(高教研究版),2015,(4).

71. 安世遨. 知识观的嬗变与教育管理变革[J]. 教育理论与实践,2015,(10).

72. 韩志明,顾盼. 从“不讲道理”到“协商对话”:社会治理机制的转型[J]. 理论与改革,2016,(5).

73. 杜婷婷. 话轮转换机制在初中英语角色对话中的应用[J]. 名师在线,2016,(10).

74. 潘晓珍. 网络空间对话机制建设的诉求与路径[J]. 江海学刊,2017,(5).

75. 古伟俊. 建立中美战区安全对话机制初探[J]. 国防,2017,(7).

76. 侯红英,开启语文教学情境探究的多元随机对话[J]. 名师在线,2017,(15).

77. 张伟男等. 对话系统评价方法综述[J]. 中国科学,2017,(8).

78. 汪小玲,许婷芳.《绝望》的对话策略[J]. 贵州社会科学,2018,(2).

79. 祝敏青. 对话:构建一种叙事模式[J]. 福建论坛(人文社会科学版),2018,(2).

80. 黄均钧. 对话型课堂中师生"教""学"观念的冲突与磨合[J]. 日语学习与研究,2018,(2).

81. 李芸. 德育的"对话"视点解读[J]. 教学与管理,2018,(2).

82. 段建军. 阐释、对话、分享:文本阐释本质论[J]. 社会科学辑刊,2018,(3).

83. 朱玲. 布斯《小说修辞学》:阐释与对话[J]. 福建师范大学学报(哲学社会科学版),2018,(4).

84. 郭村海. 中拉文明对话:意义、目标、路径与机制[J]. 拉丁美洲研究,2018,(4).

85. 张蕴. 从独白转向对话:马克思主义大众化的创新路径[J]. 理论导刊,2018,(5).

86. 杨旸,赵胜启. 唤醒沉默的课堂失语者[J]. 湖北科技学院学报,2018,(6).

87. 杨琪源. 对话式教育评价研究[J]. 教学与管理,2018,(6).

88. 黄玉峰. 课堂中的"伪对话"[J]. 内蒙古教育,2018,(6).

89. 胡敏. 基于对话模式的初中语文高效课堂的构建[J]. 语文天地,2018,(5).

90. 李艳艳. 从灌输走向对话:思想政治教育主客体关系的新形态探究[J]. 太原城市职业技术学院学报,2018,(6).

91. 王跃峰,李东英. 营建对话机制,树立税企合作共治新标杆[J]. 征纳. 2018,(9).

92. 吴桐菲. "批判性"对话理论在初中文言文教学中的实践[J]. 中学语文教学参考,2018,(10).

93. 陆妮娜. 对话教学在道德与法治课中的教学[J]. 小学教学参考,2018,(12).

94. 牟宏俐. 对话教学的价值追求和实现条件[J]. 教育科学论坛,2018,(12).

95. 刘发开. 对话理论视域下中俄文化的对话模式与思维范式探析[J]. 学术探索,2018,(12).

96. 张但菲. 近二十年国内外幼儿对话式阅读研究综述[J]. 陕西学前师范学院学

报，2018，(12).

97. 古晓君. 课堂提问的意义在于启发对话和思考[J]. 教育教学论坛，2018，(18).

98. 周京萍. 对话教学在小学数学教学中的应用[J]. 数学学习与研究，2018，(23).

99. 张莉莉. "对话式"德育课堂的问题反思与合理改进[J]. 教育理论与实践，2018，(34).

100. 唐少莲，周敏. 用对话式教学引思、启智、育人[J]. 黑龙江教育学院学报，2019，(1).

101. 孙秋，构筑"对话"平台，拓展语言交流[J]. 科学大众，2019，(1).

硕博论文：

1. 李宝庆. 对话教学初探[D]，[硕士学位论文]山东曲阜师范大学，2003.

2. 姚旭. 电视情感谈话栏目的公共对话机制研究[D]，[硕士学位论文]. 中央民族大学，2003.

3. 彭亚飞. 论中国乡村社会与国家政权对话机制的改善[D]，[硕士学位论文]. 西南政法大学，2005.

4. 张增田. 对话教学研究[D]，[博士学位论文]. 西南师范大学，2005.

5. 邱美琴. 对话教学研究[D]，[硕士学位论文]. 华东师范大学，2007.

6. 安世遨. 大学生对话管理研究[D]，[博士学位论文]. 西南大学，2009.

7. 张光陆. 对话教学之研究：解释学的视域[D]，[博士学位论文]. 华东师范大学，2010.

8. 申宝辉. 奢侈品微博营销的对话机制研究[D]，[硕士学位论文]. 广西师范大学，2011.

9. 苏廷婷. 我国民事诉讼调解中的理性对话机制研究[D]，[硕士学位论文]. 湘潭大学. 2013.

10. 陈国民. 论学校对话管理模式及其实现[D]，[硕士学位论文]. 华东师范大学，2011.

11. 郑桂东. 多轮对话语料构建中的离群对话分析[D]，[硕士学位论文]. 哈尔滨工业大学，2018.

12. 雷清平. 批判自我中心主义:从巴赫金对话理论解读纳博科夫[D][硕士学位论文]. 江苏:苏州大学,2018.

英文文献:

1. Novikova, L. I. Pedagogika detskogo kollektiva: voprosy teorii [M]. Izdatel'stvo Pedagogika. 1978.

2. Amarel M, Mehan H. Learning Lessons, Social Organization in the Classroom [J]. Educational Evaluation & Policy Analysis, 1979, 9(4).

3. Berry, D. L. Mutuality: The vision of Martin Buber[M]. Albany: State University of New York Press, 1985: 18.

4. Ira Shor, Paulo Freire. What is the "Dialogical Method" of Teaching? [J]. Journal of Education, 1987, 169(3): 11—31.

5. Epstein JL. Toward a theory of family-school connections: Teacher practices and parent involvement[M]. New York: De Gruyter, 1987.

6. Richard P. Nielsen. Dialogic Leadership as Ethics Action(Praxis) Method[J]. Journal of Business Ethics. 1990(9): 765—783.

7. Hargreaves A, Fullan M. Understanding Teacher Development[J]. 1992.

8. Miller. Organizational communication: approaches and processes [M]. California: Wadsworth Publishing, 1995: 38.

9. Pugach M C, Johnson L J. Unlocking Expertise among Classroom Teachers through Structured Dialogue: Extending Research on Peer Collaboration[J]. Exceptional Children, 1995, 62(2): 101—110.

10. Hord S M. Professional Learning Communities: Communities of Continuous Inquiry and Improvement. [J]. 1997: 71.

11. Rinehart, J. S., Short, P. M., Short, R. J., & Eckley, M. Teacher empowerment and principal leadership: Understanding the influence process [J]. Educational Administration Quarterly, 1998, 34(1_suppl): 630—649.

12. Hatton, M. E. (1998). The impact of telecommunications on science teacher professional development (Order No. 9900003). Available from ProQuest Dissertations & Theses Global A&I: The Humanities and Social Sciences Collection.

(304416682). Retrieved from https://search. proquest. com/docview/304416682? accountid=10659.

13. Ward P, Doutis P. Chapter 2: Toward a Consolidation of the Knowledge Base for Reform in Physical Education[J]. Journal of Teaching in Physical Education, 1999, 18(4):382—402.

14. Isaacs, W. Dialogic Leadership[J]. The System Thinker. 1999(10):1—5.

15. Freire, P. Pedagogy of the oppressed 30th anniversary edition (M. Ramos, Trans.) [M]. London, England: Bloomsbury Academic, 2000: 87—124.

16. Cibulka J, Nakayama M. Practitioners' Guide to Learning Communities. Creation of High-Performance Schools through Organizational and Individual Learning. [J]. 2000.

17. Eaker, R. , DuFour, R. , & DuFour, R. (2002). Getting started: Reculturing schools to become professional learning communities. Bloomington, IN: National Educational Service.

18. Veugelers W, Kat E D. Student Voice in School Leadership: Promoting Dialogue about Students' Views on Teaching[J]. Journal of School Leadership, 2002.

19. Hoover-Dempsey KV, Walker JMT, Jones KP, et al. Teachers Involving Parents (TIP): Results of an in-service teacher education program for enhancing parental involvement[J]. Teaching and Teacher Education, 2002, 18(7):843—867.

20. Gadamer, H. G. Truth and method[M]. New York:Continuum, 2002:268.

21. Hipp, K. , & Huffman, J. B. (2003). Professional learning communities: Assessment development-effects (Rep. No. EA032829). Paper presented at the International Congress for School Effectiveness and Improvement, Sydney, Australia. (ERIC Document Reproduction Service No. ED482255).

22. Shields, C. M. Dialogic Leadership for Social Justice: Overcoming Pathologies of Silence. Educational Adminstration Quarterly, 2004(10):109—132.

23. Yang S C, Liu S F. Case study of online workshop for the professional development of teachers[J]. Computers in Human Behavior, 2004, 20(6):733—761.

24. Sidorkin, A. M. Doing and talking. In Dialogue as a means of collective communication [M]. Springer, Boston, MA, 2005: 241—253.

25. Speck M, Knipe C O. Why Can't We Get It Right? Designing High-Quality Professional Development for Standards-Based Schools. Second Edition. [J]. Corwin Press, 2005(4):184.

26. Lavie, J. M. Academic Discourses on School-Based Teacher Collaboration: Revisiting the Arguments[J]. Educational Administration Quarterly, 2006, 42(5): 773—805.

27. Green CL, Walker JMT, Hoover-Dempsey KV & Sandler HM. Parents' motivations for involvement in children's education[J]. Journal of Educational Psychology, 2007,99(3):532—544.

28. Waanders, C. , Mendez, J. L. , & Downer, J. T. Parent characteristics, economic stress and neighborhood context as predictors of parent involvement in preschool children's education [J]. Journal of School Psychology, 2007, 45 (6), 619—636.

29. Ryan, J. Dialogue, identity, and inclusion: Administrators as mediators in diverse school contexts [J]. Journal of School Leadership, 2007, 17(3): 340—370.

30. Denessen, E. , Bakker, J. , & Gierveld, M. Multi-ethnic schools' parental involvement policies and practices[J]. The School Community Journal, 2007, 17(2), 27—44.

31. Mabovula, N. Giving voice to the voiceless through deliberative democratic school governance [J]. South African Journal of Education, 2009, 29(2).

32. Gaziel, H. Teachers' empowerment and commitment at school-based and non-school-based sites. In J. Zajda & D. T. Gamage (Eds.), Decentralisation, school-based management, and quality [M]. New York: Springer, 2009: 216—229.

33. Cooper C W, Riehl C J, Hasan A L. Leading and Learning with Diverse Families in Schools: Critical Epistemology amid Communities of Practice[J]. Journal of School Leadership, 2010.

34. Conderman, G. , Johnston-Rodriguez, S. , Hartman, P. , & Kemp, D. What teachers should say and how they should say it[J]. Kappa Delta Pi Record, 2010, 46(4), 175—181.

35. Redding S, Murphy M & Sheley P (eds.). Handbook on family and commu-

nity engagement[M]. Lincoln, IL: Academic Development Institute, 2011.

36. Mantei J, Kervin L. Turning Into Teachers Before Our Eyes: The Development of Professional Identity Through Professional Dialogue[J]. Australian Journal of Teacher Education, 2011, 36(1):1—17.

37. Maria Padrós, Ramón Flecha. Towards a Conceptualization of Dialogic Leadership[J]. International Journal of Educational Leadership and Management, 2014(2): 207—226.

38. Palts, K., & Harro-Loit, H. Parent-teacher communication patterns concerning activity and positive-negative attitudes[J]. Trames: A Journal of the Humanities and Social Sciences, 2015, 19(2), 139—154.

39. Murray, E., McFarland-Piazza, L., & Harrison, L. J. Changing patterns of parent-teacher communication and parent involvement from preschool to school[J]. Early Child Development and Care, 2015, 185(7), 1031—1052.

40. Brasof, M. Student voice and school governance: Distributing leadership to youth and adults. [M]. Routledge, 2015.

41. Julianne Weinzimmer, Jacqueline Bergdahl. The Value of Dialogue Groups for Teaching Race and Ethnicity[J]. Teaching Sociology, 2018, 46(3):225—236.

图书在版编目(CIP)数据

对话与超越:公办初中治理现代化的机制探寻/李百艳著.
—上海:上海三联书店,2022.9

ISBN 978-7-5426-7876-8

Ⅰ.①对… Ⅱ.①李… Ⅲ.①初中—学校管理—研究
Ⅳ.①G637

中国版本图书馆CIP数据核字(2022)第183645号

对话与超越

——公办初中治理现代化的机制探寻

著　　者　李百艳

责任编辑　钱震华
装帧设计　陈益平

出版发行　上海三联书店
(200030)中国上海市漕溪北路331号
印　　刷　上海昌鑫龙印务有限公司

版　　次　2022年10月第1版
印　　次　2022年10月第1次印刷
开　　本　700×1000　1/16
字　　数　300千字
印　　张　21.25
书　　号　ISBN 978-7-5426-7876-8/G·1651
定　　价　98.00元